Michael Strauß

**Wertorientiertes Risikomanagement in Banken**

AF881571

GABLER EDITION WISSENSCHAFT

Michael Strauß

# Wertorientiertes Risikomanagement in Banken

## Analyse der Wertrelevanz und Implikationen für Theorie und Praxis

Mit einem Geleitwort von Prof. Dr. Joachim Krag

GABLER EDITION WISSENSCHAFT

Bibliografische Information der Deutschen Nationalbibliothek
Die Deutsche Nationalbibliothek verzeichnet diese Publikation in der Deutschen Nationalbibliografie; detaillierte bibliografische Daten sind im Internet über <http://dnb.d-nb.de> abrufbar.

Dissertation Philipps-Universität zu Marburg, 2008

1. Auflage 2008

Alle Rechte vorbehalten
© Gabler | GWV Fachverlage GmbH, Wiesbaden 2008

Lektorat: Frauke Schindler / Stefanie Loyal

Gabler ist Teil der Fachverlagsgruppe Springer Science+Business Media.
www.gabler.de

Das Werk einschließlich aller seiner Teile ist urheberrechtlich geschützt. Jede Verwertung außerhalb der engen Grenzen des Urheberrechtsgesetzes ist ohne Zustimmung des Verlags unzulässig und strafbar. Das gilt insbesondere für Vervielfältigungen, Übersetzungen, Mikroverfilmungen und die Einspeicherung und Verarbeitung in elektronischen Systemen.

Die Wiedergabe von Gebrauchsnamen, Handelsnamen, Warenbezeichnungen usw. in diesem Werk berechtigt auch ohne besondere Kennzeichnung nicht zu der Annahme, dass solche Namen im Sinne der Warenzeichen- und Markenschutz-Gesetzgebung als frei zu betrachten wären und daher von jedermann benutzt werden dürften.

Umschlaggestaltung: Regine Zimmer, Dipl.-Designerin, Frankfurt/Main
Gedruckt auf säurefreiem und chlorfrei gebleichtem Papier
Printed in Germany

ISBN 978-3-8349-1395-1

## Geleitwort

Das Management von Risiken stellt sei jeher eine zentrale Aufgabe unternehmerischen Handelns dar und besitzt – wie die aktuelle globale Finanzmarktkrise eindrucksvoll zeigt – insbesondere für Banken eine herausragende Bedeutung, da diese regelmäßig an den vergleichsweise volatilen Kapitalmärkten agieren (müssen). Ungeachtet dessen, sind Risiken offenbar bis zum heutigen Tage nicht angemessen in der unternehmerischen Zielfunktion von Banken berücksichtigt worden. Erst Mitte der 1990er-Jahre wurden aufbauend auf dem Opportunitätskostengedanken überhaupt wertorientierte Steuerungskonzepte (z.B. RORAC und RAROC) entwickelt, um die bankeninterne Allokation des Eigenkapitals effizienter zu gestalten. Unklar ist allerdings, ob die Anwendung dieser intuitiv bzw. heuristisch entwickelten Steuerungsgrößen unmittelbar einer Kapitalmarktperspektive im Sinne der Maximierung des Shareholder Values folgt. Sollte dies nicht der Fall sein, wäre der Status quo des Risikomanagements in Banken nicht ausreichend theoretisch fundiert und eine Veränderung der eingenommenen Bewertungsperspektive notwendig. An der zuvor formulierten Fragestellung setzt die Arbeit von Herrn Strauß an. Er untersucht die Wertrelevanz des Risikomanagements von Banken aus einer Kapitalmarktperspektive und bewertet die gegenwärtige praktische Handhabung sowie die zugehörigen Literaturauffassungen zum wertorientierten Risikomanagement mithilfe dieser externen Bewertungslogik.

Als grundlegend ausgerichtete Schrift geht die Untersuchung mit ihrem breiten Ansatz über den üblicherweise eher enger gewählten Ansatz von Dissertationen hinaus. Neben einer gründlichen Aufbereitung der finanzwirtschaftlichen Grundlagen sowie des aktuellen Standes der Diskussion um die wertorientierte Bankensteuerung begründet sich die Qualität der Arbeit aber insbesondere in der Fülle an innovativen Detailanalysen, in denen sowohl äußerst aufschlussreiche Implikationen für die zukünftige Ausgestaltung des Risikomanagements von Banken als auch eine neue kompakte Steuerungskennzahl entwickelt werden. Bei der Darlegung der vorgestellten vielen eigenständigen Überlegungen argumentiert Herr Strauß stets abgewogen und analysiert präzise die Vor- und Nachteile alternativer Verfahrensweisen. Ich wünsche dieser innovativen Arbeit daher eine gebührende Beachtung in der wissenschaftlichen Diskussion um die wertorientierte Steuerung von Banken und hoffe auch, dass Praktiker die entwickelte Bewertungslogik aufgreifen.

Prof. Dr. Joachim Krag

## Vorwort

Die vorliegende Arbeit entstand im Rahmen meiner externen Promotion am Lehrstuhl für Allgemeine Betriebswirtschaftslehre und Wirtschaftsprüfung der Philipps-Universität Marburg und wurde im Sommersemester 2008 vom Wirtschaftswissenschaftlichen Fachbereich als Dissertation angenommen. Viele Menschen haben mich während dieser interessanten aber auch herausfordernden Zeit unterstützt, denen ich an dieser Stelle danken möchte.

Zu großem Dank bin ich Herrn Prof. Dr. Joachim Krag für die wissenschaftliche Betreuung der Arbeit und die wertvollen Diskussionen verpflichtet. Mein herzlicher Dank gilt auch Herrn Prof. Dr. Erich Priewasser, der das Zweitgutachten übernommen hat und wie Prof. Dr. Krag bereits während meines Studiums meinen akademischen Weg geprägt hat. Zudem möchte ich Herrn Prof. Dr. Sascha H. Mölls erwähnen, der zur Zeit der Erstellung Mitarbeiter am Lehrstuhl von Prof. Dr. Krag war und mit zahlreichen konstruktiven Anregungen maßgeblich zum Gelingen der Arbeit beigetragen hat.

Für die kritische Durchsicht dieser Arbeit und für anregende Diskussionen zum Thema bereits vor Beginn der Erstellung danke ich meinem Kollegen Tobias Berg. Außerdem möchte ich mich bei Gerd Meyer für das aufmerksame Korrekturlesen bedanken.

Darüber hinaus gilt mein besonderer Dank allen Freunden, meiner Schwester Stefanie und meiner Freundin Kathrin, die sämtliche Höhen und Tiefen dieser intensiven Zeit miterlebt und mir viel Kraft gegeben haben.

Ich widme diese Arbeit meinen lieben Eltern, die mich auf meinem Lebensweg und bei meiner Promotion uneingeschränkt unterstützt und gefördert haben.

Michael Strauß

## Inhaltsverzeichnis

## Abbildungsverzeichnis

## Abkürzungsverzeichnis

| | |
|---|---|
| Abb. | Abbildung |
| ABS | Asset Backed Securities |
| Abs. | Absatz |
| Anm. d. Verf. | Anmerkung des Verfassers |
| APT | Arbitrage Pricing Theory |
| APV | Adjusted Present Value |
| Aufl. | Auflage |
| BaFin | Bundesanstalt für Finanzdienstleistungsaufsicht |
| bspw. | beispielsweise |
| bzw. | beziehungsweise |
| CAPM | Capital Asset Pricing Model |
| CDS | Credit Default Swap |
| CFROI | Cash Flow Return on Investment |
| DCF | Discounted Cash Flow |
| d.h. | das heißt |
| DP | Default Point |
| DRS | Deutscher Rechnungslegungs Standard |
| EAD | Exposure at Default |
| EL | Expected Loss |
| EPS | Earnings per Share |
| erw. | erweitert |

| | |
|---|---|
| ES | Expected Shortfall |
| et al. | et alii |
| etc. | et cetera |
| EVA | Economic Value Added |
| evtl. | eventuell |
| f. | folgende (Seite) |
| ff. | fortfolgende (Seiten) |
| FN | Fußnote |
| FtE | Flow to Equity |
| ggf. | gegebenenfalls |
| HGB | Handelsgesetzbuch |
| Hrsg. | Herausgeber |
| IAS | International Accounting Standard(s) |
| i.d.R. | in der Regel |
| i.e.S. | im engeren Sinne |
| IFRS | International Financial Reporting Standard(s) |
| inkl. | inklusive |
| IRB | Internal Ratings-Based |
| i.w.S. | im weiteren Sinne |
| KonTraG | Gesetz zur Kontrolle und Transparenz im Unternehmensbereich |
| KWG | Gesetz über das Kreditwesen |
| LGD | Loss Given Default |
| M&A | Mergers and Acquisitions |

| | |
|---|---|
| MaRisk | Mindestanforderungen an das Risikomanagement |
| MCAPM | Multi-period Capital Asset Pricing Model |
| m.w.N. | mit weiteren Nachweisen |
| NOPAT | Net Operating Profit after Tax |
| NPL | Non Performing Loan(s) |
| NPV | Net Present Value |
| o.g. | oben genannt |
| o.Jg. | ohne Jahrgang |
| o.O. | ohne Ort |
| OTC | Over The Counter |
| PD | Probability of Default |
| RAPM | Risk-adjusted Performance Measure(s) |
| RAROC | Risk-adjusted Return on Capital |
| RARORAC | Risk-adjusted Return on Risk-adjusted Capital |
| RechKredV | Verordnung über die Rechnungslegung der Kreditinstitute und Finanzdienstleistungsinstitute |
| REK | Risiko-Eigenkapital-Koeffizient |
| RORAC | Return on Risk-adjusted Capital |
| S. | Seite(n) |
| sog. | so genannt |
| SolvV | Solvabilitätsverordnung |
| SRK | Standardrisikokosten |
| TRaNPV | Total Risk-adjusted Net Present Value |
| TRaPM | Total Risk-adjusted Performance Measure(s) |

| | |
|---|---|
| TRaVA | Total Risk-adjusted Value Added |
| TRS | Total Return Swap |
| TSP | Time State Preference |
| überarb. | überarbeitet |
| US-GAAP | United States-Generally Accepted Accounting Principles |
| u.U. | unter Umständen |
| v.a. | vor allem |
| VaR | Value at Risk |
| vgl. | vergleiche |
| WACC | Weighted Average Cost of Capital |
| z.B. | zum Beispiel |
| z.T. | zum Teil |

## Symbolverzeichnis

| | |
|---|---|
| $a$ | Gewichtungsfaktor |
| $\alpha$ | Quantil |
| $b$ | Konstante |
| $\beta$ | Beta-Faktor |
| $C_{IFD}$ | Insolvenz- und Financial Distress-Kosten |
| $c$ | Konstante |
| $CF$ | Cash Flow |
| $cov$ | Kovarianz |
| $E(\cdot)$ | Erwartungswert |
| $EK$ | Marktwert des Eigenkapitals |
| $EU(\cdot)$ | Erwartungsnutzen |
| $F(\cdot)$ | Verteilungsfunktion |
| $f(\cdot)$ | Dichtefunktion |
| $FK$ | Marktwert des Fremdkapitals |
| $g(y)$ | Financial Distress-Kostenfunktion |
| $I$ | Investitionsauszahlung |
| $i$ | Index für ein beliebiges Wertpapier (Unternehmen) |
| $IP$ | Index für ein Investitionsprojekt |
| $j$ | Index für Schwellenwerte von $y$ |
| $k_{EK}$ | Eigenkapitalkostensatz |
| $k_{FK}$ | Fremdkapitalkostensatz |

| | |
|---|---|
| $M$ | Index für das Marktportfolio |
| $\mu$ | Erwartungswert |
| $MW$ | Marktwert |
| $n$ | Laufzeit bzw. Anzahl |
| $ÖK$ | Ökonomisches Kapital |
| $P$ | Index für ein beliebiges Portfolio |
| $p(\cdot)$ | Wahrscheinlichkeit |
| $r_f$ | (einheitlicher und risikoloser) Kapitalmarktzins |
| $\rho$ | Korrelationskoeffizient |
| $\rho(\cdot)$ | Risikomaß |
| $RP$ | Risikoprämie |
| $s$ | Steuersatz |
| $SÄ$ | Sicherheitsäquivalent |
| $\sigma$ | Standardabweichung |
| $\sigma^2$ | Varianz |
| $st$ | Umweltzustand |
| $t$ | Periodenindex |
| $T$ | Ende des Detailprognosezeitraums |
| $u$ | Nutzenfunktion |
| $X$ | Zufallsvariable |
| $x$ | unsichere Realisation einer Zufallsvariablen $X$ |

# 1 Einführung

## 1.1 Problemstellung

Risiken spielen seit jeher eine besondere Rolle im Bankenbereich[1], jedoch lange Zeit ohne explizite Berücksichtigung in der unternehmerischen Zielfunktion zu finden. Diese war bis in die 80er Jahre des letzten Jahrhunderts insbesondere durch das Wachstum von Bilanzvolumen und Gewinn geprägt. Mit der zunehmenden Wahrnehmung des Eigenkapitals als Engpassfaktor des Bankbetriebs hat sich in der Folge die Zielsetzung dahingehend verändert, den Gewinn ins Verhältnis zum Eigenkapital zu setzen und die Eigenkapitalrendite zu maximieren. Über den Vergleich der Eigenkapitalrendite mit einer Mindestrenditeforderung der Aktionäre auf das zur Verfügung gestellte Kapital konnte schließlich beurteilt werden, ob und wie viel Wert für die Aktionäre erzielt wurde, womit das Shareholder Value-Konzept Einzug nahm, das sich mittlerweile weitgehend etabliert hat.

Zwar stellt diese Mindestrenditeforderung bereits einen risikoadäquaten Opportunitätskostensatz aus Sicht der Aktionäre dar, dennoch hat sich auf Bankebene das Bewusstsein verstärkt, dass darüber hinaus letztlich das gesamte Risikopotential für die Bank von Relevanz ist und das Eigenkapital in seiner Haftungsfunktion für eine Risikobegrenzung sorgt und die Risikotragfähigkeit der Bank bestimmt. Nicht zuletzt aufgrund der regulatorischen Anforderungen zur Eigenmittelunterlegung von Risiken hat sich die Bestimmung der relevanten Kapitalgröße in der Renditebetrachtung dahingehend verändert, das zur Abdeckung des Risikos erforderliche Kapital zu verwenden. Während diese Kapitalgröße anfangs nur eine geringe Risikodifferenzierung vornahmen, hat sich durch die enormen Fortschritte in der internen Risikomessung und der jüngsten Anpassung der aufsichtsrechtlichen Anforderungen zur Eigenmittelunterlegung eine risikosensitivere Bestimmung des Kapitals und damit eine zunehmend „ökonomische" Betrachtungsweise durchgesetzt. Über jene Verbindung ist das Bankrisiko ein wesentlicher Bestandteil des Shareholder Value-Konzepts geworden und konsequenterweise haben sich Ansatzpunkte für

---

[1] Die Begriffe „Bank" und „Kreditinstitut" werden im Rahmen dieser Arbeit synonym verwendet. Zur deutschen Legaldefinition vgl. § 1 Abs. 1 KWG.

die Steigerung des Shareholder Value durch das Management des Risikos offenbart. Das Risiko ist damit zur expliziten Komponente der unternehmerischen Zielfunktion und Risikomanagement ist zum Instrument innerhalb der wertorientierten Unternehmensführung geworden.

Die Integration des Risikoaspekts in die wertorientierten Steuerungsgrößen hat seit Mitte der neunziger Jahre zur Entwicklung sog. risikoadjustierter Performancemaße wie RORAC und RAROC geführt, die das Ergebnis ins Verhältnis zum eingegangenen Risiko (sog. ökonomisches Kapital) aus Sicht der Bank setzen und jene risikoadjustierte Rendite mit der Mindestrenditeforderung der Aktionäre vergleichen und so den Engpassfaktor Eigenkapital in die aus Rendite-Risiko-Sicht effizienteste Anlage allozieren.[2]

Dieses Vorgehen hat sich mittlerweile als Grundlage bei fast allen Banken (mehr oder weniger) etabliert und der Fokus der theoretischen und praktischen Anstrengungen liegt zum einen darauf, die Risikomessung und Risikokapitalbestimmung für eine effiziente Allokation zu verbessern, und zum anderen, Ansätze und Instrumente zur Steuerung der Risiken zu nutzen und zu optimieren.

Insbesondere vor dem Hintergrund der hohen Investitionen der Banken in die Risikomanagementinfrastruktur zur Erfüllung der aufsichtsrechtlichen Anforderungen[3] stellt sich für viele Banken unmittelbar die Frage, wie diese Ressourcen nicht ausschließlich aus regulatorischer Sicht, sondern auch effektiv zur Shareholder Value-Maximierung eingesetzt werden können.[4]

Umso wichtiger erscheint es daher sicherzustellen, dass die intuitiv bzw. heuristisch entwickelten risikoadjustierten Steuerungsgrößen auch der aus Kapitalmarktsicht relevanten Bewertungslogik folgen. Ob die Verringerung des Ka-

---

2 Vgl. zur dargestellten Entwicklung auch Schröck/Steiner (2005): S. 60f., Strutz/Gehr (2005): S. 214f.

3 Nach einer Umfrage der *Boston Consulting Group* schätzen die meisten großen Banken (Bilanzsumme größer € 100 Mrd.) die Kosten für die Basel II-Implementierung auf mindestens € 50 Mio. 20% der großen Banken erwarten gar Kosten von über € 100 Mio. Vgl. dazu The Boston Consulting Group (2007): S. 18. Crouhy et al. (2006): S. 396, schätzen die Kosten auf durchschnittlich € 100 Mio., das meiste davon für Infrastruktur.

4 *Accenture* geht bspw. davon aus, dass die Investitionskosten durch das daraus erzielbare Wertpotential deutlich überkompensiert werden können. Vgl. dazu Accenture (2006): S. 19ff.

pitalbedarfs tatsächlich der durch die risikoadjustierten Performancegrößen suggerierten Wertsteigerung entspricht und wie sich zudem weitere Erklärungen, die ein zusätzliches Wertpotential von Risikomanagement in der Ergebnisverstetigung und damit der Senkung der Eigenkapitalkosten sehen, einordnen lassen, ist offensichtlich bislang jedoch nicht umfassend analysiert worden. Ohne eine systematische Analyse der Wertrelevanz des unternehmerischen Risikomanagements aus Sicht des Kapitalmarktes bzw. der Eigentümer und eine Identifikation sowie Quantifizierung der relevanten Risiken kann sich folglich auch keine ausreichende theoretische Fundierung für das im Status quo praktizierte wertorientierte Risikomanagement ergeben.

Bevor weitere theoretische Anstrengungen sowie Mittel in der unternehmerischen Praxis in die Optimierung der Risikomessung und Risikosteuerungsinstrumente fließen, sollten deshalb zunächst die theoretische Analyse der Wertrelevanz des Risikomanagements vorgenommen und eventuelle Anpassungserfordernisse abgeleitet werden. „Despite their widespread practical application, the finance profession has not paid much attention to economic capital techniques. There has been little analysis of the relationship between return on economic capital (RAROC) and the standard tools of financial analysis such as NPV or economic value added; or much investigation of the relationship between RAROC and standard asset pricing theory."[5]

## 1.2 Gang der Untersuchung

Diese Brücke zwischen der internen (risikoadjustierten) Steuerungslogik in Banken und der externen Bewertungslogik durch den Kapitalmarkt soll im Rahmen der vorliegenden Arbeit geschlagen werden, indem die Wertrelevanz des Risikomanagements aus Kapitalmarktsicht analysiert wird. Dazu werden im zweiten Kapitel zunächst die allgemeinen Grundlegungen der Wertmaximierung als Unternehmensziel dargestellt. Die Marktwertmaximierung des Eigenkapitals (Shareholder Value-Maximierung) wird kapitalmarkttheoretisch hergeleitet und mithilfe marktorientierter Unternehmensbewertungsverfahren

---

[5] Milne/Onorato (2004): S. 3.

in zielkonforme Entscheidungskriterien auf Bankebene übersetzt. Schließlich werden bankspezifische Besonderheiten in diesem Kontext herausgestellt.

Das dritte Kapitel soll eine möglichst umfassende und dennoch prägnante Darstellung des gegenwärtig praktizierten wertorientierten Risikomanagements liefern. Die Beschreibung des Status quo des wertorientierten Risikomanagements versteht sich als Synthese der gängigen Literaturauffassung und des State-of-the-Art in der praktischen Umsetzung.

Anschließend wird im vierten Kapitel die Wertrelevanz des Risikomanagements analysiert. Während sich unter den rigiden Modellprämissen des vollkommenen Marktes die Irrelevanz des Risikomanagements ergibt, kann über eine partielle Abschwächung bzw. Auflösung der Prämissen jedoch positiv erklärt werden, wann Risikomanagement auf Unternehmensebene ökonomisch sinnvoll ist. Die diesbezüglichen Erklärungsansätze werden im Rahmen einer marktorientierten Bewertungsfunktion für Banken im Hinblick auf die Beeinflussbarkeit der Bewertungsparameter analysiert und nach ihrer Relevanz speziell für Banken evaluiert. Die gewonnenen theoretischen Analyseergebnisse dienen im Anschluss als Grundlage für die Beurteilung des praktischen Vorgehens und der gängigen Lehrmeinung im Status quo und zeigen auf, dass Risikomanagement im Status quo aufgrund von Fehlsteuerungsimpulsen der verwendeten Steuerungsgrößen keine optimale Wertschaffung herbeiführt.

Die sich aus der Analyse ergebenden Implikationen für das Risikomanagement in Theorie und Praxis werden im fünften Kapitel präsentiert. Zunächst erfolgt die Anpassung der Steuerungslogik für wertmaximierendes Risikomanagement mit der Herleitung eines Total Risk-adjusted Performance Measure (TRaPM), das sämtliche aus Wertgesichtspunkten relevanten Risiken inkorporiert.[6] Dabei macht die Entwicklung einer Konzeption zur möglichen Quantifizierung dieser Risiken einen Schwerpunkt aus. Auf Basis dieser Steuerungs-

---

[6] Die innerhalb der Arbeit vorgenommene Analyse der Wertrelevanz und die daraus hergeleitete Entwicklung der Steuerungslogik stellen einen grundsätzlichen Ansatz dar, bei dem von modellimmanenten Schwierigkeiten sowie modellbezogenen Umsetzungsproblemen hinsichtlich des zugrunde gelegten CAPM weitgehend abstrahiert wird. Diese liegen z.B. in der problembehafteten Anwendbarkeit der einperiodigen Bewertungsfunktion des CAPM im Mehrperiodenfall, der Berücksichtigung persönlicher Steuern sowie weiteren im CAPM modellierten Prämissen. Vgl. dazu auch die Ausführungen in Abschnitt 2.1.4 sowie die in den FN 89 und 90 angegebene Literatur.

größe werden konkrete Handlungsempfehlungen für den im zweiten Kapitel dargestellten Risikomanagementprozess aufgezeigt.

Das sechste Kapitel fasst die wichtigsten Ergebnisse zusammen und gibt einen Ausblick auf die künftige Entwicklung und weitere Forschungsmöglichkeiten.

## 2 Grundlegungen der Wertmaximierung als Unternehmensziel

Um das Risikomanagement von Banken in den Rahmen der wertorientierten Unternehmensführung[7] einordnen zu können, sollen an dieser Stelle zunächst die finanzwirtschaftlichen Grundlagen zur Fundierung der Wertorientierung bzw. -maximierung als Unternehmensziel dargestellt werden. Während die Wertorientierung dabei allgemein als explizite Maximierung der finanzwirtschaftlichen Eigentümerinteressen nach gesetzlicher und vertraglicher Befriedigung der Interessen anderer Stakeholder noch relativ einfach hergeleitet werden kann, besteht die Problematik darin, die zu maximierende, einmütig akzeptierte finanzwirtschaftliche Größe selbst zu bestimmen.[8] Nach einer theoretischen Fundierung dieser Größe wird aufgezeigt, wie das Ziel der Marktwertmaximierung des Eigenkapitals über das Konzept der marktorientierten Unternehmensbewertung in interne Steuerungsgrößen übertragen werden kann, die zur Wertmaximierung zielkonforme Entscheidungs- und Beurteilungskriterien darstellen. Zusätzlich zu dieser allgemeinen Betrachtung werden anschließend kurz bankspezifische Besonderheiten bei der wertorientierten Unternehmensführung angesprochen, bevor im nächsten Kapitel darauf aufbauend das wertorientierte Risikomanagement von Banken in einer ausführlichen Status quo-Betrachtung als Basis für die spätere Beurteilung der Wertrelevanz des Risikomanagements von Banken beschrieben wird.

### 2.1 Fundierung von Unternehmenszielen

Ausgangspunkt für die Fundierung von Unternehmenszielen ist die Analyse der Ziele und Interessen der verschiedenen Anspruchsgruppen (Stakeholder) von Unternehmen.[9] Ein Unternehmen stellt dabei ein Konstrukt vielfältiger ge-

---

[7] Die Begriffe „wertorientierte Unternehmensführung“, „wertorientiertes Management“, „Wertmaximierung“ und „Shareholder Value-Maximierung“ werden im Laufe der Arbeit synonym verwendet. Für eine Übersicht weiterer Begriffe, die in diesem Kontext Verwendung finden, vgl. Faust (2002): S. 21f.

[8] Vgl. Laux (2004): S. 1.

[9] Vgl. Perridon/Steiner (2007): S. 14. Dabei wird im Laufe der Arbeit der Fokus auf Aktiengesellschaften gelegt, deren Beteiligungstitel marktgehandelt werden. Banken aus dem öffentlich-rechtlichen und genossenschaftlichen Sektor unterscheiden sich davon im Wesentlichen z.B. durch ihre Eigentümerstruktur sowie andersgerichtete Zielsetzungen (öffentlicher Auftrag bzw.

setzlicher Regelungen sowie expliziter und impliziter Vertragsbeziehungen dar.[10] Als Anspruchsgruppen sind neben den Eigentümern[11] Kunden, Mitarbeiter, Lieferanten, Manager, Staat u.a. zu nennen[12], die jeweils unterschiedliche Ansprüche sowie Einwirkungsrechte und -möglichkeiten haben.

Bezogen auf Zahlungsansprüche lässt sich dabei grundsätzlich zwischen i.d.R. vertraglich geregelten, gewinn-/zustandsunabhängigen Zahlungen (z.B. Fremdkapitalzinsen, Löhne und Gehälter) und gewinn-/zustandsabhängigen Zahlungen unterscheiden.[13] Dabei gilt, dass zunächst alle vertraglich vereinbarten bzw. gesetzlich vorgeschriebenen Zahlungen befriedigt werden müssen und der verbleibende Rest den Eigentümern zusteht. Aufgrund der Zustandsabhängigkeit vom Ergebnis des Unternehmens, das i.d.R. Schwankungen unterliegt, sind diese Residualansprüche ebenfalls Schwankungen und damit einem Risiko unterworfen und können sogar negativ ausfallen, wenn der durch das Unternehmen erwirtschaftete Überschuss die zustandsunabhängigen Zahlungen unterschreitet. In diesem Fall dient das von den Eigentümern zur Verfügung gestellte Kapital zur Deckung des Fehlbetrags. Das Tragen des Unternehmensrisikos über die Kapitalbereitstellung ist zunächst die Voraussetzung, dass sich die übrigen Stakeholder überhaupt auf kontraktbestimmte Zahlungen einlassen. Allerdings ist die Risikoübernahme auch mit besonderen Einwirkungsrechten auf die Unternehmensführung und eben dem vollständigen Anspruch auf das Residualeinkommen verbunden.[14]

Diese Sichtweise ist nicht ohne Kritik geblieben, die sich v.a. an der als einseitig wahrgenommenen Fokussierung auf die Eigentümer und der potentiellen

---

Mitgliederförderung). Eine unmittelbare Übertragung der hier durchgeführten Diskussion auf diese Gruppen ist deshalb aus theoretischer Sicht nicht möglich, obwohl – nicht zuletzt aus Wettbewerbsgründen – eine stärkere erwerbswirtschaftliche Ausrichtung der beiden genannten Sektoren in Deutschland zu beobachten ist. Vgl. auch Hartmann-Wendels et al. (2007): S. 324, zur Eignung des hier diskutierten Ansatzes für nicht-börsennotierte Kreditinstitute Hörter (1998): S. 14ff., Faust (2002): S. 44ff. sowie speziell für öffentlich-rechtliche Kreditinstitute Faust/Richard (1998): S. 324ff., Lütke-Uhlenbrock (2006).

10 Vgl. grundlegend Jensen/Meckling (1976): S. 310.

11 Im weiteren Verlauf werden der allgemeine Begriff „Eigentümer" sowie die Bezeichnungen „Aktionär", „Anteilseigner", „Eigenkapitalgeber" und „Shareholder" synonym genutzt.

12 Vgl. Faust (2002): S. 34, Kürsten (2006a): S. 13, Perridon/Steiner (2007): S. 14.

13 Eine Ausnahme stellt die Steuer dar, die gesetzlich geregelt und weitgehend gewinnabhängig ist.

14 Vgl. Fama/Jensen (1983).

Benachteiligung anderer Anspruchsgruppen durch Vermögensverschiebungen zugunsten der Aktionäre festmacht.[15] Dem kann jedoch entgegnet werden, dass die übrigen Unternehmensadressaten ihre Interessen auch ohne spezielle Einwirkungsmöglichkeiten auf die Geschäftsführung durch Vertragsbeziehungen sichern können[16] sowie überdies zahlreiche Schutzvorschriften[17] bestehen. Erst nach Erfüllung dieser expliziten, aber auch der impliziten[18] Ansprüche werden die ausschüttungsfähigen Zahlungen an die Eigentümer, die ihre Interessen nicht über Verträge und Schutzvorschriften abgesichert sehen, ermittelt.[19] Eine nicht ausreichende Berücksichtigung der übrigen Stakeholderinteressen führt demzufolge zu höheren Vertrags- und Transaktionskosten und geht somit zu Lasten des Residualanspruchs. Sodass letztlich trotz der originär unterschiedlichen Zielsetzungen und Interessen der verschiedenen Stakeholder eine hohe Korrelation zwischen der Ausrichtung auf die Residualansprüche der Eigentümer und der Befriedigung der Interessen der übrigen Anspruchsgruppen besteht und eine Maximierung des Residualanspruchs zu einem für alle Beteiligten optimalen Ergebnis führen sollte.[20]

Zur Optimierung der Residualansprüche der Eigenkapitalgeber ist die Kenntnis der Eigentümerpräferenzen und -ziele (v.a. die Risikoeinstellung) erforderlich, um die Unternehmensführung dementsprechend ausrichten zu können.[21] Grundsätzlich existieren dazu eine Reihe von möglichen Unternehmenszielen, wie z.B. die Verbesserung bzw. Maximierung von Marktanteil(en), Image, Cost-Income-Ratio, Umsatz, Gewinn sowie Marktwert des Gesamt- oder Ei-

---

[15] Vgl. Bühner/Tuschke (1997): S. 499ff., Speckbacher (1997): S. 630ff., Titzrath (1997): S. 36f., Wagner (1997): S. 473ff., Wenger/Knoll (1999): S. 433ff. Vgl. außerdem zum sog. Stakeholder-Ansatz, der die Interessen und Verfügungsrechte aller Stakeholder in den Fokus der Unternehmensführung stellt, Freeman (1984), Cornell/Shapiro (1987), Donaldson/Preston (1995).

[16] Z.B. Lieferverträge, Kaufverträge, Arbeits- und Tarifverträge, Kreditverträge.

[17] Insbesondere bei Banken existieren zahlreiche Schutzvorschriften wie z.B. aufsichtsrechtliche Anforderungen und Systeme zur Einlagensicherung.

[18] Dabei handelt es sich um faktische, i.d.R. juristisch nicht einklagbare Ansprüche, die häufig nichtfinanzieller Natur sind und sich bspw. in Kunden- oder Mitarbeiterzufriedenheit niederschlagen. Vgl. Stegemann (2001): S. 43f.

[19] Vgl. Busse von Colbe (1995): S. 713, Busse von Colbe (1997): S. 289, Laux (2004): S. 3f. Hachmeister (2005): S. 135.

[20] Vgl. Spremann (1996): S. 481ff., Bühner/Tuschke (1997): S. 499ff., Schierenbeck (1997): S. 9, Faust (2002): S. 35f.

[21] Vgl. Laux (2004): S. 60.

genkapitals.[22] Maßgeblich dabei ist, wie der Nutzen der Eigentümer maximiert werden kann. Existiert nur ein Eigentümer, reduziert sich das Problem auf eine monozentrische Entscheidungsfindung, indem die subjektiven Präferenzen des Eigentümers direkt in die unternehmerische Zielfunktion übernommen werden können.[23] Bei größeren Unternehmen sind jedoch typischerweise viele Anteilseigner beteiligt.[24] Die sich dadurch ergebenden Vorteile der Risikoteilung[25] werfen auf der anderen Seite das Problem der Erfolgsteilung durch mögliche Zielkonflikte auf. Eine hinreichende Lösung durch explizite Offenbarung aller individuellen Präferenzen und Risikoeinstellungen durch alle Anteilseigner, Aggregation und darauf basierende direkte Nutzenmaximierung scheint in dieser Situation kaum möglich. Aus diesem Grunde wird versucht, die Problematik kapitalmarkttheoretisch aufzulösen, indem eine Orientierung an finanzwirtschaftlichen Entscheidungskriterien, die auf der Preisbildung von Anwartschaften aus unsicheren Zahlungsströmen am Kapitalmarkt basieren und darüber die subjektiven Präferenzen der Anteilseigner reflektieren, erfolgt. In diesem Zusammenhang wird die Marktwertmaximierung des Eigenkapitals als einmütige Zielfunktion hergeleitet, die letztlich mit der subjektiven Nutzenmaximierung kompatibel ist. Diese Vorgehensweise ermöglicht zwar keine explizite Berücksichtigung der subjektiven Präferenzen der Aktionäre, allerdings werden diese implizit über die sich als Ergebnis von Angebot und Nachfrage auf dem Kapitalmarkt bildenden Marktwerte der Wertpapiere erfasst.[26] Als Grundlagen für die kapitalmarkttheoretische Zielableitung sollen zunächst jedoch entscheidungs- und portfoliotheoretische Aspekte dargestellt werden.

---

22 Vgl. Hartmann-Wendels et al. (2007): S. 315, Perridon/Steiner (2007): S. 9ff.

23 Vgl. Ryser (2003): S. 37, Laux (2004): S. 1.

24 Zudem ergibt sich durch die in solchen Fällen i.d.R. vorherrschende Trennung von Eigentum und Unternehmensleitung eine sog. Principal-Agency-Beziehung, die v.a. durch asymmetrische Informationsverteilung gekennzeichnet ist. Dies erfordert bestimmte Kontroll- und Steuerungsmechanismen, die ebenfalls durch bestimmte Kriterien im Hinblick auf die Nutzenbefriedigung der Eigentümer bewertet werden. Vgl. Faust (2002): S. 9. Vgl. zur Principal-Agency-Theorie grundlegend Jensen/Meckling (1976).

25 Vgl. dazu Laux (2004): S. 2.

26 Vgl. Abschnitt 2.1.3 sowie 2.1.4.

### 2.1.1 Entscheidungstheoretische Grundlagen

Im Rahmen der normativen Entscheidungstheorie erfolgen Analysen zum rationalen Entscheidungsverhalten hinsichtlich der Bewertung von Handlungsalternativen durch Kriterien, die aus den subjektiven Präferenzen eines Entscheiders resultieren.[27] Entscheidungssituationen lassen sich dabei nach der Kenntnis über zukünftige Ergebnisse differenzieren.[28] Der einfachste Fall liegt vor, wenn alle zukünftigen Ergebnisse mit Sicherheit determiniert sind, also nur eine einzige Zukunftslage existiert. Dann lassen sich Entscheidungsprobleme eindimensional lösen, indem die sicheren Ergebnisse von Handlungsalternativen[29] verglichen werden.[30] Besteht Unsicherheit über zukünftige Entwicklungen aufgrund unvollständiger Information, d.h. hängen die Ergebnisausprägungen von nicht beeinflussbaren[31] Einflussfaktoren (Umweltzuständen) ab, wird von Entscheidungen unter Unsicherheit gesprochen. Diese wiederum lassen sich weiter dahingehend unterscheiden, ob aus Sicht des Entscheiders für das Eintreten verschiedener bekannter Umweltzustände Wahrscheinlichkeiten bekannt sind (Fall des Risikos) oder ob keinerlei quantifizierbare Aussage zu Eintrittswahrscheinlichkeiten der Umweltzustände gemacht werden kann (Ungewissheit).[32,33] Der Fall des Risikos lässt sich weiter danach differenzieren, ob dem Eintreten subjektive oder objektive Wahrscheinlichkeiten zugeordnet werden können.[34] Objektive Wahrscheinlichkeiten stellen Grenzwerte der relativen Häufigkeit dar und lassen sich wie z.B. in einer Lotterie beliebig genau durch Wiederholungen desselben Experiments ermitteln. Ökonomische Entscheidungssituationen weisen jedoch häufig eine

---

27 Vgl. Laux (2004): S. 17ff.

28 Vgl. grundlegend Knight (1921): S. 233, auf dessen Untergliederung in der Entscheidungstheorie zunächst rekurriert wurde. In den meisten neueren Beiträgen wird jedoch eine davon abweichende Zuordnung gewählt, auf die auch in der folgenden Betrachtung rekurriert werden soll. Vgl. zur Unterscheidung Bamberg/Coenenberg (2006): S. 77.

29 Handlungsalternativen können auch reine Opportunitäten sein, die real als Handlungsalternative nicht in Frage kommen.

30 Vgl. ausführlich Franke/Hax (2003): S. 140ff., Bamberg/Coenenberg (2006): S. 43ff.

31 Von der möglichen Einflussnahme auf Umweltzustände soll hier abstrahiert werden.

32 Vgl. Franke/Hax (2003): S. 297, Perridon/Steiner (2007): S. 94ff. Zum Entscheidungsproblem unter Ungewissheit vgl. ausführlich Bamberg/Coenenberg (2006): S. 127ff.

33 Entscheidungen bei bewusst handelnden Gegenspielern (Spieltheorie) werden hier nicht näher betrachtet. Vgl. dazu Bamberg/Coenenberg (2006): S. 187ff.

34 Vgl. Bamberg/Coenenberg (2006): S. 19.

hohe Komplexität und eine unzureichende Anzahl an Wiederholungen auf, sodass objektive Wahrscheinlichkeiten gar nicht oder nur sehr schwer ermittelbar sind und deshalb Entscheidungen i.d.R. auf Basis subjektiver Schätzungen erfolgen.

In der Grundstruktur von Entscheidungsmodellen wird das Entscheidungsproblem bei Entscheidungen unter Risiko formal über eine zustandsbezogene Betrachtungsweise[35] erfasst. In einer Ergebnismatrix lässt sich das Entscheidungsproblem derart darstellen, dass den zur Verfügung stehenden Handlungsalternativen jeweils mehrere mögliche Ergebnisse zugeordnet werden, die dabei jeweils von bekannten, nicht beeinflussbaren Umweltzuständen abhängen. Die zugehörigen Eintrittswahrscheinlichkeiten der Umweltzustände wiederum können subjektiv bestimmt werden, sodass sich jede Handlungsalternative durch eine Wahrscheinlichkeitsverteilung charakterisieren lässt. Die Entscheidung zwischen den Handlungsalternativen wird somit durch die Entscheidung zwischen Wahrscheinlichkeitsverteilungen ersetzt.[36]

Die Wahrscheinlichkeitsverteilungen können mithilfe von Entscheidungsprinzipien bewertet werden. Ein klassisches Entscheidungsprinzip auf Basis des Erwartungswerts und der Standardabweichung ist das $\mu$-$\sigma$-Kriterium.[37] Es dient der Vorauswahl unter den Handlungsalternativen, wobei im Allgemeinen keine eindeutige Festlegung auf eine Alternative erfolgt, sondern diejenigen als effizient bewertet werden, zu denen keine Alternative existiert, die bei (mindestens) gleich hohem Erwartungswert ein geringeres Risiko aufweist, und keine, die bei (höchstens) gleich hohem Risiko einen höheren Erwartungswert besitzt. Die als effizient bewerteten Alternativen dominieren somit alle nicht-effizienten.[38] Eine Auswahlentscheidung innerhalb der effizienten Handlungsalternativen erfolgt erst in einem zweiten Schritt, der eine Austauschregel zwischen Risiko und Erwartungswert bzw. Ertrag erfordert. Diese Austauschregel lässt sich durch sog. Risiko-Ertrag-Indifferenzkurven (Risiko-

---

35 Vgl. Laux (2004): S. 19.

36 Vgl. Hirshleifer (1966): S. 252, Franke/Hax (2003): S. 246ff., Laux (2004): S. 19, Bamberg/Coenenberg (2006): S. 13ff.

37 Vgl. Franke/Hax (2003): S. 270. Daneben existiert z.B. die sog. *Bayes*-Regel, die hier jedoch nicht weiter betrachtet werden soll. Vgl. z.B. Bamberg/Coenenberg (2006): S. 85.

38 Vgl. Franke/Hax (2003): S. 270f., Laux (2004): S. 20f.

präferenzfunktionen) formalisieren. Eine Indifferenzkurve setzt sich dabei aus allen von einem Entscheider als gleichwertig angesehenen Kombinationen aus Risiko und Ertrag zusammen und bringt die unterschiedlichen Risikoneigungen zum Ausdruck.[39]

Die theoretische Basis zur Erfassung subjektiver Präferenzen bzw. des subjektiven Nutzens von Entscheidern stellt v.a. das axiomatisch begründete *Bernoulli*-Prinzip[40] dar, bei dem durch Ermittlung einer Nutzenfunktion (*u*), die individuellen Präferenzen des Entscheiders abgebildet werden. Ein streng konkav (konvex) verlaufender Graph der Nutzenfunktion signalisiert Risikoaversion (Risikofreude) des Entscheiders, eine lineare Nutzenfunktion Risikoneutralität.[41] Im Gegensatz zum $\mu$-$\sigma$-Kriterium erfolgt bei der Erwartungsnutzentheorie auf Basis des *Bernoulli*-Prinzips keine Umrechnung der Wahrscheinlichkeitsverteilung jeder Handlungsalternative auf Ersatzgrößen bevor der Risikonutzen anschließend bestimmt werden kann, sondern jedes potentielle Ergebnis (als unsichere Realisation $x$ einer Zufallsvariablen $X$)[42] wird in einen reellen Nutzenwert transformiert. Werden den endlich vielen Umweltzuständen (*st*) jeweils Eintrittswahrscheinlichkeiten (*p(st)*) zugewiesen, ergibt sich der entscheidungsrelevante Erwartungsnutzen (*EU(X)*) als:[43]

$$EU(X) = \sum_{st=1}^{n} p_{st} \cdot u(x_{st}). \qquad (2.1)$$

---

[39] Vgl. Franke/Hax (2003): S. 271ff.

[40] Der auf Bernoulli (1738) zurückgehende Lösungsvorschlag wurde v.a. durch Von Neumann/Morgenstern (1947) axiomatisch begründet und in die heute als *Bernoulli*-Prinzip bekannte Form transformiert. Vgl. Bamberg/Coenenberg (2006): S. 85 sowie zur Beschreibung der Axiome Franke/Hax (2003): S. 298ff., Bamberg/Coenenberg (2006): S. 99ff., Perridon/Steiner (2007): S. 107.

[41] Vgl. Franke/Hax (2003): S. 302ff., Laux (2004): S. 22, Bamberg/Coenenberg (2006): S. 92ff. Zur empirischen Ermittlung der Nutzenfunktionen vgl. Bamberg/Coenenberg (2006): S. 90f.

[42] Die Ergebnisse können auch qualitativer Natur sein, müssen sich jedoch jeweils in quantitative Nutzenwerte transformieren lassen. Vgl. Bamberg/Coenenberg (2006): S. 86, Perridon/Steiner (2007): S. 104.

[43] Vgl. Laux (2004): S. 21, Hartmann-Wendels et al. (2007): S. 325, Perridon/Steiner (2007): S. 105. Vgl. für einen Überblick zur Diskussion, welche Präferenzen das *Bernoulli*-Prinzip berücksichtigt, Bamberg/Coenenberg (2006): S. 109ff.

Bei der Bewertung der Handlungsalternativen werden diejenigen mit höheren Nutzenerwartungswerten vorgezogen.[44] Das $\mu$-$\sigma$-Kriterium ist immer dann mit dem Erwartungsnutzenprinzip vereinbar, wenn die relevanten Wahrscheinlichkeitsverteilungen vollständig durch ihren jeweiligen Erwartungswert und ihre Standardabweichung beschrieben werden können, z.B. wenn eine (Log-)Normalverteilung oder eine quadratische Nutzenfunktion vorliegt.[45]

Für die weitere Analyse wird zusätzlich das theoretische Konstrukt der Sicherheitsäquivalenz eingeführt. Der Entscheider kann für jede Handlungsalternative mit zufallsabhängigem Ergebnis eine Alternative mit sicherem Ergebnis bestimmen, wobei zwischen den beiden Indifferenz gegeben ist.[46] Dieses Sicherheitsäquivalent (*SÄ*) ist dabei sowohl von der Wahrscheinlichkeitsverteilung als auch von der Nutzenfunktion des Entscheiders abhängig:

$$S\ddot{A} = u^{-1}(EU(X)) . \tag{2.2}$$

Im Fall der Risikoaversion, der für die Charakterisierung des Verhaltens ökonomisch relevanter Entscheidungsträger in der Regel standardmäßig angenommen wird[47], ergibt sich aus dem streng konkaven Verlauf der Nutzenfunktion, dass das Sicherheitsäquivalent niedriger ist als der Erwartungswert der Wahrscheinlichkeitsverteilung der unsicheren Nutzenwerte.[48] Die Differenz lässt sich dabei als Risikoprämie (*RP*) interpretieren, die der Entscheidende für das unsichere Ergebnis gegenüber der sicheren Alternative verlangt:[49]

$$RP = E(X) - S\ddot{A} . \tag{2.3}$$

In einer Entscheidungssituation zwischen zwei (mehreren) Wahrscheinlichkeitsverteilungen wird diejenige mit dem höchsten Sicherheitsäquivalent vor-

---

44 Vgl. Franke/Hax (2003): S. 300, Laux (2004): S. 21. Vgl. zur Kritik am *Bernoulli*-Prinzip, die sich v.a. an der Bestimmung der Nutzenfunktion festmacht, Perridon/Steiner (2007): S. 109f.

45 Vgl. Franke/Hax (2003): S. 306ff., Laux (2004): S. 23ff. Zur Kritik an der quadratischen Nutzenfunktion vgl. Franke/Hax (2003): S. 309f.

46 Vgl. Laux (2004): S. 27, Bamberg/Coenenberg (2006): S. 88f.

47 Vgl. Bamberg/Coenenberg (2006): S. 95.

48 Vgl. Laux (2004): S. 27ff. Die konkave Nutzenfunktion bei Risikoaversion ist durch einen positiven, abnehmenden Grenznutzen charakterisiert.

49 Vgl. Laux (2004): S. 28ff., Bamberg/Coenenberg (2006): S. 96ff.

gezogen.[50] Im Falle von Investitionsprogrammen können die Handlungsalternativen allerdings nicht isoliert voneinander bewertet werden, da stochastische Abhängigkeiten der Ergebnisse zum gesamten Investitionsportfolio bestehen.[51] Dabei ist die Frage zu beantworten, wie sich das Portfolio an Handlungsalternativen bzw. Investitionen optimieren lässt, was die Ausgangslage für die folgende Portfoliotheorie darstellt.

### 2.1.2 Portfoliotheoretische Grundlagen

Die auf *Markowitz* zurückgehende normative Portfoliotheorie[52] ist ein spezielles, individualistisch ausgerichtetes Investitionsentscheidungsmodell[53], bei dem ein risikoaverser Investor einen gegebenen Kapitalbetrag für eine Periode[54] in risikobehaftete[55] Wertpapiere anlegt.[56] Bei der Zusammenstellung des Portfolios orientiert sich der Investor an der erwarteten Rendite[57] und dem Risiko. Damit ergibt sich eine Entscheidung unter Risiko, wobei dieses unter Rückgriff auf das $\mu$-$\sigma$-Kriterium durch die Standardabweichung erfasst wird. Zielsetzung ist dabei die Bestimmung eines optimalen Wertpapierportfolios zur Vermögensendwertmaximierung.[58]

---

50 Vgl. Laux (2004): S. 27.

51 Vgl. Franke/Hax (2003): S. 315.

52 Vgl. grundlegend Markowitz (1952). Vgl. u.a. auch Schneider (1992): S. 473ff., Brealey/Myers (2003): 186ff., Franke/Hax (2003): S. 315ff., Laux (2004): S. 115ff., Perridon/Steiner (2007): S. 240ff.

53 Vgl. Franke/Hax (2003): S. 315, Mölls (2004): S. 188.

54 Der Kauf erfolgt dabei am Anfang der Periode und der Verkauf am Ende. Durch die Einperiodigkeit werden Probleme der Wiederanlage und Diskontierung ausgeschlossen. Vgl. Perridon/Steiner (2007): S. 241.

55 Im Falle ohne Risiko ergäbe sich eine Entscheidung unter Sicherheit, bei der lediglich der Erwartungswert relevant wäre und demzufolge der Investor in das/die Wertpapier(e) mit der höchsten Rendite investieren würde. Somit ergäbe sich ein triviales Entscheidungsproblem. Vgl. Franke/Hax (2003): S. 315.

56 Vgl. Franke/Hax (2003): S. 315.

57 Aufgrund gegebener Anlagesumme und Einperiodigkeit errechnet sich diese als Summe aus Dividenden und Kurssteigerungen dividiert durch den investierten Kapitalbetrag. Vgl. Franke/Hax (2003): S. 315.

58 Vgl. Laux (2004): S. 116ff., Perridon/Steiner (2007): S. 240ff.

Während sich als erwartete Rendite des Portfolios ($\mu_P$) der mit den jeweiligen Anteilen ($a_i$) gewichtete Durchschnitt der erwarteten Einzelrenditen ($\mu_i$) der zur Verfügung stehenden Wertpapiere ($n$) ergibt:[59]

$$\mu_P = \sum_{i=1}^{n} a_i \mu_i \tag{2.4}$$

wobei: $\sum_{i=1}^{n} a_i = 1$,

lässt sich das Gesamtrisiko aufgrund der oben beschriebenen stochastischen Abhängigkeiten der einzelnen Wertpapiererträge i.d.R. nicht über die gewichteten Einzelrisiken ermitteln[60], sondern zur Berechnung des Gesamtrisikos ($\sigma^2_P$) müssen neben den Einzelvarianzen ($\sigma^2_i$) auch die Kovarianzen ($cov_{ij}$) der Ergebnisse berücksichtigt werden:[61]

$$\sigma_P^2 = \sum_{i=1}^{n} a_i^2 \sigma_i^2 + \sum_{i=1}^{n} \sum_{\substack{j=1 \\ i \neq j}}^{n} a_i a_j \operatorname{cov}_{ij} = \sum_{i=1}^{n} \sum_{j=1}^{n} a_i a_j \operatorname{cov}_{ij} \,. \tag{2.5}$$

Der Diversifikationseffekt wird dabei maßgeblich von der Zusammenstellung der im Portfolio befindlichen Wertpapiere und deren Kovarianzen zueinander bestimmt und i.d.R. mit der Größe des Portfolios zunehmen. Unter den verschiedenen Möglichkeiten der Portfoliozusammenstellung existiert eine Menge an Portfolios, die hinsichtlich des Rendite-Risiko-Verhältnisses andere Portfolios dahingehend dominieren, dass es keine Alternative gibt, die[62]

a) für gleiches $\mu$ ein geringeres $\sigma$ *oder*

b) für gleiches $\sigma$ ein größeres $\mu$ *oder*

---

59 Vgl. Franke/Hax (2003): S. 319, Perridon/Steiner (2007): S. 241f.

60 Im Falle perfekt korrelierter Wertpapiererträge ergibt sich das Gesamtrisiko ausschließlich aus den gewichteten Einzelrisiken.

61 Vgl. Franke/Hax (2003): S. 320, Perridon/Steiner (2007): S. 242. Über die Standardabweichung lässt sich die Kovarianz zum Korrelationskoeffizienten $\rho_{ij}$ normieren:

$\rho_{ij} = \frac{\operatorname{cov}_{ij}}{\sigma_i \sigma_j}$. Dieser kann Werte zwischen -1 und +1 annehmen.

62 Vgl. Franke/Hax (2003): S. 318, Perridon/Steiner (2007): S. 241.

c) sowohl ein größeres $\mu$ als auch niedrigeres $\sigma$ aufweist.

Im Ergebnis stellt die Menge der dominierenden Portfolios eine Linie (risiko-) effizienter Portfolios (Effizienzlinie; Efficient Frontier) dar. Rational ist es deshalb nur, ein Portfolio zusammenzustellen, das auf der Effizienzlinie liegt, und dabei die Diversifikationsmöglichkeiten voll auszuschöpfen. Das verbleibende, nicht diversifizierbare Risiko wird als systematisches, das diversifizierbare als unsystematisches (idiosynkratisches) Risiko bezeichnet. In einem zweiten Schritt kann der Anleger auf Basis der ermittelten Effizienzlinie mithilfe seiner individuellen Risikopräferenzfunktion das für ihn optimale Portfolio auswählen. Das Portfolio mit dem subjektiv höchstmöglichen Nutzen ergibt sich im Tangentialpunkt mit der höchsten Risiko-Ertrag-Indifferenzkurve.[63]

Wird zusätzlich ein risikoloser Zinssatz eingeführt, zu dem Geld in beliebiger Höhe angelegt und aufgenommen werden kann, resultiert daraus eine weitere Tangente zur Effizienzlinie der risikobehafteten Wertpapierportfolios, wobei der Tangentialpunkt das sog. Marktportfolio darstellt. Alle auf dieser als Kapitalmarktlinie bezeichneten Tangente liegenden Punkte sind effizient.[64] Der Anleger hat damit die Möglichkeit, sein ebenfalls individualistisch ausgerichtetes Entscheidungsproblem zu separieren (*Tobin*-Separation).[65] Zunächst wird die Zusammensetzung des risikobehafteten Portfolios bestimmt, das – im Gegensatz zu *Markowitz* – unabhängig von seiner subjektiven Risikopräferenz ist. Im zweiten Schritt findet die Risikopräferenz des Anlegers durch den Anteil der Anlage zum risikolosen Zins innerhalb seines Investitionsbudgets Berücksichtigung. Der Anleger hält somit ein Mischportfolio aus risikoloser[66] und risikobehafteter (Marktportfolio-)Anlage, wobei der Grad der individuellen Risikoaversion ausschließlich durch den jeweiligen Anteil der risikolosen Anlage bestimmt wird.

---

63 Vgl. Perridon/Steiner (2007): S. 245. Zur Kritik an der Portfoliotheorie vgl. Franke/Hax (2003): S. 328, Perridon/Steiner (2007): S. 245f.

64 Vgl. Franke/Hax (2003): S. 322f., Gleißner (2006): S. 10. Dies bedeutet, dass auch Portfolios, die vorher effizient waren, durch Hinzunahme des risikolosen Zinssatzes ineffizient werden können.

65 Vgl. grundlegend Tobin (1958). Vgl. u.a. auch Spremann (1996): 526ff., Brealey/Myers (2003): S. 186ff.

66 Durch die Möglichkeit der Verschuldung lässt sich der Anteil des Marktportfolios am Investitionsbudget auf über 100% steigern.

Während innerhalb der Portfoliotheorie die individuelle Perspektive und Risikopräferenz des Investors maßgeblich ist, wird im nächsten Abschnitt eine präferenzfreie marktorientierte Sichtweise eingenommen.

### 2.1.3 Kapitalmarkttheoretische Herleitung von Gleichgewichtsrenditen und Marktwerten

Im Rahmen der Kapitalmarkttheorie erfolgt eine Abstrahierung von individuellen Nutzenfunktionen der Entscheider durch die Annahme eines vollkommenen Kapitalmarktes. Für das Vorliegen von vollkommenen Kapitalmärkten müssen folgende Prämissen gelten:[67]

- Rationalverhalten der Marktteilnehmer im Sinne der Erwartungsnutzenmaximierung;
- Mengenanpasserverhalten der Marktteilnehmer bei freiem Marktzugang;
- keine Informations- und Transaktionskosten sowie keine Steuern;
- Einheitszins, zu dem Geld unbegrenzt aufgenommen und angelegt werden kann;
- homogene Erwartungen der Marktteilnehmer hinsichtlich künftiger Wahrscheinlichkeitsverteilungen der Unternehmenserträge.

Unabhängig von Höhe, zeitlicher Struktur und Unsicherheit ist auf einem so definierten Kapitalmarkt die Handelbarkeit jedes Zahlungsstroms gegeben.[68] Aus diesen Prämissen folgt zudem, dass ein sich im Marktgleichgewicht befindender vollkommener Kapitalmarkt keine Möglichkeiten zur Arbitrage eröffnet.

Die folgenden kapitalmarkttheoretischen Überlegungen setzen auf dem individualistisch ausgerichteten Modell der Portfoliotheorie auf. Aufgrund des risiko-

---

[67] Die Prämissen des vollkommenen Kapitalmarktes werden in der neoklassischen Finanzierungstheorie zur Vereinfachung theoretischer Modelle verwendet. Vgl. zu den Prämissen Krag/Kasperzak (2000): S. 86f., Oehler/Unser (2002): S. 49, Franke/Hax (2003): S. 343f., Mölls (2004): S. 189, Perridon/Steiner (2007): S. 251. Als zusätzliche Prämisse beim sog. Capital Asset Pricing Model wird die Möglichkeit von Leerverkäufen gesetzt.

[68] Ist dies erfüllt, wird auch von Vollständigkeit des Kapitalmarktes gesprochen.

losen Zinssatzes und der daraus folgenden Separierbarkeit des Entscheidungsproblems ist für alle Kapitalmarktakteure somit die Kapitalmarktlinie identisch und alle darauf liegenden Portfolios sind effizient. Die Kapitalmarktlinie kann über folgende linear ansteigende Funktion dargestellt werden:[69]

$$\mu_P = r_f + \frac{\mu_M - r_f}{\sigma_M}\sigma_P \qquad (2.6)$$

mit: $r_f$ = Zinssatz für sichere Anlage

$\mu_M$ = Erwartungswert der Rendite des Marktportfolios

$\sigma_M$ = Standardabweichung der Rendite des Marktportfolios.

Die Kapitalmarktlinie stellt bei Wahl effizienter Portfolios die Höhe der erwarteten Portfoliorendite in Abhängigkeit des durch die Standardabweichung gemessenen Risikos dar. Folglich halten alle rational handelnden Marktteilnehmer das Marktportfolio, das alle verfügbaren Kapitalanlagen enthält[70], und berücksichtigen ihre individuellen Risikonutzenpräferenzen über die jeweiligen Anteile von risikoloser und risikobehafteter Anlage. Stärker Risikoaverse werden sich bei weniger Risikoaversen durch Verkauf von Risikopositionen versichern et vice versa.[71] Marktpreise ergeben sich damit in Abhängigkeit der Risikopräferenzen aller Marktteilnehmer. Unter der Annahme homogener Erwartungen[72] aller Marktakteure stellen diese Preise Marktgleichgewichte dar. Das bekannteste der explikativen gleichgewichtstheoretischen Modelle

---

69 Vgl. Oehler/Unser (2002): S. 55, Franke/Hax (2003): S. 352f., Perridon/Steiner (2007): S. 253.

70 Theoretisch sind im Marktportfolio alle denkbaren risikobehafteten Anlagemöglichkeiten (Aktien, Anleihen, Grundstücke, Immobilien, Edelmetalle, Humankapital etc.) enthalten. In der Praxis wird dies häufig durch einen Marktindex approximiert, der die verfügbaren Anlagemöglichkeiten widerspiegelt. Vgl. Steiner/Kleeberg (1991), Krag/Kasperzak (2000): S. 91, Küting et al. (2000): S. 19, Brealey/Myers (2003): S. 201f., Mölls (2004): S. 190, Rudolph (2005): S. 53.

71 Vgl. Perridon/Steiner (2007): S. 110.

72 Diese Prämisse bedeutet, wie oben beschrieben, dass alle Marktakteure die gleichen Vorstellungen von erwarteten Renditen, Varianzen und Kovarianzen haben. Vgl. Franke/Hax (2003): S. 351, Mölls (2004): S. 189f.

zur Herleitung von Renditen bei Unsicherheit und hier als Grundlage dienender Ansatz ist das Capital Asset Pricing Model (CAPM).[73]

Ausgehend von dieser gleichgewichtstheoretischen Basis kann nun die Frage beantwortet werden, wie sich der risikoadäquate Kapitalmarktzinssatz als Beziehung zwischen erwarteter Rendite und dem Risiko eines einzelnen Wertpapiers ermitteln lässt. Auf der Grundlage der Kapitalmarktlinie kann dazu als Bewertungsgleichung die sog. Wertpapiermarktlinie entwickelt werden, indem für ein Wertpapier angegeben wird, wie hoch der Risikobeitrag zum Risiko des Marktportfolios ist.[74] Danach bestimmt sich die erwartete Rendite eines Wertpapiers als:[75]

$$\mu_i = r_f + \frac{\mu_M - r_f}{\sigma_M^2}\sigma_{iM}. \qquad (2.7)$$

Die Kovarianz ($\sigma_{iM}$) stellt dabei das gemeinsame Abweichungsverhalten der Renditen des jeweiligen Wertpapiers und des Marktportfolios vom Erwartungswert dar. Durch Multiplikation mit dem Marktpreis des Risikos ($\frac{\mu_M - r_f}{\sigma_M^2}$) ergibt sich die Risikoprämie für das jeweilige Wertpapier.[76] Damit ist nicht mehr die Renditevarianz ($\sigma_i$) des einzelnen Wertpapiers maßgeblich, sondern vielmehr das relative Risikomaß der Kovarianz zwischen Wertpapierrendite und Marktrendite ($\sigma_{iM}$).[77] Das unsystematische, unternehmensindividuelle Risiko wird folglich am Markt nicht entgolten, da es durch Diversifikation ausgeschaltet werden kann bzw. sollte. Lediglich das systematische Risiko ist be-

---

73 Das Capital Asset Pricing Model (CAPM) stellt dabei den Standard der gleichgewichtstheoretischen Kapitalmarktmodelle dar. Vgl. grundlegend zum CAPM Sharpe (1964), Lintner (1965), Mossin (1966). Vgl. u.a. auch Schneider (1992): S. 511ff., Spremann (1996): S. 534ff., Oehler/Unser (2002): S. 54ff., Brealey/Myers (2003): S. 194ff., Franke/Hax (2003): S. 351ff., Perridon/Steiner (2007): S. 250ff. Daneben existieren weitere Modelle, wie bspw. die Arbitrage Pricing Theory (APT) oder der Time State Preference- (TSP-)Ansatz, die hier jedoch nicht weiter betrachtet werden sollen. Vgl. zur APT grundlegend Ross (1976) sowie zum TSP-Ansatz Myers (1968).

74 Vgl. Franke/Hax (2003): S. 353.

75 Vgl. Krag/Kasperzak (2000): S. 91, Franke/Hax (2003): S. 352ff., Spremann (2004): S. 135ff.

76 Vgl. Küting et al. (2000): S. 20, Franke/Hax (2003): S. 355f.

77 Vgl. Mölls (2004): S. 191.

wertungsrelevant.[78] Der Zusammenhang lässt sich alternativ auch über den geläufigen Beta-Faktor ($\beta_i$), der das systematische Risiko reflektiert, ausdrücken:

$$\mu_i = r_f + (\mu_M - r_f)\beta_i \qquad (2.8)$$

wobei: $\beta_i = \frac{\sigma_{iM}}{\sigma_M^2}$.

Auf Basis des CAPM lässt sich darüber hinaus durch Umformung der rendite- zu einer marktwertorientierten Betrachtung der gleichgewichtige Marktwert eines Wertpapiers (*$MW_i$*) über die Diskontierung der erwarteten Einzahlungsüberschüsse bzw. Cash Flows (*$E(CF_i)$*) mit einem risikoadäquaten Zins bestimmen:[79]

$$MW_i = \frac{E(CF_i)}{1 + r_f + \frac{\mu_M - r_f}{\sigma_M^2}\sigma_{iM}}. \qquad (2.9)$$
[80]

Der Marktwert stellt unter den getroffenen Annahmen des vollkommenen Kapitalmarktes ein allgemeingültiges, präferenz- und ausstattungsfreies Entschei-

---

[78] Vgl. Mandl/Rabel (1997): S. 286, Krag/Kasperzak (2000): S. 92, Oehler/Unser (2002): S. 55, Franke/Hax (2003): S. 353, Mölls (2004): S. 192, Spremann (2004): S. 135ff., Perridon/Steiner (2007): S. 256. Das systematische Risiko reflektiert allgemeine Marktschwankungen, die v.a. von makroökonomischen und politischen Faktoren ausgehen und auf die die einzelnen Wertpapiere mit unterschiedlicher Sensitivität reagieren.

[79] Vgl. Franke/Hax (2003): S. 355f., Mölls (2004): S. 192.

[80] Alternativ zur Risikoadjustierung des Abzinsungsfaktors kann die Marktbewertungsfunktion auch durch Diskontierung der um eine Risikoprämie korrigierten Erwartungswerte der zukünftigen Einzahlungsüberschüsse mit dem risikofreien Zins erfolgen: $MW_i = \frac{E(CF_i) - \frac{\mu_M - r_f}{\sigma_M^2}\sigma_{iM}}{1 + r_f}$.

Dabei muss berücksichtigt werden, dass *i* innerhalb der Kovarianz $\sigma_{iM}$ gegenüber *(2.9)* eine absolute und keine Renditegröße darstellt. Vgl. Küting et al. (2000): S. 12, Franke/Hax (2003): S. 355f., Mölls (2004): S. 192. Vgl. zu einer Übersicht zur Literaturdiskussion über die Vorziehenswürdigkeit der jeweiligen (äquivalenten) Darstellungen Mölls (2004): S. 192.

dungskriterium dar und führt immer zur richtigen Investitionsentscheidung, indem er dem Investor den gegenwärtigen monetären Nutzen aufzeigt.[81]

### 2.1.4 Marktwertmaximierung des Eigenkapitals als einmütiges Unternehmensziel

Die Gleichgewichtspreise im Rahmen der kapitalmarkttheoretischen Überlegung stellen aggregierte Marktpreise des Risikos bzw. der Anwartschaften unsicherer Zahlungsströme dar. Damit ist für die Fundierung des Unternehmensziels die explizite Kenntnis und Berücksichtigung aller individuellen Risikopräferenzen der Anteilseigner in deren Bewertung von unsicheren Zahlungsströmen für unternehmerische Entscheidungen und Investitionen nicht mehr erforderlich. Diese Entscheidungen bzw. Investitionen können folglich unabhängig von den individuellen Risikopräferenzen ausschließlich danach getroffen werden, ob sie mit einem positiven Marktwert verbunden sind. Die Entscheidungsträger auf Unternehmensebene sollten sich somit „quasirisikoneutral" bei ihren Entscheidungen verhalten und dementsprechend zur Nutzenmaximierung der Eigentümer aus den potentiellen Handlungsalternativen diejenigen mit dem höchsten Marktwert auswählen, um so das optimale, marktwertmaximale Investitionsprogramm durchführen zu können.[82] Die Marktwertmaximierung des Eigenkapitals stellt deshalb eine präferenzunabhängige Zielfunktion für das Unternehmen dar, die als einmütiges Ziel von allen Anteilseignern akzeptiert wird, da diese Zielsetzung (implizit) konform mit

---

[81] Die Möglichkeit, im vollkommenen Kapitalmarkt Geld in beliebiger Höhe zu einem einheitlichen Marktzinssatz anlegen und aufnehmen zu können, erlaubt eine Separation der Investitionsentscheidung von der zeitpräferenzgeleiteten Konsumverteilung und der Finanzierung und führt letztlich zur Allgemeingültigkeit des Marktwerts als Entscheidungskriterium. Zum Theorem der sog. *Fisher*-Separation vgl. grundlegend Fisher (1930). Vgl. u.a. auch Hirshleifer (1974): S. 59ff., Spremann (1996): S. 424ff., Franke/Hax (2003): S. 153ff. DeAngelo (1981) zeigt, dass das Separationstheorem auch unter Unsicherheit Bestand hat. Im Falle unvollkommener Kapitalmärkte, z.B. bei gespaltenem Kredit- und Anlagezinssatz, ist die Präferenzunabhängigkeit allerdings nicht mehr gegeben. Vgl. dazu v.a. Hirshleifer (1958): S. 329ff. sowie Hirshleifer (1974): S. 196ff., Franke/Hax (2003): S. 158ff.

[82] Vgl. Franke/Hax (2003): S. 329f.

der Orientierung am subjektiven Nutzen und der Maximierung dieses Nutzens aus Sicht jedes Einzelnen ist.[83]

Die Marktwertmaximierung des Eigenkapitals ist folglich das Fundamentalziel für die Unternehmensführung. Alle anderen oben genannten möglichen Zielsetzungen können dabei jedoch als Instrumentalziele dienen und zur Zielerreichung beitragen („Mittel zum Zweck"). Das Ziel der Marktwertmaximierung des Eigenkapitals – in der populären Literatur auch als Shareholder Value-Ansatz bekannt[84] – ist allerdings nicht ganz ohne Kritik, die sich v.a. an der einseitigen Fokussierung auf die Shareholder und der Vernachlässigung der Stakeholderinteressen festmacht. Wie bereits dargestellt, werden die Ansprüche der anderen Stakeholder jedoch explizit und implizit erfüllt, bevor es zur Festlegung des Residualanspruchs für die Aktionäre kommt.[85] Des Weiteren wird eine durch die Kapitalmarktorientierung induzierte Kurzfristorientierung der Unternehmenspolitik als Kritikpunkt geäußert, wodurch eine die Interessen der Investoren berücksichtigende kurzfristige Wertsteigerung zu Lasten von langfristigen Strategien bevorzugt würde.[86] Dieser Punkt kann z.B. dadurch entkräftet werden, dass – wie gesehen – alle zukünftigen Einzahlungsüberschüsse in das Bewertungskalkül eingehen. Auch empirisch kann größtenteils keine Kurzfristorientierung festgestellt werden.[87]

Außerdem wird bemängelt, dass die strengen Annahmen, v.a. der vollkommenen Märkte, auf denen die hier zugrundegelegte Kapitalmarkttheorie bzw. das CAPM und damit mittelbar auch die Marktwertmaximierung des Eigenkapitals als Entscheidungskriterium basieren, nicht realitätsnah seien und deshalb auch der gesamte Ansatz an sich angreifbar sei.[88] Allerdings zeigen verschiedene Modelle unter Lockerung einzelner Modellprämissen eine ausgeprägte Robustheit des oben dargestellten linearen Zusammenhangs der CAPM-

---

[83] Laux (2004): S. 60f.

[84] Vgl. zum Shareholder Value-Ansatz insbesondere Rappaport (1986), Lewis (1994), Rappaport (1995), Copeland et al. (2002).

[85] Vgl. dazu Abschnitt 2.1.

[86] Vgl. z.B. Titzrath (1997): S. 36f. sowie The Aspen Institute (2007), die bspw. eine Einschränkung der unterjährigen (Ergebnis-)Publizität fordern.

[87] Vgl. Bühner (1994): S. 31ff. Vgl. jedoch auch The Aspen Institute (2007) m.w.N.

[88] Vgl. Schneider (1992): S. 504ff., Franke/Hax (2003): S. 357.

Grundversion[89], sodass auch die wesentlichen Modellaussagen des Grundmodells aufrechterhalten werden können.[90]

Einen weiteren Angriffspunkt bildet die empirische Validität des CAPM. Die entsprechenden Untersuchungen kommen dabei zu sehr uneinheitlichen Ergebnissen.[91]

Die in der Realität existierenden Marktunvollkommenheiten führen zwar dazu, dass das Marktwertkriterium nicht bedenkenlos als einmütiges Entscheidungskriterium dienen kann. Trotz dieser Kritik erfährt das Marktwertkriterium – nicht zuletzt mangels geeigneter Alternativansätze – auch für unvollkommene Märkte weitgehend Akzeptanz. Zwar ist die Identität zwischen subjektiver Bewertung und Marktpreis realiter nicht mehr für jeden Marktteilnehmer gegeben, da der Marktpreis aber auch bei unvollkommenen Märkten das Ergebnis aller subjektiven Einschätzungen darstellt, kann dieser je nach Grad der Vollkommenheit des Marktes als zu einem bestimmten Maße repräsentativ eingestuft werden.[92] Im Folgenden soll dieses Theoriegebäude auch hier Verwendung finden, was in der Konsequenz nicht bedeuten soll, dass damit perfekte Kapi-

---

[89] Vgl. im Einzelnen folgende Literatur zu den Varianten bzw. Erweiterungen bezüglich der Lockerung einzelner Modellprämissen der Grundversion:

- Aufgabe sicherer Anlage- und Verschuldungsmöglichkeit: Black (1972)
- Nicht-handelbare Zahlungsansprüche: Mayers (1972), Mayers (1973)
- Heterogene Erwartungen: Lintner (1969), Gonedes (1976)
- Transaktionskosten: Mayshar (1979), Leape (1987)
- Persönliche Steuern: Brennan (1970)

[90] Vgl. Baule (2002): S. 106ff., Faust (2002): S. 95f., Mölls (2004): S. 194f. Aufgrund der Robustheit sowie aus Vereinfachungsgründen soll im Folgenden deshalb auf der Grundversion des CAPM aufgesetzt werden. Ebenso wird im Folgenden davon abstrahiert, dass die Grundversion eine einperiodige Betrachtung darstellt. Zur Diskussion des CAPM im Mehrperiodenfall (MCAPM) vgl. Krag/Kasperzak (2000): S. 94, Mölls (2004): S. 198f. sowie die dort angegebene Literatur.

[91] Vgl. zu umfangreichen Studienübersichten Faust (2002): S. 94f., Mölls (2004): S. 196. Dabei scheinen nicht zuletzt die jeweilige Methodik des Studienaufbaus und das verwendete Datenmaterial maßgeblich für die Abweichungen der Testergebnisse verantwortlich zu sein. In diesem Kontext wird zudem die Unmöglichkeit empirischer Tests konstatiert, da jeweils nur Approximationen des Marktportfolios als Basis dienen können. Vgl. v.a. Roll (1977).

[92] Vgl. Stegemann (2001): S. 37ff. m.w.N.

talmärkte angenommen werden[93], sondern vielmehr, dass die hier abgeleiteten Modelle in der Lage sind, Sachverhalte ausreichend zu erklären.

## 2.2 Übersetzung in zielkonforme Entscheidungskriterien

Während sich die Zielsetzung der Maximierung des finanziellen Werts des Eigenkapitals für die Eigentümer eines Unternehmens über die dargestellte Theorie herleiten lässt[94], muss als nächstes die Frage beantwortet werden, wie diese Zielsetzung konkret operationalisiert werden kann, damit alle unternehmerischen Aktivitäten an der Steigerung des Eigenkapitalmarktwerts ausgerichtet werden können.[95] Dabei müssen angefangen von der strategischen Steuerung des Gesamtunternehmens sowie einzelner Konzerngesellschaften und Geschäftsbereiche[96] operationale Bewertungsregeln bis auf Einzelgeschäftsebene deduziert werden.[97]

Die grundlegende Idee bei der Bestimmung entsprechender Bewertungs- und Entscheidungskriterien auf Unternehmensebene liegt darin, einen vergleichbaren Ansatz zu wählen, den die Eigentümer bei ihren Anlageentscheidungen zugrundelegen, indem die von den Aktionären zur Verfügung gestellten knappen Mittel in diejenigen Bereiche gelenkt werden, die im Verhältnis zum eingegangenen Risiko den höchsten Wertbeitrag erwarten lassen. Für das jeweilige Risiko werden damit die Renditeerwartungen der Kapitalgeber an eine risikoäquivalente Anlage am Kapitalmarkt herangezogen. Residualen Vermögenszuwachs für die Eigenkapitalgeber erzielt ein Unternehmen immer dann, wenn die Überschüsse diesen risikoadäquaten Verzinsungsanspruch auf das Eigenkapital übertreffen.[98]

---

93 Wie später gezeigt wird, hätten Banken auf perfekten Kapitalmärkten keine Existenzberechtigung, ebenso wie das Risikomanagement.

94 Vgl. Busse von Colbe (1997): S. 272.

95 Vgl. v.a. Rappaport (1986), Rappaport (1995).

96 Vgl. Busse von Colbe (1997): S. 274.

97 Vgl. Küting et al. (2000): S. 2, Laux (2004): S. 61.

98 Vgl. grundlegend die in FN 84 angegebene Literatur zum Shareholder Value-Ansatz. Vgl. u.a. auch Mandl/Rabel (1997): S. 285 und S. 378, Faust (2002): S. 22ff.

Bei der Ableitung von entsprechenden finanzwirtschaftlichen Entscheidungskriterien für unternehmerische Aktivitäten erfolgt damit v.a. die Übertragung marktorientierter Bewertungsverfahren, die auf den Erkenntnissen der hier dargestellten finanzwirtschaftlichen Theorie aufbauen und auf deren Grundlage die Führung und Steuerung des Unternehmens und der darunter liegenden Ebenen stattfindet.[99] Deshalb wird im Folgenden die Herleitung der Entscheidungskriterien bzw. Steuerungsgrößen aus dieser Bewertungsperspektive dargestellt. Dazu wird zunächst die marktorientierte Unternehmensbewertung als Grundlage vorgestellt und anschließend die Übersetzung in interne Steuerungsgrößen vorgenommen.

### 2.2.1 Marktorientierte Unternehmensbewertung als Grundlage

Das Ziel der marktorientierten Unternehmensbewertung[100] besteht darin, den Wert[101] für ein Unternehmen aus einem (Kapital-)Marktzusammenhang zu ermitteln.[102] Sie dient damit als Grundlage für die Vorbereitung von Investitionsentscheidungen.[103] Dazu findet in der theoriegestützten[104] Form der Bewertung allgemein eine Barwertermittlung von Überschussgrößen statt. Der Fokus soll dabei im Folgenden auf der Diskontierung von Einzahlungsüberschüssen

---

[99] Vgl. Gomez (1993): S. 557ff., Busse von Colbe (1995): S. 715, Klein (1998): S. 2, Faust (2002): S. 23, Laux (2004): S. 1.

[100] Daneben existiert mit der individuellen Grenzpreisermittlung und dem dort im Mittelpunkt stehenden Ertragswertverfahren ein weiterer Bewertungsansatz. Das wesentliche Unterscheidungskriterium liegt in der Erfassung der alternativen Kapitalmarkttransaktion. Der Ansatz der individuellen Grenzpreisermittlung soll hier jedoch nicht weiter betrachtet werden. Vgl. dazu v.a. Krag/Kasperzak (2000): S. 29ff. sowie Mandl/Rabel (1997): S. 66ff., Mölls (2004): S. 22ff. Vgl. außerdem grundlegend zur Unternehmensbewertung Mandl/Rabel (1997), Krag/Kasperzak (2000), Copeland et al. (2002), Spremann (2004), Ballwieser (2007), Drukarczyk/Schüler (2007).

[101] Bzw. den Grenzpreis. Vgl. Krag/Kasperzak (2000): S. 2, S. 7 und S. 112.

[102] Vgl. Mandl/Rabel (1997): S. 285.

[103] Vgl. Krag/Kasperzak (2000): S. 83ff., Mölls (2004): S. 18.

[104] Daneben existiert v.a. in der Bewertungspraxis ein empirischer Weg, der auf Marktdaten basiert und den Unternehmenswert aus Vergleichen mit Börsen- oder Branchenwerten bzw. aus abgeschlossenen Transaktionen herleitet. Dabei werden v.a. die Multiplikatormethode sowie der Comparative Company Approach verwendet. Vgl. Krag/Kasperzak (2000): S. 4, Mölls (2004): S. 15f. sowie die dort angegebene Literatur.

und der sog. Discounted Cash Flow-Methode (DCF-Methode) liegen.[105] Während die Erwartungen über die zukünftigen freien Cash Flows[106] subjektiver Natur sind, stellt der Diskontierungsfaktor als objektivierter, aus einem kapitalmarkttheoretischen Modell (v.a. dem CAPM) hergeleiteter Kapitalkostensatz den Marktbezug her.[107] Die Kapitalkosten sollen dabei zum einen das inhärente Risiko kompensieren und zum anderen dem Zeitwert des Geldes Rechnung tragen.[108] Damit steht dieses Bewertungsverfahren grundsätzlich im Zusammenhang mit der diskutierten Marktwertmaximierung.[109]

Zusätzlich zu der kapitalmarktgleichgewichtstheoretischen Ableitung der risikoadäquaten Kapitalkosten stellen die Arbeiten von *Modigliani* und *Miller* eine weitere wesentliche theoretische Grundlage für diesbezügliche Unternehmensbewertungsverfahren dar.[110] Darin (Proposition I) wird im Kern – ebenfalls unter Annahme eines vollkommenen Kapitalmarktes – über einen Arbitragebeweis gezeigt, dass die Kapitalstruktur eines Unternehmens in einer bestimmten Geschäftsrisikoklasse für den Wert des Unternehmens, der sich additiv aus Eigen- und Fremdkapitalmarktwert zusammensetzt, irrelevant ist. Anleger können somit über Kapitalmarkttransaktionen jede beliebige Zeit- und Risikostruktur von Zahlungsströmen erzeugen und damit präferenzabhängige Positionen selbst realisieren („homemade leverage"). In einer Erweiterung des Ansatzes (Proposition II) wurde die Prämisse der Steuerfreiheit aufgegeben und gezeigt, dass die Marktwertneutralität der Kapitalstruktur dadurch verletzt wird. Durch die Reduzierung der steuerlichen Bemessungsgrundlage in Höhe der Fremdkapitalzinsen ergibt sich eine Marktwertsteigerung in Höhe des

---

105 Die DCF-Methode ist sowohl in der wissenschaftlichen Diskussion als auch in der Praxis von Bedeutung. Vgl. Krag/Kasperzak (2000): S. 83f., Mölls (2004): S. 36.

106 Im Folgenden werden die Begriffe „Einzahlungsüberschuss", „freier Cash Flow" bzw. „Free Cash Flow" synonym verwendet und stellen die potentiell entziehbaren Überschüsse dar. Vgl. auch Krag/Kasperzak (2000): S. 9.

107 Vgl. Mandl/Rabel (1997): S. 289, Mölls (2004): S. 16. Letztlich stellt dieser objektiv beobachtbare Preis das Ergebnis von subjektiven Bewertungskalkülen dar. Vgl. Krag/Kasperzak (2000): S. 5, S. 7, S. 83 und S. 112f. sowie Laux (2004): S. 61.

108 Vgl. Küting et al. (2000): S. 2.

109 Vgl. Mölls (2004): S. 39.

110 Vgl. grundlegend Modigliani/Miller (1958) sowie Modigliani/Miller (1963). Vgl. u.a. auch Krag/Kasperzak (2000): S. 86ff., Perridon/Steiner (2007): S. 493ff.

Barwerts dieses Steuervorteils. Die Arbeiten stellen eine wesentliche Basis für die Logik der DCF-Verfahren dar.

Um den Marktwert des Eigenkapitals zu ermitteln, stehen im Rahmen der DCF-Methodik zwei Grundformen zur Verfügung, die sich hinsichtlich der Einbeziehung des Fremdkapitals und der daraus resultierenden Steuerwirkungen in Entity-(Brutto-) und Equity-(Netto-)Ansätze differenzieren lassen. Beide Ansätze sollten jedoch zu identischen Ergebnissen gelangen, wenn bestimmte Anwendungsvoraussetzungen – insbesondere im Hinblick auf die jeweils unterstellte Finanzierungsstrategie – Beachtung finden.[111] Beim Entity-Verfahren wird zunächst der Unternehmensgesamtwert berechnet und zur Ermittlung des Eigenkapitalwerts daraufhin der Marktwert des Fremdkapitals abgezogen.[112] Innerhalb der Entity-Methode wird weiter dahingehend unterschieden, wie das sog. Steuerschild (Tax Shield) des Fremdkapitals berücksichtigt wird. Beim Adjusted Present Value-Verfahren (APV) geht es zunächst um die Bewertung der operativen Tätigkeit eines unterstellten unverschuldeten Unternehmens, und erst in einem zweiten Schritt wird der Wertbeitrag des Steuerschilds aus der Finanzierungstätigkeit zum Unternehmensgesamtwert addiert.[113] Beim Weighted Average Cost of Capital-Verfahren (WACC) erfolgt die Kapitalisierung der von sämtlichen Kapitalgebern entziehbaren Einzahlungsüberschüsse mit einem entsprechend kapitalgewichteten Diskontierungsfaktor, wobei die steuerliche Abzugsfähigkeit der Fremdkapitalzinsen durch eine Korrektur des diesbezüglichen Faktors erfolgt.[114]

---

[111] Vgl. Mandl/Rabel (1997): S. 369, Faust (2002): S. 63f., Mölls (2004): S. 25. Vgl. kritisch Ballwieser (1995): S. 123f., Hachmeister (1996): S. 251ff.

[112] Vgl. Mandl/Rabel (1997): S. 345f., Krag/Kasperzak (2000): S. 85, Küting et al. (2000): S. 13. Zudem erfolgt eine Addition des Marktwerts des nicht-betriebsnotwendigen Vermögens.

[113] Das Verfahren geht auf Modigliani/Miller (1963): S. 436 und Myers (1974): S. 19ff. zurück. Vgl. außerdem Mandl/Rabel (1997): S. 373ff., Krag/Kasperzak (2000): S. 99ff., Copeland et al. (2002): S. 188ff., Brealey/Myers (2003): S. 536ff., Mölls (2004): S. 43ff.

[114] Vgl. Mandl/Rabel (1997): S. 311ff., Krag/Kasperzak (2000): S. 104ff., Copeland et al. (2002): S. 172ff., Brealey/Myers (2003): S. 524ff., Mölls (2004): S. 43ff. sowie Miles/Ezzel (1980).

Im Equity-Ansatz wird der Wert des Eigenkapitals schließlich direkt berechnet, indem die Cash Flow-Größe nach Fremdkapitalzinsen (Flow to Equity [FtE]) mit dem Eigenkapitalkostensatz kapitalisiert wird.[115]

### 2.2.2 Interne Steuerungs- und Performancegrößen

Die für die Gesamtbewertung des Unternehmens dargestellte Bewertungsfunktion auf Basis des CAPM lässt sich aufgrund der Eigenschaft der Wertadditivität[116] auch für die interne Steuerung zur Beurteilung von einzelnen Investitionsprojekten verwenden. Die Wertadditivität ergibt sich aus der Linearitätseigenschaft der Kovarianzen, d.h., die Kovarianz der Summe zweier Zufallsvariablen mit einer dritten Variablen ist gleich der Summe der Kovarianzen der beiden Variablen mit der dritten Variablen. Folglich ist es für den Wert eines stochastischen Zahlungsstroms irrelevant, ob dieser in mehrere Zahlungsströme mit unterschiedlichen Risikostrukturen zerlegt und jeweils isoliert bewertet wird oder die Bewertung in aggregierter Form erfolgt. Lassen sich aus den unsicheren Zahlungen eines Investitionsprojekts (*IP*) Erwartungswert und Kovarianz mit der Rendite des Marktportfolios ermitteln, kann die Bewertungsfunktion (CAPM) auch innerhalb des Unternehmens Verwendung finden, da gilt:

$$\beta_i = \sum_{IP=1}^{n} a_{IP} \beta_{IP} \qquad (2.10)$$

und schließlich nach Abzug der jeweiligen Investitionsauszahlung der Wertschaffungsbeitrag angegeben wird.[117]

Als interne Steuerungsgröße kommt folglich jeweils der Kapitalwert (Net Present Value [NPV]) einer Investition zum Tragen, der sich aus der Subtraktion

---

115 Vgl. Mandl/Rabel (1997): S. 367ff., Krag/Kasperzak (2000): S. 109f., Copeland et al. (2002): S. 192ff., Brealey/Myers (2003): S. 531f., Mölls (2004): S. 48f.

116 Vgl. zur Eigenschaft der Wertadditivität Haley/Schall (1979): S. 202ff., Bitz (2000): S. 21f., Laux (2004): S. 220ff., Brealey/Myers (2003): S. 177f., Franke/Hax (2003): S. 333ff., 343ff. und 356f., Perridon/Steiner (2007): S. 507ff.

117 Vgl. Franke/Hax (2003): S. 356.

des Kapitaleinsatzes ($I_0$) von den mit den Eigenkapitalkosten kapitalisierten Cash Flows an die Aktionäre ergibt:[118]

$$NPV_{IP} = \sum_{t=1}^{n} \frac{E(CF_t)}{\left[1 + r_f + (\mu_M - r_f) \cdot \beta_{IP}\right]^t} - I_0 \qquad (2.11)$$

Danach sind alle Geschäfte, die eine höhere interne Verzinsung als der hergeleitete Kapitalmarktzinssatz bzw. einen positiven Kapitalwert aufweisen, wertschaffend und sollten durchgeführt werden.[119] Als Basis für die Bestimmung der Eigenkapitalkosten in der wertorientierten Unternehmenssteuerung gilt inzwischen auch in Deutschland das CAPM als Standardmodell.[120]

Anstelle des Kapitalwertkriteriums werden auch häufig sog. rechnungslegungsbezogene Residualgewinnkonzepte verwendet, die ebenfalls marktorientierte Bewertungskalküle darstellen. Dabei werden periodenbezogen die Opportunitätskosten der Aktionäre auf die Kapitalbindung (*EK*) von den Gewinnen subtrahiert. Am bekanntesten ist das Economic Value Added-Konzept (EVA):[121]

$$EVA_{IP_t} = E(CF_t) - EK_{t-1} \cdot \left[r_f + (\mu_M - r_f)\beta_{IP}\right]. \qquad (2.12)$$

---

[118] Die Darstellung erfolgt auf Basis des Equity-Ansatzes, der auch in der externen Bewertung von Banken weitgehende Anwendung findet. Vgl. dazu Abschnitt 4.2.1.

[119] Anzumerken ist, dass die Eigentümer ihren Renditeanspruch auf eine Nettogröße nach Unternehmensteuern bemessen und folglich zu Steuerungs- und Performancezwecken mit Vor-Steuer-Größen eine entsprechende Anpassung zu erfolgen hat. Vgl. Küting et al. (2000): S. 27.

[120] Vgl. Daske/Gebhardt (2006): S. 531 sowie zu den Ergebnissen einer diesbezüglichen Befragung durch *KPMG* Aders/Hebertinger (2003): S. 21.

[121] Vgl. Stewart (1991), Mandl/Rabel (1997): S. 378ff., Worthington/West (2001), Copeland et al. (2002): S. 184ff., Spremann (2004): S. 224ff. In seiner vollständigen Form erfolgt die Ermittlung des EVA über einen Bruttoansatz, d.h. vom Gewinn nach Steuern zzgl. Zinsaufwand (NOPAT) werden Gesamtkapitalkosten, die sich aus der Multiplikation des Eigen- und (verzinslichen) Fremdkapitals mit einem gewogenen Kapitalkostensatz ergeben, subtrahiert. Zudem erfolgen einige Anpassungen/Konversionen des NOPAT sowie des investierten Kapitals u.a. mit dem Ziel, die bilanzielle Gewinngröße in eine zahlungsstromorientierte Cash-Größe zu überführen. Aus Vereinfachungsgründen wird für die EVA-Formel daher im weiteren Verlauf direkt der Cash Flow als relevante Größe genutzt. Vgl. auch Baetge (2004): S. 470 sowie Böcking/Nowak (1999), Crasselt/Schremper (2000), Richter/Honold (2000). Zur Bestimmung des EVA über den hier dargestellten Nettoansatz, der auch im weiteren Verlauf der Arbeit Verwendung finden soll, vgl. Bielefeld/Maifarth (2005): S. 173ff. m.w.N. Die Residualgewinngröße wird auch häufig (in z.T. leicht abgewandelter Form) als „Economic Profit" (Copeland et al. (2002)) oder „Added Value" bzw. „Value Added" bezeichnet. Ein weiteres Konzept in diesem Zusammenhang stellt das CFROI-Konzept dar. Vgl. zum CFROI-Konzept Lewis (1994).

Durch Kapitalisierung der Residualgewinngrößen ergibt sich dabei der Market Value Added, d.h. der gesamte Wertzuwachs für die Aktionäre.[122] Unter bestimmten Bedingungen lässt sich zeigen, dass der Barwert der Residualgewinne dem Kapitalwert der Einzahlungsüberschüsse entspricht (sog. *Lücke*-Theorem).[123] Vereinfacht soll für die weitere Arbeit angenommen werden, dass eine Wertorientierung entweder anhand der Steuerungsgröße Kapitalwert oder periodenbezogen anhand des Residualgewinns erfolgen kann.[124] Die Kapitalkosten dienen im Rahmen der wertorientierten Unternehmensführung zum einen prospektiv zu Kapitalallokations- und Steuerungsentscheidungen sowie retrospektiv als Performancemaß.[125] Die wertorientierten Steuerungs- und Performancegrößen eignen sich darüber hinaus v.a. als Kriterium bei dezentralen Entscheidungen, die dadurch mit den Zielen des Gesamtunternehmens konform sind.[126]

Innerhalb der Herleitung der genannten Steuerungs- und Performancegrößen wird zudem gleichzeitig argumentiert, dass die ausschließliche Verwendung von buchhalterischen Größen wie Jahresüberschuss/Gewinn, Ergebnis je Aktie oder Rentabilitäten auf das Eigen- oder Gesamtkapital als Erfolgsmaßstäbe zur Wertorientierung unvollständig ist, da diese Größen neben anderen strukturellen Problemen v.a. die Opportunitätskosten des eingesetzten Kapitals und damit das Risiko sowie den Zukunftserfolgswert außer Acht lassen und folglich auch nur eine unzureichende Zielkonformität aufweisen.[127]

---

[122] Vgl. die oben angegebene Literatur.

[123] Vgl. Lücke (1955) sowie Preinreich (1937), Kloock (1981), Peasnell (1982). Vgl. außerdem Laux (2004): S. 391ff.

[124] Vgl. zur Gegenüberstellung der beiden Konzepte Steiner/Wallmeier (1999), Crasselt (2001).

[125] Vgl. Küting et al. (2000): S. 16f.

[126] Vgl. Faust (2002): S. 23, Copeland et al. (2002): 137ff.

[127] Vgl. Rappaport (1986): S. 19ff., Bühner (1990): S. 13ff., Gomez (1993): S. 89f., Behm (1994): S. 95f., Rappaport (1999): S. 15ff., Küting et al. (2000): S. 15f., Copeland et al. (2002): 10, Faust (2002): S. 26ff., Hachmeister (2005): S. 138f.

## 2.3 Bankspezifische Besonderheiten

Das wertorientierte Management von Banken weist im Vergleich zum oben dargestellten „Standardfall" einige spezifische Besonderheiten auf, die an dieser Stelle kurz angesprochen werden sollen, da sie im weiteren Verlauf der Arbeit – sowohl in der Darstellung des Status quo als auch in der theoretischen Analyse – eine besondere Rolle spielen.

Ein wesentlicher Unterschied zu Industrie- und Handelsunternehmen resultiert aus dem divergierenden Geschäftsmodell. So stehen bei Banken nicht die Aktivitäten im Warenstrom, sondern v.a. im Geldstrom der Volkswirtschaft im Vordergrund, was dazu führt, dass sowohl Bilanz- als auch Erfolgsrechnung signifikant von anderen Unternehmen abweichen.[128]

Dies ist zum einen durch die Aktiva gekennzeichnet, bei denen v.a. die Forderungen gegenüber Kunden und anderen Banken eine besondere Rolle spielen. Auf der Passivseite ergeben sich zum anderen durch die deutlich geringere Eigenkapitalquote und die Tatsache, dass die Finanzierung über Einlagen eine operative Tätigkeit darstellt und als eigene Wertquelle dient, Unterschiede. Darüber hinaus ist der hohe Anteil an außerbilanziellen Geschäften bei Banken zu nennen.[129]

Aus Erfolgssicht ergeben sich durch diese bilanzielle Basis Unterschiede insbesondere im Hinblick auf das Ausfallrisiko, das mit den Aktiva verbunden ist, sowie die relativ höhere Sensitivität auf Zinsänderungsrisiken, die v.a. aus der geschäftsinhärenten Fristeninkongruenz der Aktiv- und Passivseite resultiert.[130] Diese Risiken ergeben sich primär aus den Transformationsfunktionen, die Banken ausüben.[131] Daneben führt der hohe Leverage von Banken dazu, dass die Refinanzierungskosten einen besonderen Stellenwert einnehmen.

---

[128] Vgl. Faust (2002): S. 40ff.

[129] Vgl. Behm (1994): S. 59, Höhmann (1998): S. 13, Sonntag (2001): S. 1f., Faust (2002): S. 63, Kunowski (2002): S. 40f.

[130] Vgl. Sonntag (2001): S. 1f.

[131] Die Transformationsfunktionen der Banken lassen sich in Losgrößen-, Fristen und Risikotransformation differenzieren. Vgl. Oehler/Unser (2002): S. 1, Hartmann-Wendels et al. (2007): S. 13ff.

Unterschiede resultieren ferner auch aus dem Funktionsbereich des Eigenhandels.[132]

Eine weitere Besonderheit ergibt sich ebenfalls aus den mit den Transformationsfunktionen verbundenen Risiken. Aufgrund der Vertrauensempfindlichkeit und im Hinblick auf die Stabilität des Finanzsystems ist die Bankenbranche einer besonderen Regulierung unterworfen, die der Unternehmensführung einen gewissen Handlungsrahmen vorgibt. Dabei sind die Kapitalunterlegungsvorschriften von Risiken zu nennen, die zur Sicherung der Solvabilität beitragen sollen. Daneben ergeben sich spezielle Anforderungen im Hinblick auf einzuhaltende Liquiditätsgrundsätze und organisatorische Mindeststandards.[133] Insbesondere die Funktion des Eigenkapitals, die primär unter Haftungsgesichtspunkten zu sehen ist, stellt einen bedeutenden Unterschied zu Unternehmen aus anderen Sektoren dar.[134]

Nachdem die Wertmaximierung als einmütiges Unternehmensziel fundiert, die Übersetzung in zielkonforme Entscheidungskriterien allgemein dargestellt und bankspezifische Besonderheiten herausgestellt worden sind, geht es im folgenden Kapitel um die Darstellung des Status quo des wertorientierten Risikomanagements in Banken.

---

[132] Vgl. Faust (2002): S. 43.

[133] Vgl. dazu die Ausführungen in Abschnitt 3.1.

[134] Vgl. Pfaff/Kühn (2005): S. 187ff.

# 3 Status quo des wertorientierten Risikomanagements in Banken

Basierend auf den theoretischen Überlegungen in Abschnitt 2.1.1 lässt sich Risiko als *Gefahr einer (negativen) Abweichung des tatsächlichen vom erwarteten Ergebniswert* definieren.[135] Übertragen auf die Entscheidungssituation der Bank ließe sich wertorientiertes Risikomanagement folglich als *Management unsicherer zukünftiger Ergebniswerte mit dem Ziel der Maximierung des Eigenkapitalwerts* definieren.[136]

Dabei ist zwischen realwirtschaftlichem und finanzwirtschaftlichem Risiko und dem jeweils entsprechenden Risikomanagement zu unterscheiden. Während Industrie- und Handelsunternehmen v.a. realwirtschaftlichen Risiken (Beschaffungs- und Absatzpreisrisiken) ausgesetzt sind und sich gegen finanzwirtschaftliche Risiken i.d.R. absichern bzw. versuchen, diese zu vermeiden, ist die Risikostruktur von Banken hauptsächlich durch finanzwirtschaftliche Risiken geprägt. Das gezielte Eingehen von finanzwirtschaftlichen Risiken bildet dabei ein wesentliches Ertragspotential und ergibt sich aus den Transformationsfunktionen von Banken.[137] Das Management dieser Risiken stellt dabei einen der kritischen Erfolgsfaktoren für Banken dar.

Während sich Risikomanagementaktivitäten bei Banken traditionell hauptsächlich auf Risikovermeidung und -limitierung sowie einfaches Hedging konzentrierten und dabei die Absicherung von Einzelrisiken im Fokus stand[138], hat sich mittlerweile ein weiteres Spektrum von Ansätzen zur Risikosteuerung

---

135 Vgl. ähnlich Bitz (1993): S. 642, Oehler/Unser (2002): S. 21, Schierenbeck (2003b): S. 15. Im Rahmen der theoretischen Grundlagen wurde das Risiko über ein Streuungsmaß erfasst. Wie in Abschnitt 2.3 bereits angedeutet, sind im (bank-)betriebswirtschaftlichen Kontext jedoch v.a. einseitige bzw. Ausfallrisikomaße von besonderer Bedeutung, sodass die Definition zunächst beide Möglichkeiten berücksichtigt.

136 Risikomanagement wird häufig auch als der organisatorische Bereich innerhalb einer Bank betrachtet. Vgl. zu den institutionalen Aspekten des Risikomanagements Oehler/Unser (2002): S. 413ff. Hier soll Risikomanagement jedoch ausschließlich als Funktion betrachtet werden.

137 Vgl. Oehler/Unser (2002): S. 1ff., Hartmann-Wendels et al. (2007): S. 13ff.

138 Vgl. Donk et al. (2006): S. 10, Sarraf (2006): S. 10, Jorion (2007): S. 515.

entwickelt, worin auch unterschiedlichste Instrumente im Rahmen des Risikotransfers und der Risikodiversifikation zur Anwendung kommen.[139]

Zudem wird ein stärkerer Fokus auf die adäquate Kompensation im Falle der Risikoakzeptanz in Verbindung mit den Zielen einer Shareholder Value-Maximierung gelegt. Dabei ist zunehmend eine gesamthafte, portfolioorientierte Sichtweise der Risiken in den Mittelpunkt des Interesses gerückt.[140] Diese Entwicklungen haben u.a. dazu geführt, dass die in der Vergangenheit weitgehend isolierte Betrachtung von Risiko- und Wertmanagement, die sich sowohl in der Aufbauorganisation und den Prozessen als auch in der Steuerung widerspiegelte, mehr und mehr zugunsten einer integrierten Sichtweise aufgegeben wurde.[141]

Neben dieser wertorientierten Ausrichtung existiert noch eine weitere Begründung für das Management von Risiken durch Banken[142], die sich aus regulatorischen Anforderungen ergibt. Im folgenden Abschnitt soll deshalb als Grundlage für die weitere Arbeit zunächst eine Einordnung der beiden Hauptmotive für ein Risikomanagement bei Banken erfolgen.

## 3.1 Motivation für Risikomanagement bei Banken

Im Hinblick auf die Motivation für ein Risikomanagement lässt sich folglich grundsätzlich zwischen regulierungsinduziertem und marktinduziertem Risikomanagement unterscheiden.[143] Diese Differenzierung resultiert aus den ab-

---

139 Vgl. Hartmann-Wendels et al. (2007): S. 524.

140 Vgl. Jorion (2007): S. 456f. Die gesamthafte Berücksichtigung aller Risiken und Integration aller unternehmerischen (Risikomanagement-)Funktionen zu einem holistischen Ansatz wird häufig als Enterprise(-wide) Risk Management (ERM) bezeichnet. Vgl. z.B. Denk et al. (2006): S. 10, Hallerbach (2004), Wang (2005): S. 45ff., Nocco/Stulz (2006), Jorion (2007): S. 515ff.

141 Vgl. Rudolph (2005): S. 45.

142 Neben diesen beiden Hauptbegründungen existieren noch weitere Erklärungsansätze, wonach bspw. das Risikomanagement auch aus Eigeninteressen des Managements getrieben sein kann. Dabei steht die Nutzenmaximierung des Managements im Vordergrund und dominiert die Shareholder Value-Maximierung. Das Eigeninteresse des Managements ist dabei v.a. durch Kompensations- und Reputationsüberlegungen bestimmt. Vgl. z.B. Ammon (1998): S. 2 sowie Abschnitt 4.2.3.1.2.

143 Vgl. zu den Begrifflichkeiten Kürsten (2006a): S. 4.

weichenden Primärzielsetzungen der beiden Richtungen. Während die regulatorischen Anforderungen insbesondere den Schutz der Bankgläubiger sowie des gesamten Finanzsystems bezwecken sollen, ist Risikomanagement aus Sicht des Marktes unterstützender Bestandteil der Unternehmensführung zur Fundamentalzielerreichung der Wertmaximierung.[144] Trotz einer zunehmenden Konvergenz der Regulierungsvorschriften in puncto Risikomessung an die mikroökonomische Ausrichtung des Risikomanagements sind wegen der bestehenden Zielkonflikte die auf Grundlage aufsichtsrechtlicher Vorgaben ermittelten Risikokennzahlen zur internen Steuerung lediglich suboptimal in Bezug auf die ökonomische Zielerreichung.[145] So stehen insbesondere die aufsichtsrechtlichen Vorgaben zur Risikomessung und -allokation trotz Abkehr vom „One-size-fits-all"-Prinzip in vielen Teilen im Kontrast zu individuell, institutsspezifisch ausgestalteter Risikomessung und -allokation und darauf basierenden wertorientierten Steuerungskonzeptionen.[146]

Eine detaillierte Beschreibung und Analyse der Regulierungsvorschriften soll im Rahmen dieser Arbeit nicht vorgenommen werden. Da die Vorschriften jedoch eine wichtige Rahmenbedingung darstellen, ist ein kurzer Überblick notwendig, um Interdependenzen und v.a. Nebenbedingungen zum marktinduzierten Risikomanagement aufzeigen zu können. Der Fokus der Arbeit soll indes auf der „betriebswirtschaftlichen" Ebene liegen.

In der regulierungsinduzierten Betrachtungsweise dient das Risikomanagement dem Schutz der Einleger vor Forderungsausfällen (Gläubigerschutz)[147]

---

[144] Vgl. Schierenbeck/Lister (2002): S. 80, Kürsten (2006a): S. 4. In einer perfekt funktionierenden Marktwirtschaft stellt Regulierung eigentlich einen Fremdkörper dar. Da aufgrund von Marktunvollkommenheiten jedoch offenbar Gläubiger- und Funktionsschutz erforderlich sind, erscheint auch die Notwendigkeit einer entsprechenden Regulierung als notwendig und sinnvoll. Da die Regulierungsinstanzen jedoch lediglich unvollständige Informationen über die Regulierungsobjekte haben und ihr Handeln nicht unbedingt kompatibel mit einer effizienten Ressourcenallokation ist, ergibt sich quasi ein Trade-off zwischen Markt- und Staatsversagen. Vgl. Hartmann-Wendels et al. (2007): S. 355 sowie Schierenbeck (2003b): S. 114f.

[145] So wird wohl auch in Zukunft trotz der Konvergenzbemühungen keine vollständige Angleichung erfolgen, was sich aus den unterschiedlichen Zielsetzungen ergibt. Vgl. auch Bindert/Rauleder (2004): S. 617.

[146] Vgl. Hartmann-Wendels et al. (2007): S. 314. Vgl. auch Deutsche Bundesbank (2002).

[147] Dabei handeln die Gesetzgeber und Aufsichtsbehörden stellvertretend für die Bankgläubiger bzw. Einleger, aus deren Sicht eine individuelle Überwachung der Bank als „Kreditnehmer" sowie individuelle vertragliche Regelungen kaum möglich bzw. nicht vorteilhaft scheinen und so die Möglichkeit eröffnen würden, dass die Bank Handlungen und Reichtumsverschiebungen zu ihren Las-

sowie der Sicherung eines funktionsfähigen Bankensystems, das essentiell für das gesamte Finanz- und Wirtschaftssystem ist (Funktionsschutz)[148].[149] In Deutschland bspw. wird die Bankenaufsicht durch die Bundesanstalt für Finanzdienstleistungsaufsicht (BaFin) und die Bundesbank ausgeübt.[150] Gesetzliche Basis sind dabei insbesondere das Kreditwesengesetz (KWG) und daran anknüpfende Bestimmungen, wobei die beiden genannten schutzbedürftigen Interessen v.a. durch Vorschriften zu

- Eigenmittelunterlegungen von risikobehafteten Positionen zur Abdeckung unerwarteter Verluste,
- Fristigkeiten von Forderungen und Verbindlichkeiten und
- organisatorischen Mindeststandards

erreicht werden sollen.

Rechtliche Grundlage der Risikobegrenzung durch Eigenmittelunterlegung ist § 10 KWG:

*„Die Institute ... müssen im Interesse der Erfüllung ihrer Verpflichtungen gegenüber ihren Gläubigern, insbesondere im Interesse der Sicherheit der ihnen anvertrauten Vermögenswerte, angemessene Eigenmittel haben."*

Dieser Paragraph wird durch die Solvabilitätsverordnung (SolvV), in der die Beurteilungskriterien der BaFin für die Angemessenheit der Eigenmittelausstattung konkretisiert werden, ergänzt. Dabei muss die Gesamtrisikoposition

---

ten betreibt. Mit der Regulierung sollen derartige Tendenzen über eine gebündelte Überwachung verhindert werden. Vgl. Hartmann-Wendels et al. (2007): S. 356ff. sowie zur entsprechenden „Representation Hypothesis" Dewatripont/Tirole (1994). Vgl. außerdem Diamond/Dybvig (1983).

148 Hier soll aufgrund einer latenten Instabilität des Bankensystems verhindert werden, dass drohende Ausfälle oder die Insolvenz einer Bank zu einem Vertrauensverlust führt, der durch Externalitäten (Spill-Over-Effekte) nicht nur das jeweilige Institut, sondern aufgrund der Verflechtungen das gesamte Bankensystem erfassen und einen Zusammenbruch dieses Systems (systemisches Risiko) hervorrufen kann. Vgl. Rochet (1999), Hartmann-Wendels et al. (2007): S. 357f.

149 Vgl. Pfaff/Kühn (2005): S. 184, Scherpereel (2005): S. 105, Hartmann-Wendels et al. (2007): S. 355ff. sowie für einen Literaturüberblick zur Theorie der Bankenregulierung Bhattacharya et al. (1998).

150 Vgl. Schierenbeck (2003b): S. 134f.

der Bank, die sich additiv[151] aus allen (Risiko-)Anrechnungsbeträgen ergibt, zu jeder Zeit mindestens durch die vorhandenen Eigenmittel[152] gedeckt werden.[153] Während in der Vergangenheit eine recht pauschale[154] Eigenmittelunterlegung von Risiken weitgehend exogen vorgegeben[155] wurde (Grundsatz I), erhalten die quantitativen Eigenkapitalanforderungen durch die *Neue Baseler Eigenkapitalvereinbarung* (Basel II)[156] eine deutlich höhere Risikosensitivität[157] und werden z.B. dahingehend erweitert, dass eine „stärkere Berücksichtigung von bankinternen Risikomessverfahren als Input-Faktoren für die Kapitalberechnungen"[158] erfolgt.[159] Zudem werden die Kapitalunterlegungsvorschriften um operationelle Risiken erweitert. Diese quantitativen Mindestkapitalanforderungen („Säule 1" von Basel II) werden durch qualitative Anforderungen im

---

151 Dabei erfolgt zumindest eine teilweise Berücksichtigung stochastischer Abhängigkeiten zwischen Risikopositionen. Vgl. Basler Ausschuss für Bankenaufsicht (2004).

152 Vgl. Abschnitt 3.2.3.1.1 zur Definition der aufsichtsrechtlich anerkannten Eigenmittelbestandteile.

153 Vgl. Hartmann-Wendels et al. (2007): S. 380ff.

154 Dabei findet insbesondere die individuelle Schuldnerbonität bei der Messung von Kreditrisiken bspw. keine umfängliche Berücksichtigung. Stattdessen wird grob zwischen drei Schuldnerkategorien (Banken, Unternehmen und öffentliche Stellen) differenziert und jeweils ein Eigenmittelunterlegungssatz vorgegeben. Folge dieser Ausgestaltung sind bspw. Ausweichreaktionen der Banken v.a. durch Verbriefungen zur regulatorischen (Kapital-)Arbitrage, indem im Verhältnis zum pauschalen regulatorischen Unterlegungserfordernis tatsächlich (ökonomisch) risikoärmere Forderungen transferiert werden et vice versa. Vgl. Jones (2000), Schierenbeck (2003b): S. 143f., Hartmann-Wendels et al. (2007): S. 349.

155 Die einzige Ausnahme bildet die aufsichtsrechtliche Anerkennung von internen VaR-Modellen für Marktpreisrisiken, wobei jedoch bestimmte Vorgaben zum Konfidenzniveau (99%) und zur Haltedauer (10 Tage) exogen erfolgen. Vgl. Basel Committee on Banking Supervision (1996).

156 Vgl. deutsche Endfassung Basler Ausschuss für Bankenaufsicht (2004), englische Aktualisierung Basel Committee on Banking Supervision (2005) sowie umfassende Version Basel Committee on Banking Supervision (2006). Die Vorschriften zur Risikobegrenzung wurden in der Vergangenheit mehrfach angepasst und sollen heute durch eine zunehmende Vereinheitlichung neben den beiden Hauptzielsetzungen auch die Voraussetzungen für einen fairen internationalen Bankenwettbewerb legen. Vgl. Basler Ausschuss für Bankenaufsicht (2004): S. 2, Hartmann-Wendels et al. (2007): S. 371.

157 Vgl. Basler Ausschuss für Bankenaufsicht (2004): S. 2, Hortmann/Seide (2006): S. 302, Jorion (2007): S. 49.

158 Vgl. Basler Ausschuss für Bankenaufsicht (2004): S. 2.

159 Dabei steht v.a. der auf internen Ratings basierende Ansatz (IRB-Ansatz) für die Kreditrisikomessung im Vordergrund. *„Wenn bestimmte Mindestbedingungen und Offenlegungsanforderungen erfüllt sind, können Banken, denen von der Aufsicht die Verwendung des IRB-Ansatzes gestattet wurde, zur Bestimmung der Eigenkapitalunterlegung für ein Aktivum auf ihre eigenen internen Schätzungen von Risikokomponenten zurückgreifen."* Basler Ausschuss für Bankenaufsicht (2004): S. 45. Innerhalb des IRB-Ansatzes wird zwischen Basis- und fortgeschrittenem Ansatz differenziert, wobei beim erstgenannten Ansatz lediglich die Ausfallwahrscheinlichkeit selbst geschätzt wird. Vgl. Basler Ausschuss für Bankenaufsicht (2004): S. 45ff.

Hinblick auf das aufsichtliche Überprüfungsverfahren („Säule 2")[160] und umfangreiche Offenlegungspflichten zur Schaffung einer Marktdisziplin („Säule 3")[161] ergänzt.

Die Zielsetzung der Liquiditätsvorschriften liegt v.a. in der Begrenzung des Liquiditätsrisikos aus der Fristentransformationsfunktion der Banken, das im Wesentlichen aus unterschiedlichen Fristigkeiten der Forderungen und Verbindlichkeiten in Verbindung mit einer eingeschränkten Liquidierbarkeit der Aktiva resultiert.[162] In § 11 KWG wird deshalb gefordert, dass durch eine entsprechende Mittelanlage jederzeit eine ausreichende Zahlungsbereitschaft gewährleistet wird. Konkretisiert wird dieser Paragraph durch den Liquiditätsgrundsatz II.[163]

Besondere organisatorische Pflichten werden durch die Mindestanforderungen an das Risikomanagement (MaRisk), die an § 25a KWG anknüpfen und in die die qualitativen Anforderungen aus der zweiten Säule von Basel II eingeflossen sind, vorgegeben.[164] Daneben ergeben sich weitere Anforderungen zur Risikofrüherkennung und -transparenz aus dem Gesetz zur Kontrolle und Transparenz im Unternehmensbereich (KonTraG) in Deutschland. Für an US-Börsen notierte Unternehmen sind vergleichbare rechtliche Anforderungen durch den Sarbanes-Oxley Act relevant.[165]

---

[160] Vgl. Basler Ausschuss für Bankenaufsicht (2004): S. 146ff. Hierbei wird der Fokus auf die qualitative Bankenaufsicht gelegt und die Notwendigkeit einer funktionsfähigen Gesamtbanksteuerung und eines internen Managements der Eigenmittel betont. Die Säule 2 beinhaltet vier Grundsätze, die von (I) den internen Verfahren zur Beurteilung einer angemessenen Eigenkapitalausstattung im Verhältnis zum Risikoprofil und zu Strategien zum Erhalt dieses Niveaus über (II) die Prüfung und Bewertung dieser Beurteilungen und Strategien durch die Aufsichtsinstanzen, (III) das Vorhalten eines zusätzlichen Kapitalpuffers bis zu (IV) Eingriffsmitteln der Aufsichtsinstanzen und dem entsprechenden Prozess reichen. Vgl. auch Schierenbeck (2003b): S. 144ff.

[161] Vgl. Basler Ausschuss für Bankenaufsicht (2004): S. 163ff. sowie die entsprechenden Ausführungen in Abschnitt 3.2.4. Die Offenlegungspflichten beinhalten Informationen über die Eigenkapitalstruktur, das Risikoengagement und die Angemessenheit der Eigenmittelausstattung.

[162] Vgl. Hartmann-Wendels et al. (2007): S. 364.

[163] Vgl. Hartmann-Wendels et al. (2007): S. 429ff.

[164] Vgl. Bundesanstalt für Finanzdienstleistungsaufsicht (2005), Hartmann-Wendels et al. (2007): S. 373 und S. 384f.

[165] Insbesondere Section 404.

Auch wenn die Sicherung des Vertrauens der Einleger in die Bank und die Vermeidung einer systemischen Krise im ureigensten Interesse der Banken sind, spielt das Risikomanagement aus mikroökonomischer Sicht eine weitergehende Rolle, die über die bloße „Erhaltung" der Bank hinausgeht.[166] Bei diesem marktinduzierten Risikomanagement steht im Vordergrund, wie Risikomanagement als Maßnahmenbündel zur Erfüllung des Fundamentalziels der Marktwertmaximierung eingesetzt werden kann.[167] Da die erste Funktion zwangsläufig erfüllt werden muss – und dies gesamthaft über die Erfüllung der regulatorischen Anforderungen sichergestellt werden soll –, können bei der zweiten, marktinduzierten Funktion zusätzliche, freiwillige und ggf. differenzierte Maßnahmen hinzukommen, die ausschließlich nach ökonomischer Vorteilhaftigkeit bewertet werden sollten.[168] Banken sollen dabei diejenigen Risiken eingehen, die sie am besten managen können, d.h. mit deren Management komparative Wettbewerbsvorteile verbunden sind.

Wenn im Laufe der Arbeit der Wertschaffungsaspekt und die Wertrelevanz des Risikomanagements analysiert werden, zielt dies immer auf den zweiten hier vorgestellten Begründungsansatz aus der Eigentümerperspektive ab und bezieht die Regulierungsanforderungen als Nebenbedingung mit ein. Handlungsempfehlungen erstrecken sich folglich auch nur auf den freiwilligen Teil des Risikomanagements und nicht auf (mögliche) Anpassungserfordernisse etc. bezüglich der regulatorischen Vorgaben.

## 3.2 Wertorientierter Risikomanagementprozess (Status quo)

In diesem Kapitel soll ein bestmögliches Abbild vom Status quo des wertorientierten Risikomanagementprozesses in der Bankenpraxis (State-of-the-Art) und der Literaturdiskussion gegeben werden. Die Darstellung ist – in dem Bewusstsein, dass sowohl in der Lehrmeinung, der praktischen Handhabung als auch in den beratenden Empfehlungen mitunter Unterschiede existieren und

[166] Vgl. dazu auch Milne (2006): S. 16f.

[167] Vgl. Volkart (2003): S. 665.

[168] Vgl. Schierenbeck/Lister (2002): S. 80, Kürsten (2006a): S. 4.

es keinen universell akzeptierten Weg gibt – als Synthese einer Bestandsaufnahme zu verstehen und basiert v.a. auf der Standardliteratur zur Bankbetriebslehre, weitergehender Literatur zum (wertorientierten) Risikomanagement in Banken, bankeigenen Publikationen (Geschäftsberichte und öffentlich verfügbare Präsentationen) sowie Publikationen von Banken beratenden Unternehmen.

Dabei wird für den Prozess ein weites Verständnis des Begriffs Risikomanagement genutzt, der alle wesentlichen Aktivitäten des systematischen Umgangs mit Risiken erfasst.[169] Auf die aufbauorganisatorische Perspektive[170] wird im Rahmen dieser Arbeit weitgehend verzichtet. Es muss lediglich berücksichtigt werden, dass sich aus der Organisationsstruktur von Kreditinstituten im Hinblick auf das Management von Risiken sowohl zentrale als auch dezentrale Aufgaben, Entscheidungskompetenzen und Verantwortlichkeiten ergeben[171], die bestimmte Anforderungen an den Prozess stellen, der dahingehend v.a. durch Budgetierung von Kapital, dezentrale Steuerung und Entscheidungen nach zielkonformen Kriterien sowie Kontrolle, Berichterstattung, Performancemessung und Incentivierung geprägt ist.[172]

---

169 In der Darstellung und Beschreibung von Risikomanagementprozessen werden unterschiedliche Schwerpunkte gesetzt und z.T. auch engere Definitionen für den Prozess gewählt. Der Fokus liegt dabei häufig auf der Identifikation, Messung, Steuerung und Kontrolle von Risiken aus regulatorischer und/oder ökonomischer Perspektive. Zudem stehen Fragestellungen zur adäquaten Kapitalausstattung im Hinblick auf die übernommenen Risiken im Fokus, sodass die Berücksichtigung des Eigenkapitals und dessen Management und Allokation („Over the last few years, it has become increasingly difficult to distinguish risk management tools from capital management tools, since risk, according to the unexpected loss risk ..., increasingly drives the allocation of capital in risk-intensive businesses such as banking and insurance." Crouhy et al. (2006): S. 16) sowie die Verbindung des Risikos mit Ertrags- und Renditegrößen ebenfalls als Aufgaben eines integrierten Risikomanagements verstanden werden, v.a. dann, wenn eine wertorientierte Betrachtungsweise des Risikomanagementbegriffs gewählt wird. Außerdem werden in der Literatur mitunter andere Begrifflichkeiten und Zuordnungen gewählt. So wird teilweise die Risikokontrolle innerhalb der Risikoanalyse betrachtet. Die Risikosteuerung wird mehr oder minder umfangreich definiert und auch als Risikopolitik oder Risikomanagement i.e.S. bezeichnet. Vgl. dazu Oehler/Unser (2002): S. 16, Schierenbeck (2003b): S. 505. Außerdem wird die externe Risikoberichterstattung i.d.R. nur am Rande behandelt. Vgl. dazu Dobler (2004): S. 2.

170 Vgl. dazu bspw. Bessis (2002): S. 67ff. Vgl. auch Oehler/Unser (2002): S. 413ff.

171 Vgl. zu entsprechenden Vor- und Nachteilen Oehler/Unser (2002): S. 403ff.

172 Dabei spielen v.a. die oben angesprochenen bankaufsichtsrechtlichen Organisationspflichten eine bedeutende Rolle, die maßgeblichen Einfluss auf den Prozess haben, wobei auf eine explizite Darstellung der rechtlichen Grundlagen im weiteren Verlauf verzichtet werden soll.

### 3.2.1 Risikostrategie

Den Rahmen für den Risikomanagementprozess bildet die Risikostrategie, in welcher der Umgang mit allen quantifizierbaren und nichtquantifizierbaren Risiken bestimmt wird.[173] Die Formulierung der Risikostrategie erfolgt dabei in enger Verbindung zur Geschäftsstrategie.[174] Die relative Bedeutungszunahme der Risiko- und Risikomanagementthematik in den letzten Jahren ist v.a. auf die regulatorischen Vorschriften zurückzuführen und hat zu signifikanten Veränderungen und Fortschritten in der Identifikation und Messung von Risiken geführt, wobei der Blickwinkel des Risikomanagements aufgrund dieser Regelungen sehr stark auf die Insolvenzvermeidung und die damit verbundene Bewertung der Risikotragfähigkeit gerichtet ist.[175] So ist die Formulierung der Risikostrategie aktuell auch sehr stark durch die qualitativen Anforderungen von Basel II (Säule 2) bzw. der MaRisk geprägt. Die Risikostrategie ist danach für Banken verpflichtend vorgeschrieben und soll eine der Eigenkapitalausstattung angemessene Formulierung erfahren. Die Risikostrategie umfasst risikopolitische Grundsätze, die allgemein formulierte Wohlverhaltensregeln für den Umgang mit Risiken darstellen. Darüber hinaus wird der „Risikoappetit" der Bank festgelegt, der das angestrebte Verhältnis von Risikobereitschaft und -tragfähigkeit reflektiert, ein Zielrating[176] sowie den (Mindest-)Kapitalpuffer festlegt und die Basis für Risikolimitierungen legt. Außerdem werden aufbau- und ablauforganisatorische Strukturen determiniert. Schließlich erfolgt innerhalb der Risikostrategie auch die Aufstellung eines Ertragsanspruchs für die Übernahme von Risiko[177] und damit die Verbindung zur übergeordneten Zielsetzung, indem für ein optimales Verhältnis von Rendite und Risiko gesorgt werden soll[178], wobei die Marktwertmaximierung des Eigenkapitals im

---

173 Vgl. z.B. Commerzbank (2007): S. 76.

174 Vgl. z.B. Commerzbank (2007): S. 73, HypoVereinsbank (2007): S. 76.

175 Vgl. Pritsch/Hommel (1997): S. 685f., Hachmeister (2005): S. 142.

176 Vgl. dazu die Ausführungen in Abschnitt 3.2.2.3.

177 Vgl. Matten (2000): S. 265, KPMG (2003): S. 10f., Theiler/Schneider (2004), Buehler/Pritsch (2005): S. 48f., Accenture (2006): S. 11, PricewaterhouseCoopers (2006): S. 2, Commerzbank (2007): S. 79, HypoVereinsbank (2007): S. 70. Vgl. auch Schierenbeck (2003a): S. 297.

178 Vgl. Pfaff/Kühn (2005): S. 198. Dazu muss zunächst die Frage beantwortet werden, welche konkreten Ziele durch Risikomanagement verfolgt werden sollen und in welcher Dimension der Erfolg der Risikomanagementmaßnahmen gemessen werden soll. „Eine Risikomanage-mentstrategie, die die Volatilität der Unternehmenswerte vermindern möchte, unterscheidet sich von jener, die

Vordergrund steht.[179] In der Konsequenz verfolgt das Risikomanagement ausgehend von der Risikostrategie mit der Risikobegrenzung und der Rendite/-Risikosteuerung im Wesentlichen zwei grundsätzliche strategische Zielsetzungen, wobei im Rahmen einer integrierten Risikostrategie die Kombination aus beiden erfolgt.[180] Darauf basierend kann die Risikostrategie auch strategische Ausrichtungen in Bezug auf Wachstums- und Abbaufelder deklarieren[181] und schließlich den strategischen Fokus auf die Risiken legen, mit denen ein komparativer Wettbewerbsvorteil verbunden ist.[182] Ausgehend von der Risikostrategie werden in den folgenden Abschnitten die weiteren Prozessstufen des Risikomanagements beschrieben.

### 3.2.2 Risikoanalyse

#### 3.2.2.1 Risikoidentifikation

Im Rahmen der Risikoidentifikation erfolgt zunächst die Erfassung von relevanten Risikofaktoren, die die finanziellen Wertgrößen der Bank beeinflussen.[183] Die Risikofaktoren lassen sich in vielfältiger Hinsicht nach Risikoarten kategorisieren. Für Banken hat sich dabei ein weitgehender Konsens über die Differenzierung nach Kredit-, Markt- und operationellen Erfolgsrisiken etabliert – nicht zuletzt aufgrund der Kategorisierung innerhalb der aufsichtsrechtlichen Vorgaben.[184]

---

die Volatilität der steuerlichen Bemessungsgrundlage oder eines operativen Gewinns verringern möchte." Hachmeister (2005): S. 138.

179 Eine klare Wertorientierung der Risikomanagementstrategie ist in der Praxis jedoch nicht immer gegeben. So steht häufig eine Begrenzung der Volatilität des handelsrechtlichen Ergebnisses im Vordergrund.

180 Vgl. HypoVereinsbank (2007): S. 70.

181 Vgl. z.B. Commerzbank (2007): S. 79.

182 Vgl. Buehler/Pritsch (2005): S. 48f.

183 Vgl. Ryser (2003): S. 33.

184 Vgl. Schierenbeck (2003b): S. 12, Crouhy et al. (2006): S. 14. An dieser Stelle sei noch einmal darauf hingewiesen, dass eine zum Aufsichtsrecht vergleichbare Kategorisierung keine identische Risikoanalyse impliziert. Zudem weichen die einzelnen Bestandteile v.a. im Hinblick auf die operationellen Risiken voneinander ab. Dabei wird in der betriebswirtschaftlichen Perspektive eine möglichst umfassende Berücksichtigung aller Risiken angestrebt (z.B. auch strategisches und Reputa-

Als Kreditrisiko[185] wird die Gefahr der Nicht- bzw. nicht fristgerechten Erfüllung von vertraglich vereinbarten Zahlungsverpflichtungen aus Ausleihungen, Garantien und Derivatekontrakten[186] durch eine Gegenpartei (Ausfallrisiko)[187] sowie allgemein von Veränderungen der Kreditqualität von Kreditnehmern bzw. Anleiheschuldnern[188] oder Spreadveränderungen des Marktes[189] (Bonitätsrisiko) verstanden.[190] Bonitäts- und Ausfallratenveränderungen werden v.a. durch makroökonomische Einflüsse (z.B. Bruttosozialprodukt, Arbeitslosenquote, Verbraucherpreise etc.) getrieben, können aber auch kreditnehmerspezifisch sein.[191]

Das Marktrisiko[192] resultiert aus unerwarteten Marktpreisveränderungen, die den Wert einer Risikoposition[193] der Bank negativ beeinflussen. Marktrisikofak-

---

tionsrisiko). Vgl. Nocco/Stulz (2006): S. 14f. In dieser Arbeit sollen die genannten drei Kategorien herangezogen werden. In Literatur und Praxis ergeben sich in Details jedoch Abgrenzungsunterschiede. Vgl. z.B. Büschgen (1998): S. 868, Bessis (2002): S. 11ff., Oehler/Unser (2002): S. 14f.

185 Synonym werden die Begriffe „Adressenausfall-" und „Gegenparteirisiko" verwendet.

186 Das Verlustrisiko bei einer derivativen Position ist nicht gleich dem Nominalwert des Kontrakts, sondern resultiert aus den Wiedereindeckungskosten der Position zu möglicherweise schlechteren Konditionen. Vgl. Crouhy et al. (2006): S. 29, Hartmann-Wendels et al. (2007): S. 395.

187 Vgl. Bessis (2002): S. 13, Oehler/Unser (2002): S. 14, Schierenbeck (2003b): S. 5, Hartmann-Wendels et al. (2007): S. 439. Dabei können die Ausfallereignisse unterschiedlich definiert werden, z.B. Insolvenz, Zahlungsverzug, Restrukturierung, Cross Default oder Moratorium. Nach Basel II wird der Kreditausfall wie folgt definiert: *„Der Kreditausfall im Hinblick auf einen spezifischen Schuldner gilt als gegeben, wenn eines oder beide der folgenden Ereignisse eingetreten sind:*

- *Die Bank geht davon aus, dass der Schuldner seinen Kreditverpflichtungen gegenüber der Bankengruppe mit hoher Wahrscheinlichkeit nicht in voller Höhe nachkommen wird, ohne dass die Bank auf Maßnahmen wie beispielsweise die Verwertung von Sicherheiten (soweit vorhanden) zurückgreift.*
- *Eine wesentliche Verbindlichkeit des Schuldners gegenüber der Bankengruppe ist mehr als 90 Tage überfällig. Überziehungen werden als überfällig betrachtet, wenn der Kreditnehmer ein zugesagtes Limit überschritten hat oder ihm ein geringeres Limit als die aktuelle Inanspruchnahme mitgeteilt wurde."* Basler Ausschuss für Bankenaufsicht (2004): S. 87.

188 Vgl. Bröker (2000): S. 12f., Bessis (2002): 13f., Schierenbeck (2003b): S. 5

189 Diese sind durch allgemeine Veränderungen des Risikoaufschlags auf den risikofreien Zins charakterisiert. Vgl. Heidorn (2003): S. 4.

190 Daneben können sog. Länderrisiken, die sich durch Ausfallrisiken ausländischer öffentlicher Stellen sowie durch fehlende Konvertibilität der Währung einer Forderung oder staatliche Handlungen ergeben können, unter Kreditrisiken subsumiert werden. Vgl. Bessis (2002): S. 15f., Schierenbeck (2003b): S. 154, Hartmann-Wendels et al. (2007): S. 314.

191 Vgl. Abschnitt 3.2.2.2.

192 Das Marktrisiko wird (mit z.T. leicht abweichenden Definitionen) auch als Marktpreis- oder Preisrisiko bezeichnet.

toren lassen sich im Wesentlichen in Zins-, Aktienkurs-, Währungs- und Rohwarenrisiken unterteilen.[194] Besonders relevant für Banken sind dabei Marktrisiken im Allgemeinen für das Handelsportfolio sowie Zinsänderungsrisiken aus Fristeninkongruenzen innerhalb der Bilanz.[195]

Verlustmöglichkeiten, die systematisch weder aus Markt- noch aus Kreditrisiken resultieren, werden als operationelles Risiko bezeichnet.[196] Dieses lässt sich untergliedern in operative Risiken, die bankintern v.a. im Zusammenhang mit Mitarbeitern, Prozessen und Systemen sowie aus externen Ereignissen, wie z.B. Katastrophen, Delikten durch Drittparteien und rechtlichen Änderungen, auftreten können, und in ein allgemeines Geschäftsrisiko, worunter auch strategische Risiken sowie geändertes Kunden- oder Wettbewerbsverhalten gefasst werden können. Außerdem können hier Reputationsrisiken subsumiert werden.[197]

Während sich die Kredit- und Marktrisiken unmittelbar auf Finanzströme der Bank beziehen und daher auch als Finanzrisiken bezeichnet werden[198], haben

---

[193] Der Begriff der Risikoposition kann sich dabei sowohl auf eine Einzelposition als auch auf die Risikoposition eines Portfolios beziehen. In einer Gesamtbetrachtung stellt die Bank das relevante Portfolio dar.

[194] Vgl. Bessis (2002): 17ff., Oehler/Unser (2002): S.14, Schierenbeck (2003b): S. 5f., Timmermann (2004): S. 381, Crouhy et al. (2006): S. 27ff., Deutsche Bank (2007): S. 75, Jorion (2007): S. 22f. und S. 76ff.

[195] Vgl. Schierenbeck (2003b): S. 291, Timmermann (2004): S. 381.

[196] Vgl. Timmermann (2004): S. 388, Jorion (2007): S. 492.

[197] Vgl. Marshall (2001), Bessis (2002): S. 20f., Oehler/Unser (2002): S. 14f., Schierenbeck (2003b): S. 481f., Crouhy et al. (2006): S. 31ff. und S. 325ff., Timmermann (2004): S. 389, Bindert/Rauleder (2004): S. 609, Jorion (2007): S. 26f. Reputationsrisiken erfahren häufig ebenso wie Teile des Geschäftsrisikos eine getrennte Betrachtung außerhalb des operationellen Risikos. Vgl. z.B. Deutsche Bank (2007): S. 57, Jorion (2007): S. 495.

[198] In dieser Betrachtung wurde die Kategorisierung lediglich nach der Risikoherkunft vorgenommen. Daneben lassen sich die Risiken auch nach ihrer Wirkung klassifizieren. Dabei ist innerhalb der Finanzrisiken zwischen Erfolgs- und Liquiditätsrisiken zu unterscheiden. Erfolgs- bzw. (Eigenkapital-)Verlustrisiken wirken sich auf das Ergebnis der Bank aus, während die aus einer zeitlichen bzw. höhenmäßigen Diskrepanz von Ein- und Auszahlungen resultierenden Liquiditätsrisiken auf die Zahlungsfähigkeit bzw. den Zahlungsmittelbestand abstellen. Liquiditätsengpässe können jedoch auch Ergebniswirkungen nach sich ziehen. Die Liquidationsfähigkeit von Vermögenswerten findet dabei über den Zeithorizont bei der Risikomessung Berücksichtigung. Vgl. Büschgen (1998): S. 899ff., KPMG (2003): S. 18, Schierenbeck (2003b): S. 4ff. sowie Abschnitt 3.2.2.2. Jorion (2007): S. 333ff. zeigt zudem eine Adjustierung des gemessenen Erfolgsrisikos um Liquiditätsrisiken auf. Auch innerhalb der Regulierung werden Liquiditätsrisiken, wie oben bereits beschrieben, nicht in der Eigenmittelunterlegung berücksichtigt, sondern über andere Vorgaben begrenzt. Vgl. Hartmann-Wendels et al. (2007): S. 411.

die operationellen Risiken nur mittelbar Änderungen der Finanzströme zur Folge.[199] Die Risikoidentifikation spielt eine entscheidende Rolle innerhalb des Risikomanagementprozesses, denn letztlich lassen sich viele Zusammenbrüche von Finanzinstitutionen (z.B. LTCM, Barings) auf nicht identifizierte und entsprechend nicht gemessene Risiken zurückführen.[200]

#### 3.2.2.2 Risikomessung

Ein wesentlicher Aspekt für das Management von Risiken ist die Tatsache, dass die meisten Risikofaktoren selbst nicht im Einflussbereich der Bank liegen und i.d.R. lediglich das „Exposure" der finanziellen Wertgrößen von Risikopositionen gegenüber Risikofaktoren beeinflusst werden kann.[201] Im Rahmen der Risikomessung werden deshalb zunächst für risikobehaftete Positionen Wertänderungen in Abhängigkeit von Änderungen relevanter Risikofaktoren ermittelt. Dabei müssen auch Interdependenzen (Korrelationen) zwischen den einzelnen Risikofaktoren berücksichtigt werden. In der Theorie und Bankenpraxis haben sich zur Messung von Risiken wahrscheinlichkeitstheoretische Verfahren etabliert.[202]

Dabei wird die Wertausprägung einer Risikoposition am Ende einer Periode als Zufallsvariable $X$ modelliert, wobei angenommen wird, dass die Zufallsvariable eine Dichtefunktion $f_X$ und eine Verteilungsfunktion $F_X$ besitzt und das inhärente Risiko über Parameter der Wahrscheinlichkeitsverteilung berechnet werden kann.[203] Da die Gefahr negativer Abweichungen vom Erwartungswert bei Banken im Fokus steht, dominiert der Einsatz einseitiger Risikomaße (Downside-Risikomaße) die Verwendung zweiseitiger Risikomaße (Streu-

---

199 Vgl. Schierenbeck (2003b): S. 3ff. Von nicht-quantifizierbaren Risiken wird bei der Darstellung abstrahiert.

200 Vgl. auch Jorion (1999).

201 Vgl. Ryser (2003): S. 26f., Hartmann-Wendels et al. (2007): S. 364, Jorion (2007): S. 248.

202 Vgl. Bessis (2002): S. 77, Schierenbeck (2003b): S. 73ff.

203 Vgl. Albrecht (2003): S. 27, Ryser (2003): S. 33.

ungsmaße) wie Standardabweichung bzw. Varianz.[204] Aufgrund der Fokussierung auf die Insolvenzverhinderung und der entsprechenden Risikobegrenzung nehmen dabei Ausfallrisikomaße eine Vormachtstellung ein.[205] Als zentrale Messgröße hat sich der sog. Value-at-Risk (VaR) bei Banken weitgehend etabliert.[206] In seiner Grundform ist der VaR definiert als absoluter Wertverlust[207] einer Risikoposition[208], der mit einer festgelegten Wahrscheinlichkeit ($1-\alpha$) – dem Konfidenzniveau – innerhalb eines bestimmten Zeitraums[209] nicht überschritten wird.[210]

---

204 Vgl. Locarek-Junge/Büch (2006): S. 110, Franke/Hax (2003): S. 267ff. Für eine Darstellung weiterer Risikomaße vgl. Albrecht (2003), Szegö (2002).

205 Vgl. Bessis (2002): S. 87ff., Hartmann-Wendels et al. (2007): S. 329.

206 Vgl. Oehler/Unser (2002): S. 26, Schierenbeck (2003b): S. 15, Hartmann-Wendels et al. (2007): S. 331, Jorion (2007), Dowd/Blake (2006): S. 196 sowie empirisch Scherpereel (2005): S. 187. Die Grundüberlegungen des VaR-Konzepts gehen *avant la lettre* auf Edgeworth (1888) sowie Baumol (1963) zurück. Die Initialzündung in der praktischen Umsetzung ist v.a. RiskMetrics zuzuschreiben. Vgl. dazu JP Morgan/Reuters (1996) sowie Dowd/Blake (2006): S. 195, Hallerbach (2004): S. 436f.

207 Anstelle von (Markt-)Wertverlusten können mithilfe des Konzepts auch Verluste von Cash Flows oder periodenerfolgsorientierten Größen modelliert werden (Cash-Flow-at-Risk, Earnings-at-Risk). Vgl. Schierenbeck (2003b): S. 15f.

208 Als Risikoposition kann sowohl eine Einzelposition als auch ein Portfolio in Frage kommen.

209 Der Zeitraum wird dabei i.d.R. über die angenommene Haltedauer bzw. Liquidierbarkeit bestimmt. Vgl. Schierenbeck (2003b): S. 517, Hartmann-Wendels et al. (2007): S. 333.

210 Vgl. Jorion (2007): S. 17, JP Morgan/Reuters (1996): S. 6, Schierenbeck (2003b): S. 15, Stulz (2003): S. 81f., Theiler/Schneider (2004): S. 2, Locarek-Junge/Büch (2006): S. 112.

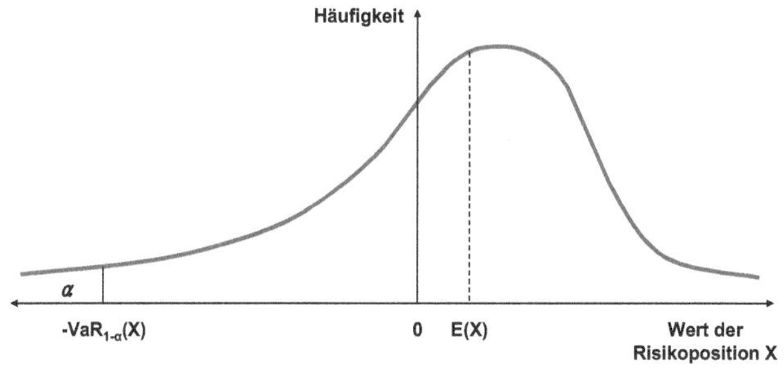


**Abbildung 1:** Ermittlung des VaR[211]

Formal ergibt sich der VaR in der Umkehrfunktion der Verteilungsfunktion als der negative Wert des $\alpha$-Quantils:[212]

$$VaR_{1-\alpha}(X) = -F_X^{-1}(\alpha). \tag{3.1}$$

Die Vorteile des VaR werden v.a. in der leichten Kommunizierbarkeit und intuitiven Verständlichkeit der Darstellung des Risikos in einer Zahl als Geldeinheit sowie in der Möglichkeit, verschiedene Risikoarten vergleichbar und aggregierbar zu machen, gesehen. Als konzeptionelle Defizite und umsetzungstechnische Probleme des VaR sind eine kaum zu berücksichtigende Anzahl an Risikofaktoren, Interdependenzen zwischen Risikofaktoren, zeitliche Variabilität von Volatilitäten/Korrelationen und Ungenauigkeiten bzw. Unvollständigkeiten bei Parameterschätzungen und Approximationen sowie der Vergangen-

---

211 Quelle: Eigene Darstellung. Vgl. zu allgemeinen Darstellungen z.B. Oehler/Unser (2002): S. 345, Scherpereel (2005): S. 52, Crouhy et al. (2006): S. 258.

212 Im Falle einer Normalverteilung kann der VaR auch als ein von $\alpha$ abhängiges Vielfaches der Varianz ermittelt werden. Vgl. Oehler/Unser (2002): S. 26, Albrecht (2003): S. 28f., Scherpereel (2005): S. 40f.

heitsbezug von Inputdaten zu nennen.[213] Zudem hat die im Allgemeinen fehlende Subadditivitätseigenschaft des VaR[214] zur Entwicklung alternativer Risikomaße geführt, die diese Eigenschaft zwar erfüllen[215], jedoch auch von den grundsätzlichen Problemen betroffen sind.[216] Dabei ist v.a. der Expected Shortfall (ES)[217] zu nennen, der dem bedingten Erwartungswert bei Überschreiten des VaR-Quantils entspricht:[218]

$$ES_{1-\alpha}(X) = E\left[X \middle| X < -VaR_{1-\alpha}(X)\right]. \qquad (3.2)$$

Für den weiteren Verlauf der Arbeit soll zunächst auf den VaR aufgesetzt werden. Die Darstellungen und Analysen ließen sich jedoch auch auf Basis der alternativen Risikomaße in einer vergleichbaren Aussagekraft darstellen.[219]

Da die zukünftigen Wertausprägungen der Risikoposition(en) selbst unbekannt sind, müssen deren Wahrscheinlichkeitsverteilungen mithilfe geeigneter Verfahren approximiert bzw. simuliert werden, indem die stochastischen Ände-

---

213 Vgl. Acerbi/Tasche (2002a): S. 379, Wilkens et al. (2002): S. 63, Pfaff/Kühn (2005): S. 194f., Dowd/Blake (2006): S. 196ff., Kürsten (2006a): S. 7, Deutsche Bank (2007): S. 78, Jorion (2007): S. 105.

214 Subadditivität liegt vor, wenn die Summe des Risikos einzelner Positionen mindestens so groß ist wie das Risiko eines Portfolios aus diesen Positionen. Bei Normal- und anderen elliptischen Verteilungen ist die Eigenschaft allerdings auch für den VaR als Risikomaß gegeben. Vgl. Dowd/Blake (2006): S. 198f., Hartmann-Wendels et al. (2007): S. 331, Jorion (2007): S. 114.

215 Artzner et al. (1997), Artzner et al. (1999) haben dazu ein Axiomensystem mit wünschbaren Eigenschaften von Risikomaßen $\rho(X_i)$ entwickelt:

1. Subadditivität: $\rho(X_1 + X_2) \leq \rho(X_1) + \rho(X_2)$
2. Positive Homogenität: $\rho(bX) = b\rho(X)$
3. Monotonie: $X_1 \leq X_2 \rightarrow \rho(X_1) \geq \rho(X_2)$
4. Translationsinvarianz: $\rho(X + c) = \rho(X) - c$

216 Vgl. Pfaff/Kühn (2005): S. 198.

217 Synonym werden auch verwendet: Tail Conditional Expectation, Conditional Tail Expectation, Conditional VaR, Tail VaR, Expected Tail Loss, Tail Conditional VaR, Worst Conditional Expectation. Auf konzeptionelle Unterschiede soll hier nicht eingegangen werden.

218 Vgl. ausführlich Artzner et al. (1999), Acerbi/Tasche (2002a), Acerbi/Tasche (2002b), Rockafellar/Uryasev (2002), Albrecht (2003): S. 31ff., Dowd/Blake (2006): S. 200f.

219 Dabei soll in diesem Rahmen nicht näher darauf eingegangen werden, dass aufgrund der fehlenden Subadditivität des VaR Kapitalallokation und Risikolimitierung u.U. problembehaftet sind und damit der VaR für Fehlsteuerungen im Zusammenhang mit Diversifikationswirkungen verantwortlich sein kann. Zwar kann dies durch die Verwendung des ES geheilt werden, allerdings ist die Relevanz dieses Risikomaßes für die Zielsetzung der Sicherung der Solvabilität durch Eigenkapitalunterlegung zu hinterfragen, da der ES einen Verlust misst, der über die Insolvenzschwelle hinausgeht. Vgl. Acerbi/Tasche (2002b): S. 1487f., Pfaff/Kühn (2005): S. 197f.

rungen der wertbestimmenden Risikofaktoren in Wertänderungen der Risikoposition(en) umgerechnet werden.[220] Dabei erfolgt zunächst eine Bewertung der Risikoposition über aktuelle Marktpreise (Mark-to-Market) oder modellgestützt bspw. über Barwert- oder Optionspreismodelle (Mark-to-Model), falls keine Marktpreise verfügbar sind.[221] Zudem werden über die Bewertungsmodelle Wertänderungen der Risikopositionen in Abhängigkeit von Änderungen der Risikofaktorausprägungen modelliert.[222] Dazu findet eine Zerlegung der Risikopositionen in Grundbestandteile sowie ein „Mapping" der Cash Flows auf einzelne Faktoren statt.[223]

Die Verfahren zur Ermittlung der potentiellen Wertänderungen unterscheiden sich im Wesentlichen danach, wie die erforderliche Wahrscheinlichkeitsverteilung der Risikofaktoren erzeugt wird, in analytische sowie Simulationsverfahren.[224] Das am weitesten verbreite analytische Verfahren[225], der Varianz-Kovarianz-Ansatz, basiert auf den statistischen Parametern Erwartungswert und Varianz sowie den Kovarianzen der Risikofaktoren, wobei angenommen wird, dass die Veränderungsraten der Risikofaktoren einer multivariaten Normalverteilung unterliegen und ein bekannter linearer[226] Zusammenhang zwischen Risikopositionswertänderungen und Änderungen der Risikofaktoren besteht.[227] Aus diesen Annahmen folgt, dass auch die möglichen Wertänderungen der aktuellen Risikoposition normalverteilt sind. Der VaR kann so mithilfe des Bewertungsmodells über Sensitivitäten direkt aus den Ri-

---

220 Bspw. Wertänderungen eines Anleiheportfolios in Abhängigkeit der Variabilität der relevanten Marktzinssätze.

221 Vgl. Oehler/Unser (2002): S. 41ff., Dowd/Blake (2006): S. 212, Jorion (2007): S. 107.

222 Vgl. Oehler/Unser (2002): S. 154. Dabei kann der funktionale Zusammenhang sowohl linear als auch nicht-linear modelliert werden.

223 Vgl. Bessis (2002): S. 377ff., Oehler/Unser (2002): S. 157, Jorion (2007): S. 277ff.

224 Vgl. Oehler/Unser (2002): S. 154ff., Schierenbeck (2003b): S. 93ff., Jorion (2007): S. 248.

225 Neben dem hier beschriebenen Ansatz ist z.B. auch die Kreditrisikomessung nach Basel II ein analytisches Verfahren, soll aber hier nicht weiter betrachtet werden. Vgl. dazu ausführlich Basler Ausschuss für Bankenaufsicht (2004).

226 Dabei handelt es sich mit dem Delta-Normal-Ansatz um das Grundmodell des Varianz-Kovarianz-Modells. Nicht-lineare Zusammenhänge müssen dabei approximiert werden. Im Rahmen des Delta-Gamma-Ansatzes können über die zusätzliche Berücksichtigung des Optionsgammas als Veränderungsrate des Deltas auch insbesondere für derivate-spezifische Risken relevante nichtlineare Beziehungen mit einbezogen werden. Vgl. Jorion (2007): S. 250ff.

227 Vgl. bezüglich der Annahmen Schierenbeck (2003b): S. 93.

sikofaktoränderungen ermittelt werden.[228] Im Gegensatz dazu wird mithilfe von Simulationsverfahren eine vollständige Neubewertung von Risikopositionen vorgenommen. Dazu werden historische Beobachtungen (Historische Simulation) bzw. Zufallsszenarien (Monte Carlo-Simulation) mit unterschiedlichen Ausprägungen der relevanten Risikofaktoren ermittelt, wobei für jedes Szenario mithilfe von Bewertungsmodellen ein Risikopositionswert errechnet wird. Durch eine Vielzahl derartiger Simulationsläufe ergibt sich eine Häufigkeitsverteilung potentieller Risikopositionswerte, aus der der VaR als Abweichung vom Ausgangswert ermittelt werden kann.[229]

Die dargestellten Verfahren zur VaR-Messung gehen von „normalen" Marktbedingungen aus. Zur Berücksichtigung von Extrem-/Krisenszenarien werden zusätzlich Stress-Tests durchgeführt.[230] Außerdem werden die Risikomessungen regelmäßig einem sog. Backtesting unterzogen, um Aussagen über die Qualität der Messverfahren und Modelle zu gewinnen.[231]

Aufgrund der unterschiedlichen Charakteristika der jeweiligen Risikoarten kommen verschiedene Modelle, bei denen analytische bzw. Simulationsverfahren als Methodenkern dienen, für die VaR-Bestimmung zum Einsatz.[232] Da die hier beschriebenen Verfahren zuerst für die Messung von Marktrisiken entwickelt wurden und sich die Risikofaktoränderungen als Marktrisikoparameter einfacher modellieren lassen als bei den beiden anderen Risikoarten, sind die Marktrisikomodelle am weitesten fortgeschritten.[233] Der Wirkungszusam-

---

[228] Vgl. Dowd (1998): S. 66ff., Jovic (1999): S. 89, Linsmeier/Pearson (2000): S. 53ff., Crouhy et al. (2001): S. 196ff., Jorion (2007): S. 260ff. sowie für das auf diesem Verfahren basierende Modell RiskMetrics JP Morgan/Reuters (1996).

[229] Vgl. Dowd (1998): S. 99ff., Linsmeier/Pearson (2000): S. 50ff., Crouhy et al. (2001): S. 206ff., Oehler/Unser (2002): S. 155ff., Schierenbeck (2003b): S. 86ff., Jorion (2007): S. 262ff. Vgl. zur Diskussion der Vor- und Nachteile der jeweiligen Verfahren die angegebene Literatur.

[230] Vgl. KPMG (2003): S. 20, Schierenbeck (2003b): S. 20f., Deutsche Bank (2007): S. 58 und S. 77, Dresdner Bank (2007): S. 45, Jorion (2007): S. 357ff.

[231] Vgl. Dowd (1998): S. 55ff., Oehler/Unser (2002): S. 162, Schierenbeck (2003b): S. 12, Timmermann (2004): S. 385, Frerichs/Wahrenburg (2005), Jorion (2007): S. 139ff. Zum Modellrisiko vgl. Weber (2001), Crouhy et al. (2006): S. 347ff.

[232] Vgl. Schierenbeck (2003b): S. 15, Locarek-Junge/Büch (2006): S. 110ff.

[233] Vgl. Oehler/Unser (2002): S. 153. Der Einsatz von internen Marktrisikomodellen wird auch aufsichtsrechtlich anerkannt. Dies ist mit bestimmten quantitativen und qualitativen Anforderungen verbunden, bspw. der Berechnung des VaR mit einem Konfidenzniveau von 99% und einem Zeithorizont von 10 Tagen sowie Vorgaben zu Back- und Stresstests. Vgl. Basel Committee on Banking Supervision (1996), Deutsche Bundesbank (2001).

menhang zwischen Parameteränderungen und dem Risikopotential von Marktrisikopositionen ergibt sich direkt aus den entsprechenden Preisbildungsfunktionen, während die für die beiden anderen Risikoarten relevanten Risikoparameter nicht unmittelbar aus solchen Preisbildungs- bzw. Bewertungsfunktionen extrahierbar sind.[234]

Bei der Messung des Kreditrisikos ergibt sich im Gegensatz zur dargestellten Marktrisikomessung ein zweistufiges Verfahren, in dem zuerst die Grundparameter des Kreditrisikos ermittelt werden müssen. Dabei sind für einzelne Positionen Ausfallwahrscheinlichkeit[235], Höhe des zu erwartenden Exposures zum Zeitpunkt des Ausfalls[236] sowie die Verlustquote bei Ausfall, in der risikomindernde Faktoren wie Sicherheiten Berücksichtigung finden[237], zu ermitteln. Mithilfe von Kreditrisikomodellen (Kreditportfoliomodellen) kann anschließend zunächst sowohl für einen einzelnen Kredit als auch für das gesamte Portfolio der erwartete Verlust (Expected Loss; EL)[238] ermittelt werden, der sich im Wesentlichen als Produkt der drei Grundparameter ergibt.[239] Der erwartete Verlust wird auch als Standardrisikokosten (SRK) bezeichnet und von den Banken (idealerweise) budgetiert und durch entsprechende Aufschläge auf Konditionen im Durchschnitt über alle kreditrisikobehafteten Positionen kompensiert. Er stellt somit einen Erwartungswert („costs of doing business“) dar[240], wäh-

---

[234] Vgl. Schierenbeck (2003b): S. 537f.

[235] Die Ausfallwahrscheinlichkeit bzw. Probability of Default (PD) lässt sich methodisch auf Basis von internen und externen Ratings sowie aus Marktdaten von Aktien- und Anleihekursen ermitteln. Vgl. Oehler/Unser (2002): S. 315, Timmermann (2004): S. 387, Hartmann-Wendels et al. (2007): S. 442ff.

[236] Im traditionellen Kreditgeschäft entspricht das Exposure at Default (EAD) den aktuell ausstehenden Forderungen zuzüglich voraussichtlich künftiger Inanspruchnahmen. Bei Derivaten ist das EAD durch den Marktwert und potentielle Wertsteigerungen bestimmt. Vgl. Timmermann (2004): S. 386, Hartmann-Wendels et al. (2007): S. 447f.

[237] Zur Bestimmung des Loss Given Default (LGD), der häufig auch in der Form von Recocery Rates Anwendung findet – wobei *LGD = 1 - Recovery Rate*, vgl. Hartmann-Wendels et al. (2007): S. 448ff. Vgl. außerdem Turnbull (2005): S. 69f.

[238] Der Portfolio-EL setzt sich additiv aus den EL der einzelnen Positionen zusammen. Vgl. Oehler/Unser (2002): S. 356.

[239] Vgl. Oehler/Unser (2002): S. 313ff., Overbeck (2005): S. 201ff., Hartmann-Wendels et al. (2007): S. 439, Jorion (2007): S. 454f. Zur Berücksichtigung von Zeiteffekten vgl. Oehler/Unser (2002): S. 354ff.

[240] Vgl. Oehler/Unser (2002): S. 313, Schierenbeck (2003a): S. 305ff., Bindert/Rauleder (2004): S. 608, Bielefeld/Maifarth (2005): S. 166.

rend das eigentliche Risiko als unerwartete negative Abweichung von diesem Erwartungswert verstanden wird.[241]

Zur Messung des Credit VaR werden dabei Ausfallentwicklungen und Bonitätsveränderungen v.a. in Abhängigkeit makroökonomischer Einflussgrößen modelliert.[242] Da einzelne Segmente (z.B. Branchen) unterschiedlich stark auf bestimmte makroökonomische Entwicklungen reagieren, lassen sich z.B. über segmentspezifische Migrationsmatrizen – ausgehend von der aktuellen Bonität – jeweils Migrations- bzw. Ausfallwahrscheinlichkeiten durch eine Vielzahl von Szenarien für makroökonomische Zustände darstellen. Mithilfe dieser Verteilungen lässt sich dann die Wahrscheinlichkeitsverteilung der Kreditrisikopositionswerte ermitteln. Neben der Berücksichtigung der makroökonomischen Einflussgrößen, deren Risikobeitrag zum Credit VaR als „systematisch" bezeichnet wird, kann durch die Modelle auch der „unsystematische" Teil des Credit VaR gemessen werden, der sich aus einer nicht vollständig diversifizierten Portfoliostruktur der Bank ergibt.[243] Durch die Berücksichtigung von Portfolioeffekten hängt der Credit VaR wesentlich von Konzentrationen innerhalb des Kreditportfolios ab.

Beim Kreditrisiko ist im Gegensatz zum Marktrisiko i.d.R. keine (Log-) Normalverteilung gegeben, sondern der Verteilungstyp weist eine asymmetrische, linksschiefe Form auf. Dies resultiert auf der einen Seite aus den ver-

---

241 Vgl. Oehler/Unser (2002): S. 208 und S. 338ff., Schierenbeck (2003b): S. 153, Bielefeld/Maifarth (2005): S. 166. Langfristig sollte sich der Durchschnitt der Ist-Risikokosten allerdings an die SRK anpassen, sonst muss ggf. die Berechnungsmethodik einer Überprüfung unterzogen werden. Allerdings ist im Falle der rechtsschiefen Verlustverteilung bei Kreditrisiken der Median kleiner als der Erwartungswert, sodass in der überwiegenden Anzahl der Jahre der tatsächliche Ausfall den statistisch kalkulierten Ausfall (SRK) unterschreiten sollte und in den restlichen Jahren deutlich darüber liegen dürfte. Vgl. Rau-Bredow (2002): S. 5.

242 Unterschieden werden kann bei der Messung des Kreditrisikos grundsätzlich in einen ausfallorientierten Ansatz, der Abweichungen von der erwarteten Ausfallwahrscheinlichkeit abbildet, und einen bonitätsorientierten Ansatz, der alle aus Bonitätsveränderungen resultierenden Wertänderungen berücksichtigt. Daneben bestehen weitere Klassifizierungs-merkmale, auf die an dieser Stelle nicht näher eingegangen werden soll. Vgl. zu Darstellungen, Vergleichen und Diskussionen der verschiedenen Kreditportfolio- bzw. -risikomodelle Bröker (2000), Crouhy et al. (2000), Wahrenburg/Niethen (2000), Bröker/Lehrbass (2001), Baule (2002): S. 25ff., Rau-Bredow (2002), Schierenbeck (2003b): S. 157ff., Runge (2004), Hartmann-Wendels et al. (2007): S. 479ff. Die bekanntesten Modelle sind CreditRisk+, CreditMetrics, CreditPortfolioView sowie Portfolio Manager, wobei die drei erstgenannten trotz unterschiedlichen Aufbaus und abweichender Herangehensweisen letztlich auf einem gemeinsamen Kern aufsetzen. Vgl. dazu Koyluoglu/Hickman (1998a), Koyluoglu/Hickman (1998b), Gordy (2000) sowie Baule (2002): S. 60ff.

243 Vgl. Schierenbeck (2003b): S. 156, Hartmann-Wendels et al. (2007): S. 447.

traglich vereinbarten Zinszahlungen, die einen festen Anspruch, jedoch keine Chance darstellen, und auf der anderen Seite aus der Möglichkeit des Ausfalls bzw. der unvollständigen Bedienung des Kredits.[244] Außerdem ist die Verteilung des Kreditrisikos häufig durch sog. Fat Tails charakterisiert, die aus Konzentrations- oder Klumpenrisiken resultieren. Während bei sehr granularen Portfolios (Retail, Kreditkarten) der EL für den größten Teil des Gesamtverlusts verantwortlich zeichnet, nehmen die Korrelationen bspw. bei Unternehmenskrediten eine viel größere Rolle ein.[245,246]

Zur Quantifizierung des Operational VaR wird neben recht pauschalen Ansätzen v.a. der Verlustverteilungsansatz verwendet.[247] Dabei werden Schadenhäufigkeits- und Schadenhöhenverteilungen aus internen bzw. externen Verlustdaten ermittelt, die als Basis für eine Simulation[248] dienen, woraus letztlich eine Gesamtschadenverteilung resultiert.[249] Die Problematik einer derartigen Messung liegt insbesondere darin, dass die zugrundegelegten Datenpunkte v.a. aus „High Frequency – Low Severity“-Ereignissen resultieren, aber gerade die dabei i.d.R. nicht erfassten „Low Frequency – High Severity“-Ereignisse eine existenzielle Bedrohung der Bank darstellen.[250] Wie bei der Messung des Kreditrisikos wird sowohl der erwartete[251] als auch der unerwartete Verlust er-

---

244 Vgl. Carey/Stulz (2005): S. 18.

245 Außerdem bestehen Interdependenzen zwischen Ausfallraten und Rückzahlungsquoten: „In the world of credit-risk, real estate-linked loans are a famous example of this: they are often secured with real estate collateral, which tends to lose value at exactly the same time that the default rate for property developers and owners rises. In this case, the 'recovery-rate risk' in any defaulted loan is itself closely correlated with the 'default-risk rate'. The two risk factors acting together can sometimes force losses abruptly skyward." Crouhy et al. (2006): S. 7f. Vgl. auch Rudolph (2005): S. 43.

246 Die Kreditrisikomessung gem. Basel II setzt ebenfalls auf den oben beschriebenen Risikoparametern PD, LGD und EAD auf, wobei durch vorgegebene Formeln ein analytischer Methodenkern verwendet wird. Im Unterschied zu den „ökonomischen“ Verfahren werden dabei Diversifikationseffekte nur in begrenztem Umfang v.a. über das sog. „Granularity Adjustment“ berücksichtigt. Branchenkorrelationen bspw. bleiben unberücksichtigt. Vgl. Basler Ausschuss für Bankenaufsicht (2004), Wilkens et al. (2001).

247 Vgl. Lammers (2005): S. 44ff., HypoVereinsbank (2007): S. 93, Jorion (2007): S. 497f. Vgl. zu weiteren Modellen zur Messung des operationellen Risikos auch Faisst/Kovacs (2002) m.w.N., Piaz (2002), Schierenbeck (2003b): S. 482ff.,

248 Dabei wird v.a. die Monte-Carlo-Simulation verwendet.

249 Vgl. Nguyen (2004), Timmermann (2004): S. 389f., Locarek-Junge/Büch (2006): S. 123ff., Hartmann-Wendels et al. (2007): S. 674f., Jorion (2007): S. 498ff.

250 Vgl. Crouhy et al. (2006): S. 335, Hartmann-Wendels et al. (2007): S. 666, Jorion (2007): S. 501f.

251 Für die erwarteten Verluste werden Rückstellungen gebildet. Vgl. Schierenbeck (2003b): S. 487.

mittelt.[252] Zur Quantifizierung des Geschäftsrisikos können Modelle eingesetzt werden, die Ertrags- und Kostenvolatilitäten heranziehen.[253] Das operationelle Risiko weist ebenfalls eine asymmetrische, linksschiefe Verteilung mit einer besonderen Betonung des Fat Tail auf.

Zusätzlich zu dieser isolierten Risikomessung pro Risikoart sollten zur vollständigen Risikoerfassung Abhängigkeiten zwischen den Risikoarten berücksichtigt werden, die über die jeweils modellierten Risikofaktoren hinausgehen. So kann z.B. für die Bank aus einer starken Marktpreisentwicklung neben dem primär relevanten Marktrisiko auch ein Kreditrisiko entstehen, wenn eine ebenfalls davon betroffene Gegenpartei ausfällt oder ihre Bonität sich verschlechtert. Außerdem können operationelle Risiken daraus resultieren, dass Systeme der Bank aufgrund der durch die Marktentwicklung induzierten hohen Handelsvolumina Schwächen aufweisen.[254] Eine vollständige Berücksichtigung aller Einflussfaktoren gestaltet sich jedoch als äußerst schwierig.

Aus diesem Grund wird auch zur Gesamtbankrisikomessung i.d.R. keine vollständige Modellierung aller Risikofaktoren in einem Ansatz praktiziert, sondern typischerweise auf den Teilwerten pro Risikoart aufgesetzt und eine Aggregation durch Annahmen über Korrelationen zwischen den einzelnen Risikoarten durchgeführt. Die Berücksichtigung der Interdependenzen zwischen den verschiedenen Risikoarten befindet sich jedoch noch in einem Anfangsstadium.[255] Insgesamt lässt sich aber feststellen, dass signifikante Ressourcen in die Risi-

---

252 Vgl. Jorion (2007): S. 492. Aus regulatorischer Perspektive (Basel II) wird zwischen Basisindikator-, Standard- und fortgeschrittenem Ansatz zur Messung von operationellen Risiken unterschieden, wobei sich die Methoden durch zunehmende Komplexität und Risikosensitivität charakterisieren lassen. Vgl. Basler Ausschuss für Bankenaufsicht (2004): S. 127ff. sowie zu einer kritischen Beurteilung, die auch auf die internen Risikomessverfahren zutrifft, Hartmann-Wendels et al. (2007): S. 666ff.

253 Vgl. Bindert/Rauleder (2004): S. 609, Knippschild (2005): S. 19f., HypoVereinsbank (2007): S. 97f.

254 Vgl. Oehler/Unser (2002): S. 405, Crouhy et al. (2006): S. 15.

255 Vgl. Oehler/Unser (2002): S. 153 und S. 405ff. m.w.N., KPMG (2003): S. 19f. Eine Verteilung über alle Risikoarten hinweg durch Kombination der jeweiligen Verteilungen lässt sich bspw. über Copulas erzielen. Vgl. dazu KPMG (2003): S. 10, Cech/Jeckle (2005): S. 14ff., Turnbull (2005): S. 81f. m.w.N., Beck et al. (2006), Jorion (2007): S. 207ff. und S. 521 sowie beispielhaft Rosenberg/Schuermann (2006). Vgl. außerdem Cherubini et al. (2004). Daneben existieren multifaktorielle Modelle. Vgl. dazu Alexander/Pézier (2003), Cech/Jeckle (2005): S. 12ff.

komessung alloziert werden und bei den führenden Banken ein Trend in Richtung Perfektionierung der Risikomessverfahren zu beobachten ist.[256]

#### 3.2.2.3 Bewertung der Risikotragfähigkeit

Um die gemessenen Risiken aus einer Risikotragfähigkeitsperspektive gesamthaft bewerten zu können, ist zunächst die Aggregation des Risikopotentials zu einem bankweiten VaR über die beschriebenen Risikoarten hinweg erforderlich.[257] Zudem ist es i.d.R. notwendig, die Risiken auf ein einheitliches Konfidenzniveau zu transformieren[258], das in Abhängigkeit vom angestrebten Zielrating als Gegenwahrscheinlichkeit für die Insolvenz der Bank festgelegt wird.[259] Außerdem ist die Skalierung auf einen einheitlichen Zeithorizont (i.d.R. 1 Jahr) erforderlich.[260]

---

256 Vgl. Schierenbeck (2003b): S. 505.

257 Vgl. Matten (2000): S. 150ff., Schierenbeck (2003b): S. 9ff., Nocco/Stulz (2006): S. 16f. Aus zusätzlichen Sicherheitsüberlegungen heraus findet z.T. lediglich bzw. ergänzend eine einfache Addition der Risikoarten ohne Berücksichtigung von Korrelationen statt. Auf die Problemfelder bei der Risikoaggregation, die v.a. die Kombination der verschiedenen Risikoarten betrifft, soll an dieser Stelle nicht weiter eingegangen werden. Problematisch bei der vollständigen Risikoerfassung und -aggregation ist zudem der Umgang mit Risiken, die bislang ausgeklammert waren, weil sie nicht bzw. nur sehr schwer messbar sind. Darunter sind v.a. sog. Soft Risks wie Reputationsrisiken zu subsumieren. Vgl. Crouhy et al. (2006): S. 21.

258 Dies ist bspw. für Marktrisiken erforderlich, die für andere Zwecke häufig auf Basis eines 99%-Konfidenzniveaus ermittelt werden. Vgl. Deutsche Bank (2007): S. 76, HypoVereinsbank (2007): S. 89.

259 Vgl. Zaik et al. (1996): S. 89, Matten (2000): S. 154f. und S. 201, Turnbull (2000): S. 328, Turnbull (2002): S. 215, KPMG (2003): S. 18f., Pfaff/Kühn (2005): S. 194ff., Hartmann-Wendels et al. (2007): S. 333, Jorion (2007): S. 406f. Das Konfidenzniveau wird i.d.R. aus Ausfallwahrscheinlichkeiten von Anleihen, die der Bonitätsklasse des angestrebten Zielratings der Bank entsprechen, hergeleitet. So entspricht bspw. ein AA-Rating einer einjährigen Solvenzwahrscheinlichkeit von 99,97%.

260 Dies ist ebenfalls v.a. für Marktrisiken relevant, für die zu Limitierungszwecken bzw. aus aufsichtsrechtlichen Anforderungen heraus ein Zeithorizont von einem bzw. zehn Tagen zugrunde gelegt wird. Vgl. Schierenbeck (2003b): S. 296. Die zeitliche Adjustierung erfolgt dabei i.d.R. über die Quadratwurzelregel. Auf Probleme bezüglich der Skalierung des Risikohorizonts je nach verwendetem Verfahren soll an dieser Stelle nicht weiter eingegangen werden. Vgl. zur Zeithorizontproblematik auch Kupiec (1999), Shen (2001).

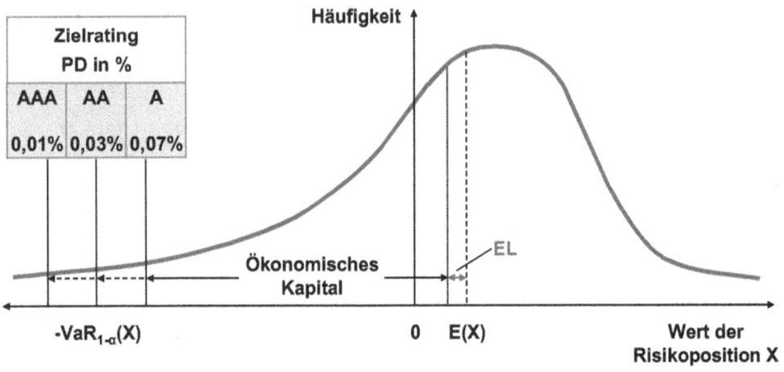


**Abbildung 2:** Ökonomisches Kapital in Abhängigkeit des Zielratings[261]

Für die weitere Analyse ergibt sich somit zusammenfassend, dass der VaR als Downside- bzw. Ausfallrisikomaß eine Gesamtrisikobetrachtung des Bankportfolios unter Berücksichtigung von Risikodiversifikationseffekten innerhalb dieses Portfolios mit dem Fokus auf die Sicherstellung der selbst angestrebten Solvabilität darstellt und in der Status quo-Betrachtung die Grundlage betriebswirtschaftlicher Entscheidungen bildet.[262]

Um vom Gesamt-VaR auf den unerwarteten Verlust der Gesamtbank zu gelangen, muss der bereits budgetierte erwartete Verlust[263] des Kredit- und operationellen Risikos vom VaR subtrahiert werden. Die Differenz stellt somit das Risikopotential der Gesamtbank dar. Zur Vermeidung einer finanziellen Anspannung oder gar Insolvenz ist ein Kapitalpuffer, der regelmäßig als ökonomisches Kapital bezeichnet wird, notwendig, um im Falle schlagend werdender Risiken unerwartet auftretende Verluste abzufedern.[264] Diesem

---

261 Quelle: Eigene Darstellung. Vgl. auch z.B. Oehler/Unser (2002): S. 344f., Schröck (2002): S. 151, Crouhy et al. (2006): S. 258.

262 Vgl. Pfaff/Kühn (2005): S. 192ff.

263 Wie oben dargestellt, ist dieser für Kredit- und operationelle Risiken relevant.

264 Vgl. Oehler/Unser (2002): S. 338ff., Rau-Bredow (2002): S. 3, Theiler/Schneider (2004): S. 3. Der Begriff „ökonomisches Kapital" rührt daher, dass die hier beschriebene Vorgehensweise eine auf internen Verfahren basierende Risikomessung im betriebswirtschaftlichen Sinne darstellt und

erforderlichen ökonomischen Kapital als kalkulatorischem Maß für das Risikopotential steht die tatsächlich vorhandene Risikodeckungsmasse der Bank, die im Wesentlichen aus Eigenkapital bzw. eigenkapitalähnlichen Bestandteilen zusammengesetzt ist, gegenüber.[265] Mithilfe des Risikotragfähigkeitskalküls wird dabei sichergestellt, dass die vorhandene Deckungsmasse immer mindestens so groß ist wie das als notwendig ermittelte Kapital.[266]

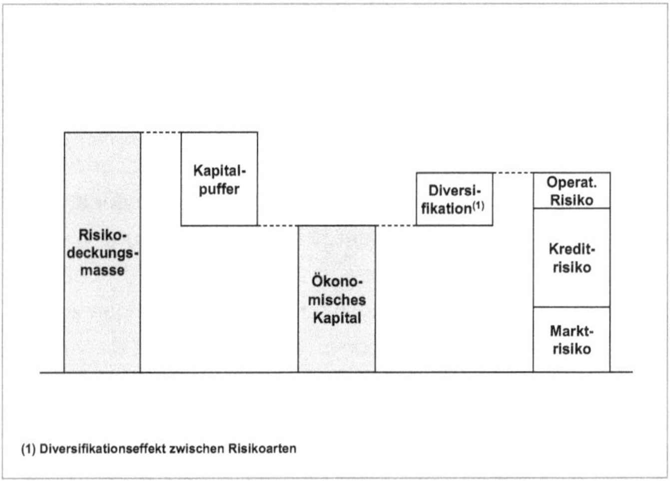


**Abbildung 3:** Ökonomisches Kapital und Risikodeckungsmasse[267]

Die Bestimmung des notwendigen ökonomischen Kapitals und die Bewertung der Risikotragfähigkeit stellen den Ausgangspunkt für die dezentrale Allokation des Risikokapitals dar.[268]

---

deshalb als „ökonomisch" bezeichnet wird. Die Begrifflichkeit wird v.a. gewählt, um von der nicht deckungsgleichen regulatorischen Perspektive und den damit verbundenen Unterlegungsvorschriften von regulatorischem Kapital zu differenzieren.

265 Vgl. Theiler/Schneider (2004): S. 3.

266 Ggf. muss die Risikotragfähigkeit(skapazität) über eine Erhöhung der Eigenkapitalausstattung gesteigert oder Risikopotential entsprechend verringert werden. Vgl. Schierenbeck (2003b): S. 14ff.

267 Quelle: Eigene Darstellung.

268 Die Begriffe „Risikokapital" und „ökonomisches Kapital" werden häufig synonym verwendet. Vgl. dazu Schröck (1997): S. 7, Schierenbeck (2003b): S. 21, Laeven/Goovaerts (2004): S. 2, Jorion (2007): S. 404.

### 3.2.3 Wertorientierte Rendite-/Risikosteuerung

#### 3.2.3.1 Risikokapitalbudgetierung als Steuerungsbasis

Die Kapitalallokation auf dezentrale Einheiten (v.a. Geschäftsbereiche) erfolgt ex ante aus Planungs- und Steuerungsgesichtspunkten und verfolgt dabei zum einen die Zielsetzung, den Risikoeingang dezentral zu limitieren[269], damit die Risikotragfähigkeit gesamthaft stets eingehalten wird, und zum anderen eine Risiko-/Ertragsperspektive, indem das knappe Kapital in die beste Verwendungsmöglichkeit gelenkt werden soll, wobei das Kapital die mit einem Mindestrenditeanspruch verknüpfte Verzinsungsgrundlage darstellt. Das für eine Planperiode dezentral zur Verfügung gestellte Kapital kann somit als Risikokapitalbudget bezeichnet werden, innerhalb dessen Rahmen dezentrale Entscheidungen frei getroffen werden können, wobei die übergeordneten Zielsetzungen der Risikobegrenzung und Risiko-/Ertragsoptimierung aus Wertmaximierungsgesichtspunkten gleichzeitig sichergestellt werden.[270] Neben dem aktuellen Risikoprofil und -kapitalbedarf sind zusätzlich die Planungen zur Geschäftsentwicklung der jeweiligen Planperiode zu berücksichtigen, die v.a. den Zu- und Abgang von risikobehafteten Geschäften und damit zukünftige Änderungen des Risikokapitalbedarfs berücksichtigen müssen. Zudem sollte ein gewisser Grad an Flexibilität eingeräumt werden.[271] Aus einer ex post-Sicht ist das allozierte Kapital Basis für die Performancemessung, auf die in Abschnitt 3.2.5 eingegangen wird. In den folgenden beiden Abschnitten wird zunächst dargestellt, welche Kapitalbasis als Risikodeckungsmasse und zur Allokation zur Verfügung steht und wie die Kapitalbudgetierung v.a. aus wertorientierten Gesichtspunkten erfolgt.

---

[269] I.d.R. erfolgt dies über VaR-Limite und Stress-Limite für Extremszenarien.

[270] Vgl. Albrecht/Koryciorz (2003): S. 1f., Schierenbeck (2003b): S. 7 und S. 505ff., Scherpereel (2005): S. 93 m.w.N., Hortmann/Seide (2006): S. 301, Commerzbank (2007): S. 76, Dresdner Bank (2007): S. 45ff., Rudolph et al. (2007): S. 173ff.

[271] Vgl. Bessis (2002): S. 59, Schierenbeck (2003b): S. 545.

#### 3.2.3.1.1 *Kapitaldimensionen*

Wie oben beschrieben, stellt das ökonomische Kapital den minimal notwendigen Verlustpuffer zur Verhinderung der Insolvenz mit einer vorgegebenen Wahrscheinlichkeit dar. Da es sich hierbei um eine rein rechnerische, fiktive Bedarfsgröße handelt, ist zunächst die Frage zu beantworten, welche tatsächlichen Mittel als Bestand zur Risikoabdeckung eingesetzt werden können. Da mehrere Kapitaldimensionen existieren, soll als Erstes eine Abgrenzung erfolgen und grundsätzlich bewertet werden, welche Kapitalbestandteile als Risikodeckungsmasse genutzt werden können:[272]

- Bilanzielles Eigenkapital (Buchwert des Eigenkapitals)

  Das im Konzernabschluss ausgewiesene Eigenkapital als Saldogröße aus Bilanzvermögen und -verbindlichkeiten, das sich aus gezeichnetem Kapital[273], Kapitalrücklage, Gewinnrücklage und Reingewinn ergibt, stellt das bilanzielle Kapital bzw. Buchkapital dar.[274]

- Substanzwert des Eigenkapitals

  Der Substanzwert bzw. Reinvermögenswert des Eigenkapitals unterscheidet sich vom Buchwert des Eigenkapitals durch die stillen Reserven, die sich aus den jeweiligen Differenzen von Markt- und Buchwerten von Bilanzpositionen und positiven Marktwerten von außerbilanziellen Positionen ergeben.[275]

---

[272] Z.T. werden die Begriffe „Risikokapital" und „ökonomisches Kapital" auch im Zusammenhang mit dem vorhandenen Kapital zur Risikodeckung verwendet und zwischen notwendigem und vorhandenem Risiko- bzw. ökonomischem Kapital differenziert. Diese Sichtweise soll aus Gründen der Klarheit hier nicht verfolgt werden, sondern Risiko- bzw. ökonomisches Kapital jeweils ausschließlich den Kapitalbedarf und die Risikodeckungsmasse die vorhandenen Eigenmittel bzw. -kapitalien widerspiegeln.

[273] Allgemein Grundkapital bzw. rechtsformspezifisches Äquivalent.

[274] Vgl. Schierenbeck (2003b): S. 22. Eine Differenzierung und tiefergehende Darstellung nach unterschiedlichen Bilanzierungsvorschriften (HGB, IFRS, US-GAAP) soll hier nicht erfolgen. Vgl. z.B. Hortmann/Seide (2006): S. 320f.

[275] Vgl. Hörter (1998): S. 63f., Hortmann/Seide (2006): S. 309ff.

- Aufsichtsrechtlich anerkannte Eigenmittel

  Die Zusammensetzung der aufsichtsrechtlich anerkannten Eigenmittel ist gesetzlich geregelt[276] und lässt sich in Kern- und Ergänzungskapital sowie Drittrangmittel differenzieren.[277] Das Kernkapital setzt sich i.W. aus dem bilanziellen Eigenkapital zusammen.[278] Das Ergänzungskapital besteht hingegen aus Positionen mit geringerer Haftungsqualität, wie z.B. Vorsorge-[279] und Neubewertungsreserven[280], Sonderposten mit Rücklageanteil bezüglich Immobilien[281], Genussrechtskapital (Ergänzungskapital Klasse 1) sowie längerfristigen nachrangigen Verbindlichkeiten (Ergänzungskapital Klasse 2) und wird maximal bis zur Höhe des Kernkapitals anerkannt.[282] Drittrangmittel (Nettogewinne des Handelsbuches, kurzfristige nachrangige Verbindlichkeiten und ggf. gekapptes Ergänzungskapital) haben die geringste Haftungsqualität der Eigenmittelkomponenten und werden ebenfalls nur in bestimmter Höhe[283] und ausschließlich zur Unterlegung von Marktrisikopositionen anerkannt.[284]

- Marktwert bzw. -preis des Eigenkapitals[285]

  Der Marktwert des Eigenkapitals ergibt sich als Börsenwert des Eigenkapitals aus der Multiplikation der Aktienanzahl mit dem aktuellen Kurs. Der Marktwert reflektiert dabei, wie in Kapitel 2 dargestellt, die Markterwartungen zukünftiger Zahlungsströme und das inhärente Risiko über

---

276 Bspw. in Deutschland durch § 10 Abs. 2-7 KWG.

277 Vgl. Schierenbeck (2003b): S. 22f. Auch als Tier 1-, Tier 2- und Tier 3-Kapital bezeichnet.

278 Zusätzlich werden hier die offenen Reserven, z.B. der Sonderposten für allgemeine Bankrisiken (§ 340g HGB), anerkannt. Vgl. zur vollständigen Auflistung der Kernkapitalkomponenten § 10 Abs. 2a KWG.

279 § 340f HGB.

280 Die Bemessung der Neubewertungsreserven ist auf marktgängige Wertpapiere und Beleihungswerte bei Grundstücken, grundstücksgleichen Rechten und Gebäuden bezogen und unterliegt aus Sicherheitsgründen weiteren Beschränkungen in der Wertermittlung.

281 Nur in Höhe von 45% als Ergänzungskapital anerkannt.

282 Im Hinblick auf die unterschiedliche Haftungsqualität wird die Klasse 2 darüber hinaus maximal zu 50% des Kernkapitals anerkannt.

283 Bis zu 250% des freien Kernkapitals.

284 Zu den Abzugsposten in der Eigenmittelanrechnung vgl. Schierenbeck (2003b): S. 28f.

285 Vgl. zur Differenzierung zwischen Marktwert und Marktpreis Abschnitt 4.2.1.

eine entsprechende Diskontierung. Im Gegensatz zum Substanzwert geht hier auch der Zukunftserfolgswert ein.

Zur Vermeidung bzw. Minimierung von negativen Publizitätswirkungen werden die Kapitalbestandteile zur Deckung von Verlusten i.d.R. in folgender Reihenfolge gestaffelt:[286]

| Stufen der Risikodeckungsmasse | Bestandteile |
|---|---|
| 1 | • Rückstellungen/kalkulierte SRK für EL |
| 2 | • Stille Reserven |
| 3 | • Gewinn<br>• Sonderposten für allgemeine Bankrisiken |
| 4 | • Offene Reserven<br>• Gezeichnetes Kapital |
| 5 | • Ergänzungskapital Klasse I und II (ohne stille Reserven)<br>• Drittrangmittel |

**Abbildung 4:** Stufen und Bestandteile der Risikodeckungsmasse[287]

Bezogen auf die oben beschriebenen Kapitaldimensionen zeigt sich im Hinblick auf die in Abschnitt 3.2.2 beschriebene ökonomische Betrachtungsweise, dass grundsätzlich in erster Linie der Substanzwert als bilanzielles Eigenkapital zuzüglich stiller Reserven bzw. Vorsorge- und Neubewertungsreserven als Risikodeckungsmasse für unerwartete Verluste dienen kann, ohne dass eine Überschuldung bzw. Insolvenz eintritt. Die weiteren Positionen des Ergänzungskapitals müssen sich zwar über wesentliche Eigenschaften von Eigenfinanzierungstiteln qualifizieren[288] und spielen so z.B. durch die nachrangige Bedienung dieser Forderungen im Insolvenzfall eine besondere Rolle, zur Vermeidung einer Insolvenz im Sinne des dargestellten ökonomischen Risikotrag-

286 Vgl. Schierenbeck (2003b): S. 30f.

287 Vgl. Schierenbeck (2003b): S. 31.

288 Vgl. Hartmann-Wendels et al. (2007): S. 406f.

fähigkeitskalküls scheinen diese Eigenmittelkomponenten allerdings ebenso wie die Drittrangmittel nur eingeschränkt verwendbar.[289]

Nicht als Risikodeckungsmasse verwendbar ist der – i.d.R. höhere – Marktwert/-preis des Eigenkapitals, da der Bank dieses Kapital nicht zur Verlustabdeckung zur Verfügung steht bzw. dieses, wenn in einer Krisensituation erforderlich, typischerweise eine andere Größenordnung annimmt.[290]

In der Praxis ist die Risikodeckungsmasse aufgrund von Going Concern-Zielsetzungen, nichtquantifizierbaren Risiken und Modellunsicherheiten bei der Risikomessung regelmäßig höher als das erforderliche ökonomische Kapital.[291] Für die Kapitalallokation und Steuerung ergibt sich in der praktischen Umsetzung das Problem, wie mit dem zusätzlichen Sicherheitspuffer aus der Differenz von Risikodeckungsmasse und erforderlichem ökonomischen Kapital (Überdeckung) umgegangen wird[292], da der gesamte Ergebnisanspruch der Bank aus dem allozierten Risikokapital erwirtschaftet werden muss.[293] Dabei reicht das Spektrum von einer Nichtberücksichtigung dieses Puffers bis zur vorherrschenden Skalierung des ökonomischen Kapitals an das bilanzielle Eigenkapital oder an die gesamten Eigenmittel über einen Koeffizienten von Risikokapital (auf Limitbasis) und Eigenkapital (Risiko-Eigenkapital-Koeffizient [REK]).[294] Bei sehr starkem Kapitalüberhang wird dann häufig von einer Un-

---

289 Inwieweit zusätzliche Bestandteile aus aufsichtsrechtlich anerkannten Eigenmitteln, die Fremdkapital darstellen, genutzt werden können, soll hier nicht abschließend diskutiert werden.

290 Vgl. Schierenbeck (2003b): S. 30.

291 Die Commerzbank gibt dabei als Zielsetzung aus, unerwartete Verluste „ohne schwerwiegende Auswirkungen auf die Geschäftstätigkeit" abdecken zu können, und gibt u.a. einen Mindestpuffer von 20% auf das ohne Diversifikationseffekte zwischen den Risikoarten ermittelte ökonomische Kapital vor. Vgl. Commerzbank (2007): S. 77f. Vgl. außerdem Dresdner Bank (2007): S. 46, HypoVereinsbank (2007): S. 75.

292 Zudem wird häufig auch noch strategisches Risikokapital alloziert, das v.a. Goodwillkomponenten beinhaltet. „Current practice is to measure strategic risk capital as the sum of burned-out capital and goodwill. It should be viewed as an allocation of capital to account for the risk of strategic failure of recent acquisitions or other strategic initiatives built organically. This capital is mortised over time as the risk of strategic failure dissipates." Crouhy et al. (2006): S. 370. Dabei wird hier zwischen Risikokapital und ökonomischem Kapital unterschieden, wobei Letzteres als Risikokapital plus strategisches Risikokapital definiert ist. Vgl. dazu auch Deutsche Bank (2007): S. 57. Für die weitere Arbeit werden die Begriffe „Risiko-" und „ökonomisches Kapital" synonym verwendet.

293 Vgl. Schierenbeck (2003b): S. 508.

294 Vgl. Schierenbeck (2003b): S. 510. Vgl. auch Bessis (2002): S. 676f., Lange (2005): S. 119f. Der Koeffizient erfährt häufig andere Benennungen. So bezeichnet die Deutsche Bank diesen als Economic Capital Allocation Factor (ECAF). Vgl. Ricken (2006): S. 49. Aus einer Risiko-

terauslastung der Ressource Eigenkapital und einer Verwässerung der Rendite gesprochen, weshalb teilweise eine veränderte Ausschüttungspolitik vorgenommen wird und bspw. Aktienrückkäufe getätigt werden.[295] Problematisch scheint zudem die häufig propagierte Forderung, dass bei der Kapitalallokation auf ökonomischer Kapitalbasis das gesamte Eigenkapital auf die einzelnen Geschäftsbereiche verteilt werden sollte.[296] Daraus resultiert jedoch ein Anreizproblem, das Risikopotential vollständig auszunutzen und dabei u.U. Geschäfte abzuschließen, die keinen Wertbeitrag liefern.[297]

Wie oben aufgezeigt, dient ausgehend von der Gesamtrisikobetrachtung und der Zielsetzung der Insolvenzvermeidung der Bank das im Wesentlichen durch die Aktionäre zur Verfügung gestellte Eigenkapital[298] als Basis für die Kapitalbudgetierung.[299] Im vorliegenden Kontext steht das auf der Grundlage bankinterner Risikomodelle ermittelte Risikopotential im Vordergrund, sodass für die konkrete Allokation das ermittelte ökonomische Kapital/Risikokapital die Kapitalsteuerungsgrundlage bildet.[300]

---

/Renditeperspektive stellt häufig das bilanzielle Eigenkapital die Grundlage für die Kapitalallokation, wobei das Eigenkapital anhand der ökonomischen Risiken (ökonomisches Kapital) alloziert wird. Vgl. Bindert/Rauleder (2004): S. 611, Monet (2001).

295 „Das Vorhalten von bilanziellem Eigenkapital über das erforderliche ökonomische Kapital hinaus ist unproduktiv, wenn es nicht für strategische Zwecke, z.B. der Vorbereitung einer Akquisition aufgebaut wird. Langfristig vorhandenes, überschüssiges Eigenkapital sollte an den Aktionär zurückgegeben werden." Bindert/Rauleder (2004): S. 611. Vgl. auch ähnlich dazu Hörter (1998): S. 260ff., Matten (2000): S. 66f. und S. 282, Jorion (2007): S. 417 sowie zu diesbezüglichen Beobachtungen bei Finanzpraktikern Drobetz et al. (2006): S. 277. So wird bspw. Aktienrückkäufen ein eigener Wertbeitrag zugesprochen, indem über eine Verringerung der Eigenkapitalbasis u.a. eine Erhöhung der Eigenkapitalrendite bzw. des Gewinn pro Aktie (EPS) erreicht wird. Vgl. z.B. Hörter (1998): S. 266ff., Bindert/Rauleder (2004): S. 613f. sowie Volkart (1998). Vgl. außerdem Abschnitt 4.2.3.2.

296 Vgl. dazu Gründl/Schmeiser (2002): S. 798 m.w.N., Milne/Onorato (2004): S. 11.

297 Dabei wird „implizit unterstellt, eine risikoadäquate Verzinsung einer ggf. positiven Differenz zwischen dem tatsächlich vorhandenen Eigenkapital und einem Value-at-Risk-Eigenkapital sei nicht möglich. Konsequenterweise muss man dann aber auch z.B. fordern, das ‚überflüssige' Kapital an die Aktionäre zurückzugeben." Gründl/Schmeiser (2002): S. 802.

298 Im Folgenden wird zunächst davon abstrahiert, dass auch eigenkapitalähnliche und Fremdkapitalgrößen als Risikodeckungsmasse dienen können.

299 Vgl. Milne/Onorato (2004): S. 18, Turnbull (2002): S. 224f.

300 Vgl. Faust (2002): S. 151, Bindert/Rauleder (2004): S. 608, Pfaff/Kühn (2005): S. 200.

#### 3.2.3.1.2 *Risikokapitalbudgetierung*

Wie bereits angedeutet[301], verfolgt die Kapitalbudgetierung als ex ante-Risikokapitalallokation mit der Risikobegrenzung und Risiko-/Ertragssteuerung zwei Zielsetzungen. Zunächst soll die dezentrale Limitierung von Risikokapital eine Risikobegrenzung auf Geschäftsbereichsebene sowie weiteren möglichen Ebenen[302] im Einklang mit dem Risikotragfähigkeitskalkül sicherstellen, damit einzelne Risiken bzw. in Kombination mit anderen Risiken keine Existenzgefährdung für die Bank darstellen.[303] Darüber hinaus wird durch die Verbindung von alloziertem Kapital mit Überschussgrößen und Ergebnisansprüchen eine wertorientierte Sichtweise eingenommen, indem die „knappe und teure", von den Aktionären zur Verfügung gestellte Ressource Kapital in die beste Verwendungsmöglichkeit (d.h. höchster Ertrag pro Einheit Risikokapital) alloziert werden soll.[304] Da das ermittelte Risikopotential als unerwarteter Verlust alle[305] die individuelle Bank betreffenden Risiken berücksichtigt, stellt folglich auch das entsprechende, zu allozierende Risiko- bzw. ökonomische Kapital eine Gesamtrisikobetrachtung dar. Durch die Verbindung mit einer Ergebnisgröße erfolgt somit im Rahmen von Renditeberechnungen auf Basis des ökonomischen Kapitals eine Risikoadjustierung. Diese als Risk-Adjusted

---

301 Vgl. Abschnitt 3.2.3.1.

302 Alle Ebenen bzw. Risikoträger, an denen Risiken festgemacht werden können, z.B. Organisationseinheiten, Risikoarten, Regionen, Händler, Produkte, Kunden etc. Vgl. Zaik et al. (1996): S. 84, Schröck (1997): S. 7, Bessis (2002): S. 58f., Scherpereel (2005): S. 114, Hortmann/Seide (2006): S. 306, Rudolph et al. (2007): S. 173f.

303 Vgl. zur Risikolimitierung Dresel et al. (2000), Bessis (2002): S. 58f., Oehler/Unser (2002): S. 181ff., Schierenbeck (2003b): S. 39ff. und 345ff.

304 Vgl. Matten (2000): S. 322ff., Schierenbeck (2003b) S. 506f., Stoughton/Zechner (2004), Pfaff/Kühn (2005): S. 200, Rudolph (2005): S. 46, Hortmann/Seide (2006): S. 306. Grundsätzlich besteht kein Zielkonflikt zwischen der ökonomischen Kapitalallokation in die rentabelste Verwendung und der Erfüllung der Risikotragfähigkeitsbedingung. Werden jedoch diskretionäre Limite für bestimmte Segmente etc. vorgegeben, ergibt sich für die Risiko-/Ertragsperspektive eine Optimierung unter Nebenbedingungen, die dadurch nicht marktwertmaximal ausfallen wird. Vgl. auch Bessis (2002): S. 718. Eine weitere Nebenbedingung in diesem Zusammenhang stellen die regulatorischen Anforderungen dar.

305 Sofern identifizierbar und quantifizierbar.

Performance Measures (RAPM)[306] bezeichneten Renditegrößen spielen in der wissenschaftlichen und praktischen Diskussion eine zentrale Rolle.[307]

Die beiden am häufigsten verwendeten RAPM sind RORAC (Return on Risk Adjusted Capital) und RAROC (Risk Adjusted Return on Capital) Dabei ergibt sich der RORAC als Quotient aus dem Nettoergebnis[308] nach Refinanzierungs- und Betriebskosten sowie erwarteten Verlusten und dem allozierten ökonomischen Kapital (ÖK):[309]

$$RORAC = \frac{Nettoergebnis}{ÖK}. \tag{3.3}$$

Beim RAROC wird zusätzlich der Zähler um den Mindestrenditeanspruch (Hurdle Rate) auf das Kapital risikoadjustiert:

$$RAROC = \frac{Nettoergebnis - HurdleRate \cdot ÖK}{ÖK}.^{310} \tag{3.4}$$

Den RAPM-Kennzahlen liegt das Konzept relativer Deckungsspannen mit der knappen Ressource Eigenkapital als Engpassfaktor zugrunde.[311] Sie ermögli-

---

306 Der Begriff wird erstmals durch Reyniers (1991a), Reyniers (1991b) verwendtet. Vgl. auch Schröck (1997): S. 1.

307 Vgl. Milne/Onorato (2004): S. 17ff., Lange (2005): S. 117ff., Milne/Onorato (2006): S. 2 m.w.N., Wilkens et al. (2006): S. 130, Hartmann-Wendels et al. (2007): S. 341. Vgl. auch Lehar et al. (1998a), Lehar et al. (1998b). Die risikoadjustierten Renditegrößen sind im Vergleich zu den nicht-risikoadjustierten Eigenkapitalrenditen in den Vordergrund gerückt. Je nach Forschrittsgrad in der Messung des ökonomischen Kapitals existieren ersatzweise Renditegrößen auf Basis des regulatorischen Kapitalverbrauchs. So wird bspw. bei der Commerzbank der RORAC bis einschließlich 2008 auf Basis des Basel II-Kapitals berechnet Vgl. Commerzbank (2007): S. 77 sowie Milne/Onorato (2004): S. 12. Teilweise werden diese Renditegrößen auch als zweites Maß zusätzlich zu den RAPM berechnet. Vgl. Jameson (2001): S. 1ff.

308 Da die Kapitalallokation i.d.R. kalkulatorisch erfolgt und das Eigenkapital in eine risikofreie Anlage investiert wird, erhöht sich das Ergebnis um die entsprechend zurückfließenden Zinserträge aus dem Anlagenutzen (Capital Benefit). Vgl. Jameson (2001): S. 1, Oehler/Unser (2002): S. 339, Turnbull (2002): S. 221f.

309 Dabei werden unterschiedliche Begrifflichkeiten für die RAPM in Theorie und Praxis verwendet, wobei z.T. von der gleichen Bedeutung ausgegangen wird, jedoch auch unterschiedliche Zusammensetzungen von Nenner und Zähler verwendet werden. Vgl. dazu Ong (1999): S. 218ff., Saunders (1999): S. 151ff., Anders (2000), Pfaff/Kühn (2005): S. 200f.

310 Die Hurdle Rate stellt dabei eine i.d.R. auf CAPM-Basis abgeleitete Marktrendite des Risikos als Mindestverzinsungsanspruch dar. Theoretisch müsste die korrekte Bezeichnung für diese Kennziffer RARORAC lauten. Vgl. Schierenbeck (2003b): S. 48, Hartmann-Wendels et al. (2007): S. 345, Jorion (2007): S. 416.

chen zum einen relative (Vorteilhaftigkeits-)Vergleiche verschiedener Unternehmensbereiche und -aktivitäten mit unterschiedlichem Risikogehalt bezüglich des erzielten bzw. zu erwartenden Ergebnisses und können somit zur Geschäftsbereichssteuerung, zum Pricing sowie als Grundlage für strategische Portfolioentscheidungen/-optimierungen im Hinblick auf Investitionen und Desinvestitionen eingesetzt werden.[312] Da der Nenner jeweils relativ zum Gesamtbankrisiko risikoadjustiert wird, sind alle Positionen normiert („common currency of risk across an enterprise“[313]) und über ihre Renditegrößen vergleichbar.[314]

Darüber hinaus wird angenommen, dass der Shareholder Value bei Anwendung der RAPM als Steuerungsgröße gesteigert wird, wenn Geschäftsbereiche ausgebaut bzw. Einzelgeschäfte durchgeführt werden, deren RAROC positiv ist bzw. deren RORAC über den kalkulatorischen Kosten des allozierten Kapitals liegt et vice versa.[315] Dieses Vorgehen soll sicherstellen, dass „die Renditeansprüche der Kapitalgeber in Zukunft erreicht und mit möglichst geringen Risiken realisiert werden können bzw. die übernommenen Risiken mit einem maximalen Wertzuwachs für die Eigentümer verbunden sind.“[316] Diese opportunitätskostenorientierte Steuerungslogik auf Basis von (Mindest-) Ergebnisansprüchen setzt sich pyramidenförmig von der Gesamtbankebene auf die Geschäftsbereiche und Einzelgeschäfte fort. Der Vergleich der risiko-

---

311 Vgl. Hartmann-Wendels et al. (2007): S. 342f., Hallerbach (2004): S. 436ff. „From our informal but extensive discussion with practitioners in London, it appears that RAROC performance measures have proved to be so popular because they fit well with the way practical bankers think about their day to day business operations. Bank managements are used to imposed constraints on funding across an institution. Enforcing such constraints is a standard part of asset and liability management, funds are rationed by requiring business units to earn an appropriate internal cost for these funds. It requires relatively little adjustment to think about risk in the same way, assuming there is some limited amount of 'risk capital' to be spread around the institution and cover all risks being taken; and charging business units an appropriate return on this risk-capital. This analogy makes RAROC type measures particularly easy to communicate at board level.“ Milne/Onorato (2004): S. 3.

312 Vgl. Schröck (1997): S. 165, Deutsche Bundesbank (2002): S. 51, Hallerbach (2004): S. 436ff., Lange (2005): S. 117ff., Scherpereel (2005): S. 69, Tillmann (2006): S. 5, Wilkens et al. (2006): S. 130ff., Jorion (2007): S. 407 und S. 416. Vgl. auch KPMG (2003).

313 Jameson (2001): S. 2

314 Vgl. Oehler/Unser (2002): S. 363, Schierenbeck (2003b): S. 44, Commerzbank (2007): S. 95, Hartmann-Wendels et al. (2007): S. 344.

315 Vgl. Ong (1999): S. 226f., Kinder et al. (2001): S. 285, Oehler/Unser (2002): S. 363ff., Milne/Onorato (2004): S. 18, Bielefeld/Maifarth (2005): S. 167, Crouhy et al. (2006): S. 377.

316 Rudolph (2005): S. 46. Vgl. ähnlich Jorion (2007): S. ixf.

adjustierten Renditegrößen mit den Mindestrenditevorgaben dient somit als Entscheidungskriterium und ermöglicht zielkonforme Entscheidungen auf dezentraler Ebene.[317] Neben der Verwendung als ex ante-Steuerungsgrößen werden die RAPM auch ex post zur Ergebnisbeurteilung[318] genutzt.[319] Darüber hinaus dienen sie ex interim zur Bewertung von Risikotransfers v.a. im Kreditrisikobereich[320] sowie bei der Beurteilung von Diversifikationsstrategien[321].[322] Der Kapitalallokationsprozess soll damit u.a. Transparenz über die Wertschaffung bringen[323] und über seine Anwendung zu zusätzlicher Wertschaffung beitragen.[324]

Alternativ zur Renditedarstellung kann die risikoadjustierte Performance auch absolut als Residualgewinngröße durch den EVA ausgedrückt werden, indem der RAROC mit dem allozierten ökonomischen Kapital multipliziert wird:[325]

---

[317] Vgl. Pfaff/Kühn (2005): S. 200ff. Während RORAC und RAROC als Vergleichskriterien und zur Steuerung für Bereiche und Segmente bei Banken weitgehend Verwendung finden, ergibt sich auf Einzelgeschäftsebene ein differenziertes Bild. Typischerweise wird in der Preiskalkulation für Kredite ein Mindest-RORAC angestrebt bzw. werden – äquivalent dazu – in der Kalkulation Kapitalkosten für das jeweils erforderliche ökonomische Kapital in Rechnung gestellt. Z.T. erfolgt jedoch bei Krediten eine marktorientierte Bewertung, die individuell, ohne Berücksichtigung des gehaltenen Portfolios (wie bei den RAPM) auf Basis von Sekundärmarktpreisen (v.a. Credit Default Swap-Spreads) oder vergleichbaren modellgestützten Berechnungsverfahren vorgenommen wird. Während dieses Vorgehen bei Kreditgeschäften nur in Teilsegmenten von Bedeutung ist, wird v.a. im Bereich der marktgehandelten Anlageklassen wie Aktien, Anleihen, Derivate etc. auf marktorientierte Verfahren gesetzt und keine risikoadjustierten Größen aus dem Portfoliokontext als Mindestvorgaben kalkuliert. Allerdings ergibt sich dadurch die Problematik, dass auf aggregierter Ebene, wo ein Vergleich zu anderen Teileinheiten über die Verzinsung des Risikokapitals erfolgt, eben dieses risikoadjustierte (Riskomanagement-)Kriterium anstelle des Marktpreiskriteriums wieder eine Rolle spielt. Vgl. Wahrenburg/De Mello (1993): S. 20ff., Schröck (1997): S. 155f., Hartmann-Wendels (1998), Jameson (2001): S. 3ff., Wald (2002): S. 81f., Mercer Oliver Wyman (2004): S. 5, Lange (2005): S. 120ff., Norden (2005): S. 10 m.w.N., Reichardt (2006): S. 237ff., Hartmann-Wendels et al. (2007): S. 323, Jorion (2007): S. 278, Rudolph et al. (2007): S. 176f. sowie Abschnitt 3.2.3.2.2.

[318] Vgl. dazu Abschnitt 3.2.4.

[319] Vgl. Jovic (1999): S. 164, Oehler/Unser (2002): S. 365, Rudolph (2005): S. 46f.

[320] Vgl. 3.2.3.2.3.

[321] Vgl. 3.2.3.2.4.

[322] Vgl. Oehler/Unser (2002): S. 365.

[323] Vgl. Bindert/Rauleder (2004): S. 615.

[324] Vgl. Jorion (2007): S. 419 sowie Deutsche Bank (2007): S. 86.

[325] Vgl. Jorion (2007): S. 416f. sowie Schröck (1997): S. 154, Bielefeld/Maifarth (2005): S. 174f., Lange (2005): S. 118. Der EVA stellt somit genau den Zähler des RAROC dar. In der Berechnung für Banken können die Fremdkapitalkosten dabei separat von den Eigenkapitalkosten betrachtet werden und gehen nicht in die Hurdle Rate ein. Auf weitere Detailunterschiede soll an dieser Stel-

$$EVA = Nettoergebnis - ÖK \cdot Hurdle\,Rate\,. \quad (3.5)$$

Wertschaffung wird dann impliziert, wenn der EVA einen positiven Wert annimmt, d.h. das Nettoergebnis größer als die absolute Renditeforderung der Aktionäre für die Übernahme des Risikos ist, das durch das allozierte ökonomische Kapital repräsentiert wird.[326]

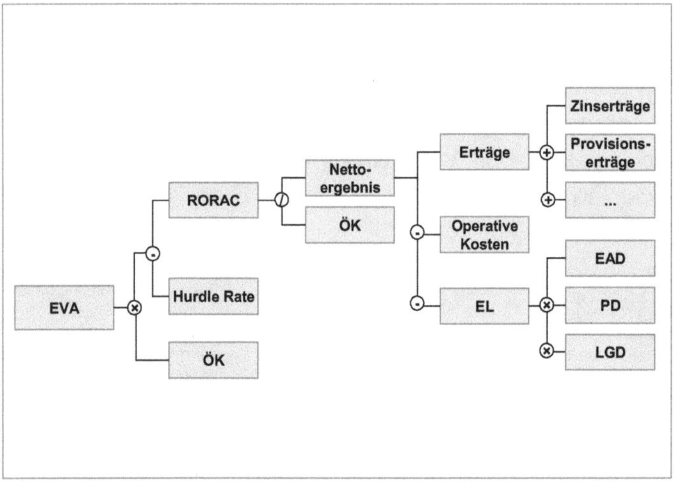


**Abbildung 5:** EVA-Berechnungsschema auf RORAC-Basis[327]

In der gegenwärtigen Bankensteuerung werden – der Logik der RAPM-Ansätze folgend – i.d.R. auf Segment- und Einzelgeschäftsebene einheitliche Eigenkapitalkosten bzw. Hurdle Rates[328] verwendet, die den Kapitalkosten der

---

le nicht eingegangen werden. Die Begriffe „EVA", „Economic Profit" oder auch „Added Value" bzw. „Value Added" werden in diesem Zusammenhang synonym verwendet.

326 Vgl. Hartmann-Wendels et al. (2007): S. 345. So wird bspw. bei der Deutschen Bank der Wertbeitrag eines Geschäftsbereichs aus dem Vorsteuergewinn abzüglich des Produkts aus Vorsteuerkapitalkosten und alloziertem (bereinigten) Buchkapital berechnet. Vgl. dazu Bindert/Rauleder (2004): S. 615, Ricken (2006): 48f.

327 Quelle: Eigene Darstellung.

328 Statt Hurdle Rate oder Eigenkapitalkosten findet häufig auch der Begriff „Zielrendite" Verwendung. Vgl. z.B. Oehler/Unser (2002): S. 363, Schierenbeck (2003b): S. 43ff. Offensichtlich ist dieser Begriff jedoch irreführend, da er einen zu erreichenden Zielwert expliziert, jedoch logisch im Sinne der Wertmaximierung nur ein Mindestwert als Renditeforderung anzusetzen sein kann.

Gesamtbank entsprechen.[329] Als Begründung wird angeführt, dass durch die verursachungsbezogene Berechnung des erforderlichen Risikokapitals als Verteilungsgrundlage bereits die notwendige Risikoadjustierung erfolgt ist und die Risiken – wie oben beschrieben – „gleichnamig" gemacht worden sind. Dabei dient ein einheitliches Zielrating bzw. eine einheitliche Ausfallwahrscheinlichkeit als Kalibrierung.[330] Diese Sichtweise verfolgend erübrigt sich eine Kalkulation von individuellen Beta-Faktoren und Kapitalkosten.[331]

Das Risikokapital wird den Geschäftsbereichen in regelmäßigen Abständen zugewiesen.[332] Dabei kann aus organisatorischer Sicht zwischen hierarchischer Top-Down-Allokation, Verhandlungslösungen sowie internen Marktmechanismen unterschieden werden.[333] Die Allokation des Gesamtrisikopotenti-

---

[329] Vgl. Wilson (2003): S. 79. In Bezug auf die praktische Anwendung wird dies durch eine Umfrage von *Oliver Wyman* bei mehr als 50 Finanzinstitutionen gestützt. Dabei antworteten über 60% der Befragten, dass keine bzw. eine sehr geringere Differenzierung der Kapitalkosten erfolgt. Lediglich 25% der Befragten differenzieren Kapitalkosten (starke Differenzierung). Vgl. Oliver Wyman & Company (2002). Laut *Stern Stewart* ist die Verwendung eines einheitlichen Kapitalkostensatzes bei ca. 75% der deutschen Banken gängige Praxis. Vgl. dazu Heppelmann/Middelmann (2006): S. 4. Zur Üblichkeit der Verwendung einer einheitlichen (Gesamtbank-)Hurdle Rate vgl. auch Risk Management Solutions/eRisks (2000), Monet (2001), Turnbull (2002): S. 222, Bielefeld/Maifarth (2005): S. 167ff., Crouhy et al. (2006): S. 376f. Vgl. außerdem Höhmann (1998): S. 150, Schierenbeck (2003b): S. 44ff., Pfaff/Kühn (2005): S. 201ff. Dabei erfolgen im Falle einer Differenzierung häufig intuitiv gesetzte Risikoauf- und -abschläge auf die Eigenkapitalkosten. Vgl. Sarraf (2006): S. 11.

[330] Vgl. z.B. Zaik et al. (1996): S. 89 sowie Turnbull (2002): S. 222: „The implicit assumption is that economic capital in a RAROC framework correctly compensates for risk." Alternativ zu der Begründung, dass aufgrund der bereits erfolgten Risikoadjustierung über das ökonomische Kapital keine differenzierten Kapitalkosten erforderlich seien bzw. Fehlsteuerungen induzierten, wird argumentiert, dass auch für den Fall, dass differenzierte Kapitalkosten korrekt wären, eine Implementierung schwierig wäre, da ihre präzise Ermittlung komplex und der Effekt sowie Management Buy-in gering wären. Vgl. Zaik et al. (1996): S. 87, Wilson (2003): S. 79.

[331] Vgl. Crouhy et al. (1999): S. 7. Da die Kapitalkosten sich auf einen Nach-Steuer-Wert beziehen, muss bei der Verbindung mit dem Nettoergebnis eine weitere Anpassung erfolgen, indem der Kapitalkostensatz durch den Term (*1 - Steuerfaktor*) dividiert wird oder entsprechend auf ein Nach-Steuer-Nettoergebnis angewendet wird. Vgl. Schierenbeck (2003b): S. 510.

[332] Der Allokationszyklus dieser Kapitalbudgetierung beträgt dabei typischerweise ein Jahr. Vgl. dazu Scherpereel (2005): S. 115 m.w.N. sowie die empirischen Umfrageergebnisse aus Scherpereel (2005): S. 187. Während zur Risiko-/Ertragssteuerung i.d.R. die Jahresperspektive eingenommen wird, werden bei der konkreten Risikobegrenzung einzelner Teilbereiche auch Limite mit einem kürzeren Zeithorizont (z.B. Tages- oder Monatslimite) vorgegeben. Um im Einklang mit dem berechneten und allozierten ökonomischen Kapital zu stehen und die notwendige Bedingung im Risikotragfähigkeitskalkül sicherzustellen, erfolgt eine zeitliche Umrechnung i.d.R. durch die Quadratwurzelregel. Vgl. Schierenbeck (2003b): S. 39ff., Scherpereel (2005): S. 94.

[333] Vgl. Sandbiller (1996), Klein (1998), Saita (1999), Dresel et al. (2000): S. 12, Dresel (2003): S. 71ff., Schierenbeck (2003b): S. 544ff., Bielefeld/Maifarth (2005): S. 169f., Scherpereel (2005): S. 97f.

als stellt eine Disaggregation des Gesamtrisikos dar, indem der Risikobeitrag aller Risikopositionen zum Gesamtrisiko bestimmt wird[334], wobei sich aufgrund von Verbundwirkungen das Problem der Verteilung des Portfolioeffekts ergibt. Neben der Möglichkeit, die Diversifikationseffekte nicht zu berücksichtigen und Stand-alone-VaR-Größen[335] als Basis für die Risikokapitalallokation zu nutzen, kommen mit der inkrementellen[336] und der marginalen[337] Kapitalallokation zwei weitere Verfahren in Betracht, die Diversifikationseffekte mit einbeziehen.[338] Beide Verfahren weisen jedoch wiederum jeweils spezifische Probleme auf.[339] Zudem ist bei beiden jeweils die Kenntnis der Korrelationen zu den übrigen Risiken erforderlich und der jeweilige Risikobeitrag ist zeit- und reihenfolgeabhängig[340], sodass letztlich in der Praxis Heuristiken entwickelt werden, die unter Einbezug der jeweiligen Vor- und Nachteile und der individuellen Situation zu akzeptierbaren Lösungen gelangen.[341]

Innerhalb des Optimierungskalküls sind zudem die regulatorischen Anforderungen stets einzuhalten.[342] Unabhängig von der konkreten Ausgestaltungsform der Risikokapitalallokation stellt die hier vorgestellte Kapitalbudgetierung und Steuerungslogik die Basis für die Risikosteuerung dar.

---

334 Vgl. Pearson (2002).

335 Bzw. Stand Alone-proportionale Größen in Bezug auf den Gesamtbank-VaR.

336 Bei der inkrementellen Kapitalallokation wird das anteilige Risikokapital als Differenz zwischen Gesamtrisiko unter Einbezug und unter Ausschluss („With-without"-Betrachtung) der betreffenden Risikoposition ermittelt.

337 Im Rahmen der marginalen Allokation wird der Grenzbeitrag einer infinitesimalen Erhöhung der betreffenden Position berechnet und mit dem Volumen gewichtet. Hier erfolgt eine vollständige Verteilung des Risikokapitals auf die einzelnen Positionen.

338 Vgl. zu den Allokationsverfahren Smithson (1997): S. 40f., Cummins (2000), Kinder et al. (2001), Turnbull (2002): S. 218f., Albrecht/Koryciorz (2003): S. 12ff., KPMG (2003): S. 21f., Schierenbeck (2003b): S. 519ff., Venter (2004): S. 96ff., Bielefeld/Maifarth (2005): S. 159f., Schierenbeck et al. (2005a): S. 196ff. Die Titulierungen der Allokationsmethoden werden dabei uneinheitlich verwendet.

339 So führen bspw. die inkrementelle Vorgehensweise u.U. zu einer nicht vollständigen Verteilung des Risikokapitals und die marginale Vorgehensweise ggf. zu suboptimalen dezentralen Entscheidungen.

340 Vgl. Schierenbeck (2003b): S. 536ff., Pfaff/Kühn (2005): S. 204ff., Hartmann-Wendels et al. (2007): S. 350.

341 Vgl. Pfaff/Kühn (2005): S. 207f. Der Diversifikationsvorteil wird dabei i.d.R. dezentral weitergegeben. Vgl. Schradin/Zons (2003): S. 8 m.w.N.

342 Vgl. zu integrierten Ansätzen der Risikokapitalallokation z.B. Schierenbeck (2003b): S. 549ff.

### 3.2.3.2 Risikosteuerungsansätze

Unter Risikosteuerung sind alle Maßnahmen zur Gestaltung der Risikoposition der Bank zu subsumieren[343], die Auswirkungen auf die zukünftigen Ergebnisausprägungen zur Folge haben, welche im vorliegenden Kontext das Ziel der Wertmaximierung verfolgen.[344] Bei der Systematisierung der verschiedenen Steuerungsansätze und der damit verbundenen Steuerungsinstrumente erfolgt eine der Vorgehensweise in der betrieblichen Praxis folgende Unterscheidung in Risikovermeidung, -akzeptanz, -transfer und -diversifikation.[345] Die Ansätze sind dabei allerdings nicht losgelöst voneinander zu betrachten, sondern finden bspw. im Rahmen des aktiven Kreditportfoliomanagements in integrierter Form Verwendung.[346]

Während der Schwerpunkt der nachfolgenden Überlegungen auf anwendungsorientierten Aspekten liegt, werden organisatorische Fragestellungen, wie z.B. zentrale oder dezentrale Entscheidungsverantwortlichkeiten, nicht näher beleuchtet.[347] Wichtig für die dezentrale Steuerung im Rahmen der Wertorientierung sind jedoch adäquate Risiko-/Renditesteuerungsgrößen, die zur Gesamtbankzielsetzung konforme dezentrale Entscheidungen ermöglichen und diese nicht durch eine losgelöste, suboptimale Mikrosteuerung gefährden.

---

343 Vgl. Oehler/Unser (2002): S. 30.

344 Die Risikosteuerungsmaßnahmen können auch regulatorisch induziert sein. Auf die Steuerung nicht-quantifizierbarer Risiken soll hier nicht eingegangen werden. Für derartige Risiken ist v.a. die qualitative Überwachung im Einklang mit Basel II und den MaRisk vorgesehen. Vgl. auch PricewaterhouseCoopers (2006): S. 3. Zu Steuerungsmaßnahmen von Liquiditätsrisiken vgl. Commerzbank (2007): S. 89f., Deutsche Bank (2007): S. 83ff., Hartmann-Wendels et al. (2007): S. 417ff.

345 Häufig werden die Steuerungsansätze – z.T. auch als Risikostrategien bezeichnet – in der Literatur nur auf die Begrenzung von Risiken bezogen. So spricht *Schierenbeck* etwa von Risikobegrenzungsstrategien, was offenbar stark durch die im regulatorischen Kontext erwähnten Instrumente und Techniken zur Risikobegrenzung geprägt ist. Entsprechend erfolgt häufig eine Differenzierung in Risikovermeidung, -verminderung und -akzeptanz (als Residualstrategie). Vgl. z.B. Oehler/Unser (2002): S. 311. Jedoch muss berücksichtigt werden, dass die Risikosteuerung auch zur bewussten Erhöhung des Risikos dienen kann, sodass der häufig eigenständig betrachtete Ansatz der Risikoverminderung auf die Instrumente innerhalb der Risikoakzeptanz, des -transfers sowie der -diversifikation separiert wird und dort jeweils das Pendant zur (bewussten) Risikoerhöhung bildet. Vgl. auch Rudolph et al. (2007): S. 166.

346 Vgl. dazu Smithson (2001), Bessis (2002): 689ff., Wald (2002), Mercer Oliver Wyman (2004), Crouhy et al. (2006): S. 297ff., The Boston Consulting Group (2007): S. 20f.

347 So werden Marktrisiken und diesbezüglich v.a. Zinsänderungsrisiken zentral bei Treasury gebündelt und dort gemanagt. Vgl. z.B. Copeland et al. (2002): S. 523, Hartmann-Wendels et al. (2007): S. 531.

Ebenso wird nicht detailliert darauf eingegangen, mit welchen Kosten die Anwendung von Risikomanagementinstrumenten verbunden ist.

#### 3.2.3.2.1 *Risikovermeidung*

Die Risikovermeidung stellt in erster Linie einen Steuerungsansatz dar, bei dem aus gesetzlichen, politischen, ethischen, strategischen, aber auch Risiko-/Ertraggesichtspunkten bestimmte Geschäftsaktivitäten und damit verbundene Risiken (vollständig) vermieden werden. Das diesbezügliche Instrumentarium reicht von grundsätzlichen risikopolitischen und -strategischen Leitlinien über Produktkataloge zulässiger Geschäfte bis zum Genehmigungsprozess für neuartige Geschäftsaktivitäten (New Product Approval).[348] Aus Wertgesichtspunkten werden v.a. solche Geschäfte vermieden, bei denen ein adäquates Pricing, das die inhärenten Risiken vollständig kompensieren würde, unmöglich ist. Neben Wettbewerbsgründen spielen dabei im Kreditgeschäft die ab einer bestimmten Cut-off-Grenze nicht mehr ausreichend preisbaren, schlechteren Bonitäten eine wichtige Rolle.[349] I.w.S. sind auch die Auswahl und Bewertung zulässiger Sicherheiten zur Risikovermeidung zu zählen.[350] Insbesondere für operationelle Risiken hat der Risikovermeidungsansatz einen hohen Stellenwert, da diese Risiken nicht bewusst eingegangen werden und im Gegensatz zu Kredit- und Marktrisiken keine (direkte) Risikoprämie vereinnahmt wird.[351] Werden bestimmte Geschäftsaktivitäten nicht eingegangen, ist dies jedoch mit der Aufgabe potentieller Zusatzchancen verbunden. Bspw. kann sich eine Bank dazu entscheiden, keinen Handelsbereich zu betreiben.[352] Eine gesamthafte Vermeidung von Risiken spräche gegen die Existenzberichtigung von Banken und ist daher ausgeschlossen.

---

348 Vgl. auch Schierenbeck (2003b): S. 194.

349 Vgl. Oehler/Unser (2002): S. 348. Die zur Risikokompensation erforderlichen Risikoaufschläge/-prämien führen in der Margenkalkulation zu Kundenkonditionen, die entweder Prohibitivpreischarakter besitzen oder ggf. gesetzlich nicht mehr zulässig sind (Wucher).

350 Vgl. Crouhy et al. (2006): S. 292.

351 Vgl. Hartmann-Wendels et al. (2007): S. 666.

352 Vgl. Schierenbeck (2003b): S. 493, Jorion (2007): S. 505.

### 3.2.3.2.2 *Risikoakzeptanz*

Die Risikoakzeptanz wird im Gegensatz zum Transfer und zur Diversifikation von Risiken häufig als passives Risikomanagement bezeichnet.[353] Das Eingehen und Halten von Risiken ist dabei immer mit einer Kapitalunterlegung verbunden, um die angestrebte Ausfallwahrscheinlichkeit der Bank nicht zu gefährden.[354] Aus Wertmanagementgesichtspunkten sollte auf dieses Kapital jeweils eine entsprechende risikoadjustierte Rendite erzielt werden, d.h. der entsprechende Kapitalwert bzw. RAROC sollte jeweils einen positiven Wert aufweisen. Dabei steht im Fokus, wie sich allgemein ein Investitionsprojekt bzw. speziell Geschäftsbereiche, Segmente, Kunden, Einzelgeschäfte etc. im Portfoliokontext rechnen.[355] Die Operationalisierung erfolgt über die Bankkalkulation, indem für das Aktiv- und Passivgeschäft sowie für Dienstleistungen Preisuntergrenzen berechnet werden.[356]

Eine wesentliche Basis stellt dabei die sog. Marktzinsmethode dar[357], die Aktiv- und Passivgeschäften zunächst fiktiv einen fristenkongruenten Opportunitätszinssatz gegenüberstellt, der aus einem (vollkommenen) Geld- und Kapitalmarkt hergeleitet wird. Die Differenz zwischen Kundenzinssatz und dem Geld- bzw. Kapitalmarktzinssatz stellt den sog. Konditionsbeitrag dar, der für die Einzelgeschäftskalkulation als relevante Ausgangsbasis dient. Da Bankbilanzen typischerweise keine vollständige Fristenkongruenz aufweisen, wird die Differenz aus Gesamtzinsspanne, die sich aus durchschnittlichem tatsächlichen Aktiv- abzüglich durchschnittlichem Passivzinssatz ergibt, und den aggregierten kalkulatorischen Konditionsbeiträgen (aktiv und passiv) über den sog. Strukturbeitrag erfasst. Dieser stellt somit den aus der (bewussten) Fristentransformation resultierenden Ertrag dar und ist gleichzeitig als Kompensation für das damit verbundene Zinsänderungsrisiko zu verstehen.

---

[353] Vgl. z.B. Hartmann-Wendels et al. (2007): S. 524f.

[354] Vgl. Abschnitt 3.2.2.3.

[355] Übergreifende Portfolioüberlegungen zur optimalen Risikostreuung werden in Abschnitt 3.2.3.2.4 beschrieben. Über die Berechnung des erforderlichen ökonomischen Kapitals für ein Einzelgeschäft, das Korrelationen zum übrigen Portfolio berücksichtigt, wird sichergestellt, dass die Preiskalkulation nicht konträr zum Diversifikationsansatz erfolgt.

[356] Genaugenommen werden für das Passivgeschäft Preisobergrenzen ermittelt.

[357] Vgl. zu den folgenden Ausführungen sowie weiterführend zur Marktzinsmethode v.a. Schierenbeck (2003a): S. 43ff. Vgl. u.a. auch Hartmann-Wendels et al. (2007): S. 695ff.

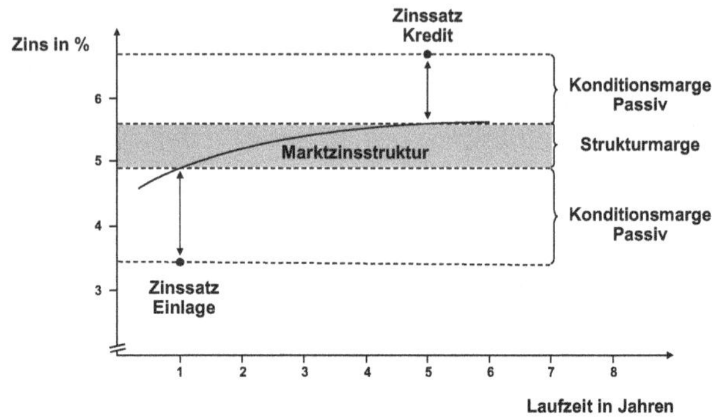


**Abbildung 6:** Konditions- und Strukturmargen innerhalb der Marktzinsmethode[358]

Zur Berechnung der Mindestmarge im Kreditgeschäft wird „bottom-up" zum jeweiligen fristenkongruenten Kapitalmarktzins zunächst der bonitätsabhängige Refinanzierungsspread der Bank addiert, womit sich der sog. Einstandssatz ergibt.[359] Zusätzlich erfolgt die Addition der operativen Kosten[360], des erwarteten Verlusts (Standardrisikokosten)[361] sowie einer Kompensation für den unerwarteten Verlust, die sich aus der Multiplikation der kalkulatorischen Kapitalkosten mit dem erforderlichen ökonomischen Kapital ergibt.[362,363] Die Net-

358 Quelle: Eigene Darstellung in Anlehnung an Prußog (2000): S. 232.

359 Vgl. Schierenbeck (2003a): S. 220ff., Reichardt (2006): S. 253f., Rudolph et al. (2007): S. 176. Vgl. auch Bielefeld/Maifarth (2005): S. 171.

360 Die operativen Kosten eines Kreditgeschäfts beinhalten sowohl die direkten Kosten als auch eine Verrechnung von indirekten und Overhead-Kosten. Typischerweise erfolgt die Kalkulation über Standardbetriebskosten. Vgl. Schierenbeck (2003a): S. 363ff., Hartmann-Wendels et al. (2007): S. 723ff.

361 Vgl. Abschnitt 3.2.2.2 sowie Schierenbeck (2003a): S. 311ff., Hartmann-Wendels et al. (2007): S. 739ff.

362 Vgl. dazu die Darstellungen in Abschnitt 3.2.2.2 sowie 3.2.3.1.2. Vereinfacht sei hier unterstellt, dass der Anlagenutzen bereits mit der Kapitalkostengröße saldiert wurde. Die Opportunitätskosten für den unerwarteten Verlust wurden in der Vergangenheit meist in der Kalkulation nicht berücksichtigt. Vgl. dazu Hartmann-Wendels et al. (2007): S. 716.

363 Zudem können bei den Kalkulationen auch sog. eingebettete Optionen als weitere Kostenbestandteile kalkuliert werden. Diese können z.B. aus Sondertilgungsmöglichkeiten resultieren. Dieser Aspekt soll aus Vereinfachungsgründen im Folgenden nicht weiter berücksichtigt werden. Vgl. Schierenbeck (2003a): S. 262ff., Hartmann-Wendels et al. (2007): S. 718ff.

tomarge ergibt sich folglich aus der Differenz des Kundenzinssatzes und der kalkulierten Mindestmarge bzw. das Nettoergebnis durch zusätzliche Multiplikation mit dem Kreditvolumen. Die Berechnung kann sowohl barwertig als auch periodenbezogen erfolgen und ist insgesamt konsistent zu den risikoadjustierten Kennzahlen, die in Abschnitt 3.2.3.1.2 beschrieben wurden. Die Berechnungen von Preisobergrenzen im Passivbereich laufen grundsätzlich äquivalent, jedoch finden Standardrisikokosten und im Regelfall Eigenkapitalkosten keine Berücksichtigung. In die Preisuntergrenzen von Dienstleistungen gehen lediglich operative Kosten ein. Neben dieser Kalkulation werden z.T. Mindestmargen für große Adressen im Kreditgeschäft auch direkt aus beobachtbaren Kapitalmarktpreisen hergeleitet.[364]

Beim Marktrisiko sind im Hinblick auf die Risikoakzeptanz v.a. das bewusste Eingehen von Zinsänderungsrisiken sowie Risikopositionen im Handelsbuch relevant.[365] Im Gegensatz zur Mindestmargenberechnung im Kredit- und Einlagengeschäft werden Marktrisiken bei der bewussten Übernahme zunächst über Limitvorgaben gesteuert, die wiederum als Kapitalbudget einen Ergebnisanspruch beinhalten. Die Bewertung erfolgt dabei i.d.R. über Marktwerte.[366]

Werden operationelle Risiken nicht (vollständig) vermieden oder transferiert, ergeben sich neben der bewussten Diversifikation derartiger Risiken im Rahmen der Akzeptanz weitere Maßnahmen, die an den Ursachen dieser Risiken ansetzen und diese einzugrenzen versuchen. Entsprechende Maßnahmen können bessere Systeme, Durchführung von Schulungen, Verbesserung von Sicherheitsniveaus, bestimmte Personalauswahl sein.[367] Eine zum Kredit- und Marktrisikobereich vergleichbare Kompensation der operationellen Risiken ergibt sich allenfalls indirekt. Die Kosten für operationelle Risiken haben somit eine Art „Overhead-Charakter".

[364] Vgl. Rudolph (2005): S. 57 sowie die in FN 317 angegebene Literatur.

[365] Außerdem entstehen Marktrisiken aus Market Making-Aktivitäten. Vgl. Deutsche Bank (2007): S. 75.

[366] Vgl. Oehler/Unser (2002): S. 1, Jorion (2007): S. 380ff.

[367] Vgl. Schierenbeck (2003b): S. 193, Jorion (2007): S. 505.

Neben dieser grundsätzlichen Rechenlogik spielt bei der Risikoakzeptanz ein weiterer Aspekt eine wesentliche Rolle, wobei hier v.a. Maßnahmen in Bezug auf Kredite und Kreditrisiken, die nicht bzw. nur eingeschränkt übertragbar sind, relevant sind. Die „traditionellen Methoden der Kreditrisikosteuerung"[368] bei Kreditvergabe, während der Laufzeit und beim möglichen Auftreten von Problemen stellen dabei ein Instrumentarium dar, das von der Kreditwürdigkeitsprüfung, Vertragsgestaltung, laufender Überwachung bis zum speziellen Umgang mit problembehafteten bzw. notleidenden Krediten reicht. Das gemeinsame Ziel aller Instrumente liegt darin – i.d.R. ohne Rückgriff auf Risikotransferinstrumente[369] –, das Risiko einmal ausgereichter Kredite möglichst gering zu halten, um Wertberichtigungen bzw. Abschreibungen zu vermeiden oder weitestmöglich zu minimieren.[370] Am Anfang steht dabei die Kreditwürdigkeitsprüfung mit unterschiedlichen Methoden und Modellen zur Bewertung des Kreditnehmers mit dem Ziel, eine möglichst präzise Einschätzung über dessen Bonität zu gewinnen, wobei naturgemäß eine asymmetrische Informationsverteilung gegeben ist. Diese Einschätzung ist die Basis für eine adäquate Vertrags- und Konditionengestaltung, wobei hier Fehleinschätzungen mit Verlustrisiken verbunden sind.[371] Außerdem erfolgen eine laufende Überwachung (Monitoring) und Risikofrüherkennung[372] sowie spezielle Maßnahmen im Umgang mit problembehafteten oder notleidenden Engagements, die von der Sanierung und Restrukturierung (wenn möglich und rechtzeitig erkannt) bis zur Abwicklung als vorzeitige Beendigung des Kreditvertrags mit der Verwertung der Sicherheiten bzw. Vermögenswerte reichen.[373]

---

[368] Hartmann-Wendels et al. (2007): S. 524.

[369] Z.T. erfolgt im Rahmen des Credit-Workouts auch der Transfer von Forderungen. Vgl. Abschnitt 3.2.3.2.2.

[370] Vgl. Hartmann-Wendels et al. (2007): S. 524f., Commerzbank (2007): S. 71, S. 79f. und S. 98f., Deutsche Bank (2007): S. 7 und S. 60, Dresdner Bank (2007): S. 66f.

[371] Vgl. Schierenbeck (2003b): S. 194f., Hartmann-Wendels et al. (2007): S. 522f.

[372] Vgl. Oehler/Unser (2002): S. 398f., Deutsche Bank (2007): S. 60, Hartmann-Wendels et al. (2007): S. 525f. Die Früherkennung kann dabei anhand bestimmter Indikatoren erfolgen. Dazu werden u.a. Verhaltens-Scoring und -Rating sowie sog. Credit Monitoring Tools eingesetzt.

[373] Vgl. Hartmann-Wendels et al. (2007): S. 527ff. Dabei werden die Kredite i.d.R. an sog. Work Out-Units übergeben. Vgl. zu damit verbundenen Vorteilen sowie der Abwägung einer internen vs. rechtlich selbständigen Einheit (sog. Bad Bank) Oehler/Unser (2002): S. 400 m.w.N.

Zusammenfassend lässt sich feststellen, dass bei Risikoakzeptanz nur dann eine Wertschaffung erzielt wird, wenn gegenüber dem Markt bzw. anderen Intermediären Wettbewerbsvorteile in der Risikoselektion, Risikoüberwachung und ggf. -aussteuerung sowie im Hinblick auf die individuelle Portfoliostruktur bestehen.

#### *3.2.3.2.3 Risikotransfer*

Der Risikotransfer dient zur teilweisen bis vollständigen Übertragung von Risiken auf Dritte, wobei sowohl die Verringerung von Risiken als auch die bewusste Erhöhung relevant ist. Risiken können dabei einzeln oder als zusammengefasstes Portfolio transferiert werden[374]; zudem ist es möglich, Einzelgeschäfte faktorspezifisch aufzuspalten und ggf. nur in Teilen zu transferieren.[375] Grundsätzlich kann der Risikotransfer durch Finanzinstrumente oder Versicherungen erfolgen.

Die Motivation kann sowohl aus Hedging-[376], Spekulations-[377], Arbitrage-[378] als auch Diversifikationsüberlegungen[379] heraus erfolgen.[380] Weitere Erklärungsansätze liegen in der Generierung von Provisionserträgen sowie der Möglichkeit der Eigenkapitalfreisetzung.[381] Als Beurteilungskriterien des Risikotrans-

---

374 Vgl. Schierenbeck (2003b): S. 218ff.

375 Vgl. Haaß (2001): S. 35.

376 Dabei stehen der Transfer nicht gewünschter Einzelrisiken sowie die Einhaltung von Limiten im Vordergrund. Vgl. Wald (2002): S. 59, Schierenbeck (2003b): S. 345 und S. 631.

377 Unter dem Spekulationsmotiv lassen sich der Ankauf von Risiken sowie der Eigenhandel subsumieren.

378 Z.B. durch Informationsvorsprünge oder Fehlbewertungen. Vgl. Wald (2002): S. 60ff., Haaß (2001): S. 35, Rudolph et al. (2007): S. 169f.

379 Auch hier spielt neben der Verringerung bestimmter Risiken (Klumpen, Konzentrationen) der Risikoerwerb eine bedeutende Rolle. So kann eine (v.a. regional beschränkte) Bank bspw. Positionen aufbauen, die sie im Rahmen ihres bestehenden Vertriebsnetzes nicht akquirieren kann, und damit eine bessere Risikostreuung erzielen. Vgl. Abschnitt 3.2.3.2.4.

380 Vgl. Wald (2002): S. 59ff.

381 Vgl. zur empirischen Unterstützung der genannten Motive auch Norden (2005).

fers dienen Veränderungen der Eigenkapitalunterlegung[382], Ertragsänderungen bzw. zusammengefasst Veränderungen der RAPM-Größen.[383] Aus einer reinen Wertschaffungsperspektive (ohne Restriktionen) ist dabei jeweils das risikoadjustierte Delta-Ergebnis, das aus dem Risikotransfer resultiert, zu bewerten.[384] Aufgrund der Portfoliosichtweise des zugrundeliegenden VaR ergeben sich somit auch Opportunitäten zum Risikotransfer durch unterschiedliche Bewertungen desselben Risikos aufgrund unterschiedlicher Strukturen der Portfolios der Marktteilnehmer und unterschiedlicher Korrelationen zu dem jeweiligen Portfolio.[385]

Als Instrumente zum Transfer von Kreditrisiken kommen zum einen Sekundärmarkttransaktionen durch den (Ver-)Kauf von Kreditforderungen in Frage.[386] Neben dem (Ver-)Kauf von „gesunden" Krediten bzw. Kreditportfolios haben dabei in der jüngeren Vergangenheit sog. Non Performing Loans (NPL) eine zunehmende Bedeutung erfahren.[387] Daneben stellt die Syndizierung eine Kreditgewährung durch mehrere Banken (Bankenkonsortium) dar.[388] Zusätzlich zu dem Transfer des Basisgeschäfts existieren derivative Instrumente. Durch Kreditderivate wird dabei das Kreditrisiko von anderen Risiken sowie dem jeweiligen Basisinstrument[389] isoliert und an eine Gegenpartei übertragen. Bei der meistgenutzten Form, dem Credit Default Swap (CDS)[390], erhält der Sicherungsgeber eine bestimmte Prämie, muss aber bei Eintritt eines vor-

---

[382] Aus ökonomischer Sicht ist dabei primär das ökonomische Kapital von Relevanz. Im Hinblick auf die regulatorischen Anforderungen spielen hier jedoch auch dementsprechende Aspekte eine Rolle. Vgl. auch Rudolph et al. (2007): S. 169.

[383] Vgl. Rudolph (2005): S. 48.

[384] Wie beschrieben, können Eigenkapital- und regulatorische Aspekte diese Logik mitunter einschränken.

[385] Vgl. Franke (2000): S. 274f., Wald (2002): S. 62f., Hartmann-Wendels et al. (2007): S. 532ff.

[386] Sog. Loan Sales. Vgl. Demsetz (2000), Oehler/Unser (2002): S. 371, Rudolph et al. (2007): S. 18f. Hier ist auch der Tausch von Krediten (Loan Swap), der jedoch keine besondere Bedeutung besitzt, zu subsumieren.

[387] Vgl. Ernst & Young (2005), Froitzheim et al. (2006), Wiedenhofer (2006), Rudolph et al. (2007): S. 19.

[388] Vgl. Schierenbeck (2003b): 219, Crouhy et al. (2006): S. 293f., Hartmann-Wendels et al. (2007): S. 534f., Rudolph et al. (2007): S. 14ff.

[389] Als Basisinstrument kann ein einzelner Kredit, aber auch ein Portfolio fungieren. Zudem sind auch Indizes als Referenzgrößen verwendbar. Vgl. Oehler/Unser (2002): S. 378.

[390] Vgl. Crouhy et al. (2006): S. 306ff.

ab festgelegten Kreditereignisses eine Ausgleichszahlung an den Sicherungsnehmer entrichten.[391] Daneben besteht die Möglichkeit des Risikotransfers durch die Verbriefung (Securitization) von Vermögenswerten (allgemein Asset Backed Securities [ABS])[392]. Dabei werden Forderungen vom ursprünglichen Gläubiger (Originator) an eine speziell für diesen Zweck gegründete Zweckgesellschaft verkauft, die sich wiederum durch die Emission von Wertpapieren, die durch die Kreditforderungen unterlegt sind und Ansprüche auf Zahlungen verbriefen, refinanziert.[393] Motiviert werden diese Transfers von Seiten des Originators v.a. aus Bilanzbereinigungs- und Liquiditätsaspekten sowie aus Arbitrageüberlegungen heraus.[394] Alle Instrumente können sowohl zur Risikoreduzierung als auch zur „Akquisition" von Risiken zur Erzielung zusätzlicher Erträge eingesetzt werden („synthetic lending").[395] Im Rahmen des Kreditrisikotransfers wird teilweise propagiert, dass dies v.a. auch dazu dienen kann, das Portfolio von Krediten bzw. Kreditportfolios mit relativ niedrigen (risikoadjustierten) Renditen zu befreien und das frei werdende Eigenkapital in neue, relativ wertschaffendere Aktiva zu investieren. Dabei werden v.a. die Verbriefung und der Verkauf von auf ökonomischer Kapitalbasis niedrig-rentierlichen

---

391 Credit Default-Produkte können sowohl als Swap wie auch als Option konstruiert sein. Daneben existieren mit dem Total Return Swap (TRS), bei dem Zahlungsströme aus einer Anleihe bzw. einem Kredit mehr oder minder vollständig zuzüglich potentieller Wertänderungen weitergegeben werden, und den Credit Spread-Produkten, bei denen die Ausgleichszahlung an relative Spreadveränderungen geknüpft ist, im Wesentlichen zwei weitere Alternativen. Zudem können Kreditderivate auch für Portfolios eingesetzt werden (Basket Credit Swaps, Index-Kreditderivate, synthetische Verbriefungen). Schließlich können Kreditderivate auch mit Anleihen kombiniert werden (Credit Linked Notes). Vgl. zu Kreditderivaten Burghof et al. (1998): S. 279ff., Bessis (2002): S. 721ff., Broll/Welzel (2002), Oehler/Unser (2002): S. 378ff., Wald (2002), Schierenbeck (2003b): 221ff., Anson et al. (2004), Broll et al. (2004), Das (2005), Culp (2006): S. 247ff., Hartmann-Wendels et al. (2007): S. 298ff., Rudolph et al. (2007): S. 61ff. sowie empirisch Norden (2005). Vgl. auch die in FN 400 angegebene Literatur.

392 Dabei wird nach den zugrundegelegten Forderungen unterschieden, z.B. Mortgage Backed Securities (MBS) bei durch Grundschulden/Hypotheken besicherten Forderungen. Vgl. außerdem zur Collateralized Debt Obligation als spezieller Variante der ABS Schierenbeck (2003b): S. 220, Culp (2006): S. 375ff.

393 Vgl. zu weiteren Charakteristika und Unterscheidungsmerkmalen von Verbriefungen sowie zu deren Konstruktionen Bessis (2002): S. 744ff., Oehler/Unser (2002): S. 372ff., Culp (2006): S. 240ff., Hartmann-Wendels et al. (2007): S. 301ff. m.w.N., Rudolph et al. (2007): S. 37ff.

394 Vgl. Oehler/Unser (2002): S. 376, Bannier/Hänsel (2006).

395 Der Hauptgrund, dass keine vollständige Handelbarkeit im Markt für Kredite und Kreditderivate gegegben ist, liegt v.a. darin, dass die kreditgewährende Bank einen Informationsvorsprung gegenüber (potentiellen) Käufern aufweist, der mit bestimmten Anreizwirkungen verbunden ist. Vgl. Hartmann Wendels et al. (2007): S. 293f. sowie empirisch Gorton/Pennacchi (1995).

Portfolios genannt.[396] Schließlich kann der Transfer von Kreditrisiken auch durch Kreditversicherungen[397] erfolgen.[398]

Instrumente zum Transfer von Marktrisiken sind neben dem eigentlichen Handel des Basistitels[399] derivative Finanzinstrumente auf bestimmte Basiswerte wie Optionen, Forwards, Futures oder Swaps.[400] Daneben lassen sich durch Financial Engineering beliebige Derivate konstruieren.[401] Der Handel von Derivaten erfolgt sowohl standardisiert über Terminbörsen als auch individuell/maßgeschneidert over-the-counter (OTC).[402] Neben Absicherungsgesichtspunkten werden Derivate auch zu spekulativen Zwecken im Eigengeschäft gehandelt.[403]

Schließlich werden als Instrumente zum Transfer von operationellen Risiken v.a. Versicherungen eingesetzt.[404] Auch hier besteht zudem die grundsätzliche

---

396 Vgl. z.B. Crouhy et al. (2006): S. 300 sowie Sarraf (2006): S. 13, der dies als Arbitrageopportunität aufgrund von Marktineffizienzen in der Bestimmung des tatsächlichen Werts sieht. Allerdings muss hier berücksichtigt werden, dass „poor price for poor quality" gilt und damit der Verkauf i.d.R. mit einem Abschlag verbunden ist. Dieses Argument soll daher auch nicht weiterverfolgt werden. Vgl. auch Schierenbeck (2003b): S. 603.

397 Vgl. Culp (2006): S. 199ff. I.w.S. kann auch die Stellung von Sicherheiten durch Dritte (Bürgschaften, Garantien) zum Risikotransfer gezählt werden.

398 Vgl. Haaß (2001): S. 38.

399 Der Handel des Basistitels findet auf Kassamärkten statt, während die Derivate auf Terminmärkten gehandelt werden. Vgl. Oehler/Unser (2002): S. 17.

400 Vgl. Chance (1998), Jarrow/Turnbull (2000), Neftci (2000), Oehler/Unser (2002): S. 164ff., Schierenbeck (2003b): S. 348ff., S. 399ff. und S. 461ff., Branger/Schlag (2004), Culp (2006): S. 223ff., Hull (2006), Hartmann-Wendels et al. (2007): S. 251ff., Perridon/Steiner (2007): S. 299ff. Die Finanzderivate können grundsätzlich in unbedingte Termingeschäfte, bei denen die Beteiligten eine Erfüllungspflicht haben, und bedingte, bei denen der Käufer ein Ausübungswahlrecht hat, unterschieden werden. Durch Hedging mit Derivaten werden Gegenpositionen zu risikobehafteten Positionen aufgebaut. Weist die dadurch entstehende Gesamtposition ein Risiko von null auf, wird von einem „Perfect Hedge" gesprochen. Häufig verbleibt jedoch ein Basisrisiko, das aus abweichenden Laufzeiten, Beträgen oder Bezugsobjekten der Kassa- und Termingeschäfte resultiert. Je nachdem, ob eine Absicherung von einzelnen Risiken, Portfolios oder auf der Grundlage einer nicht dem Basistitel entsprechenden Position erfolgt, wird von Micro-, Macro- oder Cross-Hedges gesprochen.

401 Vgl. Crouhy et al. (2006): S. 146f.

402 Bei OTC-Derivaten muss zusätzlich das Ausfallrisiko des Kontraktpartners berücksichtigt werden.

403 Neben dem Eigengeschäft spielen Derivate auch im Kundengeschäft der Banken eine signifikante Rolle.

404 Vgl. Piaz (2002): S. 160f., Schierenbeck (2003b): S. 496, Lammers (2005): S. 74ff. und S. 109ff., Commerzbank (2007): S. 91, Hartmann-Wendels et al. (2007): S. 682, Jorion (2007): S. 506f.

Möglichkeit des Transfers über Derivate, verbriefte Produkte oder andere alternative Formen.[405]

#### 3.2.3.2.4 *Risikodiversifikation*

Im Rahmen der Risikodiversifikation wird eine bestmögliche Risikostreuung angestrebt. Dies kann insbesondere durch Erzielung einer möglichst hohen Granularität sowie geringer Konzentrationen erreicht werden.[406] Dabei werden möglichst geringe Korrelationen zwischen den einzelnen Risikopositionen angestrebt. Zielsetzung ist die Verringerung unerwarteter Verluste, um so den Bedarf an ökonomischem Kapital zu steuern, der mit einer entsprechenden Reduzierung der allozierten Kapitalkosten einhergeht.[407]

Risikodiversifikation im Kreditportfolio lässt sich vornehmlich durch Verteilung des ausgereichten Kreditvolumens auf möglichst viele kleine Kredite unabhängiger Kreditnehmer erzielen, sodass sog. Klumpenrisiken vermieden werden. Außerdem trägt die Verhinderung konzentrierter Kreditvergaben in bestimmte Segmente (z.B. Branchen, Regionen[408]), deren Kreditnehmer eine hohe Korrelation zueinander aufweisen, zur Diversifikation bei. Als Zielsetzung wird dabei eine möglichst weitgehende Reduzierung des „unsystematischen" Risikos[409] genannt.[410] Auch die Verteilung des Kreditportfolios über Ra-

---

405 Allerdings sind damit spezifische Probleme verbunden. Vgl. Schierenbeck (2003b): S. 496ff., Lammers (2005): S. 78ff., Schierenbeck et al. (2005b): S. 65, Hartmann-Wendels et al. (2007): S. 683f. Im Hinblick auf zukünftige Entwicklungsmöglichkeiten führen Crouhy et al. (2006): S. 395 aus: „We would expect that the market for operational risk transfer might turn out to be as big as the market for credit-risk mitigation."

406 Vgl. Schierenbeck (2003b): S. 196.

407 Grundsätzlich ist eine höhere Diversifikation auch durch Hedging erzielbar. I.d.R. ist die Diversifikation als „Verringerung des Risikos durch die Nutzung des Risikoausgleichs im Kollektiv" (Oehler/Unser (2002): S. 34) allerdings breiter angelegt als Hedging, das zumeist als Aufbau einer möglichst hoch korrelierten Gegenposition zu einer Einzelposition bzw. zu einem Portfolio verstanden wird. Vgl. Oehler/Unser (2002): S. 34.

408 Die regionale bzw. nationale Konzentration stellt sich gegenwärtig als sehr hoch dar. Über 80% der Bilanzaktiva sowie der Erträge kontinentaleuropäischer Banken resultieren aus den jeweiligen Heimatmärkten. Vgl. Adamus/Koch (2006): S. 135.

409 Vgl. dazu die Erläuterungen zur Risikomessung mithilfe von Kreditportfoliomodellen in Abschnitt 3.2.2.2.

410 Vgl. Schierenbeck (2003b): S. 196ff.

tingklassen spielt eine Rolle für den unerwarteten Verlust, da schlechtere Ausfallklassen auch mit einer höheren Volatilität der Ausfallraten einhergehen und sich dadurch eine Erhöhung des unerwarteten Verlusts ergibt.[411,412] Innerhalb des Marktrisikos ist die Risikodiversifikation insbesondere für Aktienkursrisiken und deren Streuung relevant.[413] Diversifikation operationeller Risiken kann durch objekt- oder personenbezogene Streuung des Gesamtrisikos erzielt werden.[414]

Mehr oder weniger intuitiv oder auf Basis von „What-if"-Berechnungen innerhalb der Risikomodelle ist die Risikodiversifikation durch Festlegung eines Ziel- oder Normportfolios möglich.[415] Dieses Portfolio kann übergreifend die strategische Ausrichtung in Bezug auf Geschäftssegmente reflektieren und zur Erreichung Auf-, Aus- oder Abbaumaßnahmen beinhalten. Innerhalb der Segmente bzw. innerhalb der Risikoarten können ebenfalls Zielportfoliostrukturen festgelegt werden. Zur Zielerreichung tragen Limitsysteme bei, in denen Obergrenzen für einzelne Engagements, bestimmte Risikoklassen, Segmente, Länder, Branchen, Ratings oder andere Merkmale vergeben werden.[416]

Zusätzliche Diversifikation wird dabei auch durch Transferinstrumente im Hinblick auf den Abbau von Klumpen- oder Konzentrationsrisiken erreicht. Außerdem kann eine Risikoakquisition in Bereichen, die strukturell unterrepräsentiert sind, zur (anorganischen) Diversifikation beitragen.[417] Dies wird insbesondere

---

411 Vgl. Oehler/Unser (2002): S. 355, Schierenbeck (2003b): S. 198 sowie die Studie von Moody's Investor Service (1998).

412 Vgl. Kamp et al. (2005), die eine zunehmende Kreditportfoliodiversifikation für deutsche Banken empirisch untermauern.

413 Vgl. Schierenbeck (2003b): S. 448ff., Hartmann-Wendels et al. (2007): S. 644f.

414 Vgl. Schierenbeck (2003b): S. 493ff. Beispielhaft kann hier die Risikostreuung auf mehrere Werttransportunternehmen genannt werden. Vgl. dazu Commerzbank (2007): S. 91.

415 Vgl. Wald (2002): S. 78, Schierenbeck (2003b): S. 197ff., Germann (2004): S. 118, Commerzbank (2007): S. 85f.

416 Vgl. Rudolph (2005): S. 44. Ausgangsbasis für die Limite ist die Risikotragfähigkeit bzw. das Gesamtrisiko der Bank. Die Art des Limits kann unterschiedlicher Ausprägung sein. Dabei sind absolute Volumen- bzw. Nominallimite immer noch weit verbreitet, werden jedoch dahingehend kritisiert, dass durch die verschiedenen Dimensionen, die mit Limiten bedacht werden, eine Abstimmung aufeinander kaum möglich ist, dies zu Unübersichtlichkeiten führt und Diversifikationspotentiale nicht bzw. nicht ausreichend genutzt werden können. Durch VaR-Limite sollen diese Schwächen überwunden werden. Vgl. Rudolph (2005): S. 44f. Zudem werden auch EL-Limite gesetzt. Vgl. z.B. Commerzbank (2007): S. 77.

417 Zu diesbezüglichen Instrumenten vgl. Abschnitt 3.2.3.2.3.

dann als sinnvoll angesehen, wenn der Zugang zu einem bestimmten Segment mit Informations-, Skalen- bzw. sonstigen Wettbewerbsvorteilen verbunden ist, damit jedoch auch immer eine Risikokonzentration induziert wird. Über einen entsprechenden Transfer lassen sich somit zusätzliche Geschäftsopportunitäten ausnutzen und dabei aufgrund des relativ besseren Marktzugangs Überschüsse aus Akquisition und Transfer des Risikos einbehalten.[418]

### 3.2.4 Risikokontrolle und -berichterstattung

Die Risikokontrolle beinhaltet sowohl qualitative als auch quantitative Aspekte und reicht von der laufenden Risikoüberwachung der einzelnen Stufen des Risikomanagementprozesses über systematische Soll-Ist-Vergleiche bis zu unabhängigen Risiko-Audits. Überwacht und kontrolliert wird dabei u.a., (1.) ob allgemein die risikostrategischen Vorgaben eingehalten wurden, (2.) ob das Risikomanagement in aufbau- und ablauforganisatorischer Hinsicht adäquat war und (3.) in welchem Verhältnis die tatsächliche zur angestrebten Risikoposition steht, (4.) wie sich die Kapitaladäquanz darstellt, (5.) welche Effekte aus den durchgeführten Steuerungsmaßnahmen hervorgingen und (6.) welche Erträge und Renditen auf das eingegangene Risiko erzielt wurden.[419] Die entsprechenden Informationen aus der Risikokontrolle finden ihren Niederschlag in regelmäßigen Risikoreports, die sich im Hinblick auf Inhalte, Adressatenkreis[420] und Periodizität differenzieren lassen.[421] Innerhalb der internen Berichterstattung sind v.a. die Informationsbedürfnisse und Entscheidungskompetenzen für die Inhalte und Periodizität der Risikoberichte ausschlaggebend.[422]

---

418 Vgl. auch Rudolph et al. (2007): S. 2ff. und S. 166ff.

419 Vgl. Oehler/Unser (2002): S. 20f., Schierenbeck (2003b): S. 12f., Eisele (2004): S. 42ff., Denk et al. (2006): S. 25, Commerzbank (2007): S. 74, Dresdner Bank (2007): S. 44, HypoVereinsbank (2007): S. 70.

420 Z.B. Bereichsleiter, zentrales Risikomanagement, Risk Committee, Vorstand und Aufsichtsrat. Vgl. Denk et al. (2006): S. 25.

421 Vgl. Schierenbeck (2003b): S. 12, HypoVereinsbank (2007): S. 70.

422 Diese werden insbesondere auch durch die regulatorischen Anforderungen (interne Verfahren zur Beurteilung der angemessenen Eigenkapitalausstattung; Säule 2 von Basel II) geprägt. Vgl. dazu auch Schierenbeck (2003b): S. 144ff.

Der Rahmen der externen (Risiko-)Berichterstattung wird zum einen durch das externe Rechnungswesen bestimmt.[423] Dabei ist die Risikoberichterstattung im (Konzern-)Lagebericht von besonderer Relevanz[424], aber auch Zwischen- und Ad hoc-Berichte. Eine umfassende Darstellung der eingegangenen Risiken und des Risikomanagements sowie das Eingehen auf Risken der zukünftigen Entwicklung erfolgen aus Gesichtspunkten der Kontrolle und Entscheidungsnützlichkeit.[425]

Neben der Rechnungslegung spielen Informationen über Risiken an Externe auch im zweiten großen Regelsystem, den bankaufsichtsrechtlichen Normen, eine wesentliche Rolle.[426] Hier stehen Informationen über Risikotragfähigkeit, Risikobegrenzung und Funktionserhaltung des Finanzsystems als Ziele der Aufsicht im Vordergrund.[427] Die Offenlegungsvorschriften im Hinblick auf die Säule 3 von Basel II sollen dabei eine komplementäre Nutzung der Marktmechanismen und der entsprechenden Marktdisziplinierung der Marktteilnehmer (Gläubiger, Aktionäre und Einleger) für aufsichtliche Ziele ermöglichen.[428]

Über diese Vorgaben hinaus ist schließlich noch die freiwillige Publizität zu nennen, in der insbesondere die bestehenden Informationspflichten um zukunftsorientiertes, unternehmenswert-/risikoorientiertes Wissen ergänzt werden.[429,430]

---

423 Für den HGB-Jahresabschluss insbesondere §§ 340-340o HGB, RechKredV sowie §§ 26-29 KWG. Für den IFRS-Jahresabschluss sind bankspezifisch insbesondere IAS 32 und 39 sowie IFRS 7 relevant. Vgl. dazu auch Hartmann-Wendels et al. (2007): S. 748ff. sowie Deutsche Bundesbank (2005): S. 80ff.

424 Vgl. allgemein §§ 289 Abs. 1 und 2, 315 Abs. 1 und 2 HGB sowie die Konkretisierungen in DRS 5 und speziell für Kreditinstitute DRS 5-10. Vgl. Deutsches Rechnungslegungs Standards Committee e.V. (2004a), Deutsches Rechnungslegungs Standards Committee e.V. (2004b).

425 Vgl. Haaß (2001): S. 3, Dobler (2004): S. 28ff., Naumann (2004): S. 199f., Deutsche Bundesbank (2005): S. 78ff.

426 Gegenüberstellungen finden sich bei Haaß (2001) sowie Bellavite-Hövermann (2004).

427 Vgl. Haaß (2001): S. 2.

428 Vgl. Schierenbeck (2003b): S. 147ff., Deutsche Bundesbank (2005): S. 73ff.

429 Vgl. Wolf (2003): S. 1089, Von Rosen (2005): S. 82ff.

430 Vgl. zu empirischen Untersuchungen der Risikoberichterstattung z.B. Kajüter (2001), Kajüter/Winkler (2003), Bungartz (2003), Stadea Consulting (2003), Vielmeyer (2005): S. 210ff. sowie zu einer Übersicht weiterer Studien Duch (2005): S. 81ff.

### 3.2.5 Performancemessung und Incentivierung

Wie bereits erwähnt[431], werden Entscheidungen nicht sämtlich zentral getroffen, sondern in den meisten Fällen erfolgt – nicht zuletzt aufgrund des dezentralen Informationsvorteils bei bestimmten Geschäftsentscheidungen sowie Risikomanagementmaßnahmen – eine Delegation.[432] Dazu werden implizite Verhaltensnormen[433] gesetzt, d.h. Entscheidungskriterien vorgegeben, die mit der Erfüllung der Gesamtbankzielsetzung konform sind.[434] Während die Vorgaben eine ex ante-Perspektive darstellen, werden ex post für einen vergangenen Zeitraum die tatsächlich erzielten Ergebnisse gemessen (Performancemessung) und ein Soll-Ist-Vergleich vorgenommen.[435] Dies allein stellt jedoch nicht sicher, dass sich die dezentralen Entscheidungsträger auch an den vorgegebenen Kriterien orientieren. Um dieses Ziel zu erreichen, ist zusätzlich zur Performancemessung auch eine zielorientierte Motivation über finanzielle Anreize (Incentivierung) zweckmäßig[436], welche durch Erfolgsbeteiligungen (variable Gehaltsbestandteile, Aktienoptionen etc.) gekennzeichnet ist. Idealerweise ist die Ausgestaltung des Incentivesystems an die Steuerungslogik geknüpft, um zielkonform mit der Wertmaximierung zu sein.[437] In vielen Fällen sind in der Praxis jedoch diesbezüglich mehr oder weniger große Diskrepanzen zu beobachten, v.a. in der Form, dass variable Vergütungsbestandteile von absoluten Ergebnisgrößen, einfachen Benchmarks oder Volumenveränderungen abhängen.[438]

Eine Frage, die sich im Rahmen der Performancemessung regelmäßig ergibt, ist der Umgang mit unausgenutzten VaR-Limiten bzw. ökonomischen Kapital-

---

431 Vgl. Abschnitt 3.2.

432 Vgl. Wahrenburg/De Mello (1993): S. 4.

433 Daneben werden zur Begrenzung von Entscheidungsspielräumen auch explizite Verhaltensnormen gesetzt, die für unterschiedliche Situationen genaue Verhaltensvorschriften vorsehen. Vgl. Laux (2004): S. 4.

434 Vgl. Laux (2004): S. 4, Pfaff/Kühn (2005): S. 202f. Vgl. außerdem Abschnitt 3.2.3.1.2.

435 Vgl. Pfaff/Kühn (2005): S. 200, Scherpereel (2005): S. 99.

436 Vgl. Laux (2004): S. 5, Bielefeld/Maifarth (2005): S. 172f., Scherpereel (2005): S. 100 sowie Schröck (1997): S. 157, D'Souza/Lai (2002): S. 87.

437 Vgl. Schröck (1997): S. 155ff., Matten (2000): S. 315, KPMG (2003): S. 8, Bielefeld/Maifarth (2005): S. 172, Tillmann (2006): S. 8.

438 Vgl. dazu Hartmann-Wendels et al. (2007): S. 323, Jorion (2007): S. 407ff. sowie empirisch Scherpereel (2005): S. 192.

budgets.[439] Dabei muss entschieden werden, ob die Performance auf das allozierte oder das effektiv benötigte Kapital gemessen wird. Die Zugrundelegung des allozierten Kapitals ist typischerweise mit dem wertvernichtenden Anreiz verbunden, Geschäfte zu tätigen, die für sich genommen unterhalb der Hurdle Rate liegen, jedoch zumindest rentabel sind und so in der Gesamtbetrachtung des Geschäftsbereichs aufgrund der RAPM-Logik eine inkrementelle Verbesserung suggerieren. Aus diesem Grund wird die Orientierung am effektiv benötigten Kapital befürwortet, was jedoch mit einer möglichen Unterauslastung des Kapitals und dem Erfordernis einer unterjährigen Reallokation verbunden ist.[440]

Nach dieser Darstellung des Status quo des wertorientierten Risikomanagements in Banken soll im folgenden Kapitel die Analyse der Wertrelevanz des Risikomanagements erfolgen, indem zunächst theoretisch dargelegt wird, wie durch Risikomanagement Wert generiert werden kann und darauf basierend die Beurteilung erfolgt, inwieweit Konformität zur hier dargestellten gegenwärtigen Ausgestaltung besteht.

---

439 „Bei einer ex ante Betrachtung geht man davon aus, dass jeder Geschäftsbereich sein Risikolimit bzw. Risikokapital voll ausschöpfen wird." Rudolph (2005): S. 48.

440 Vgl. Dresel et al. (2000): S. 10, Pfaff/Kühn (2005): S. 203f., Scherpereel (2005): S. 100f., Rudolph et al. (2007): S. 175. Z.T. werden in der Praxis auch „Strafprämien" für die „nicht-effiziente" Kapitalnutzung erhoben. Vgl. dazu Saita (1999): S. 103, Dresel et al. (2000): S. 10, Milne/Onorato (2004): S. 11. Vgl. auch Eisele (2004): S. 42f.

# 4 Analyse der Wertrelevanz des Risikomanagements

Die rein deskriptiv ausgerichtete Darstellung des Status quo des wertorientierten Risikomanagements im dritten Kapitel hat zum Ziel, zu beurteilen, inwieweit einerseits Konformität zwischen der gegenwärtigen praktischen Ausgestaltung bzw. mehrheitlichen Literaturauffassung und dem im zweiten Kapitel theoretisch hergeleiteten Wertmaximierungsziel besteht und welche Unterschiede oder Erweiterungen im Status quo andererseits zu beobachten sind. Deshalb sollen in Abschnitt 4.1 zunächst eine grundsätzliche Einordnung und das Aufzeigen von Unterschieden erfolgen, um Transparenz für die weitere Analyse zu schaffen. Dabei wird als Erstes dargelegt, dass unter den Prämissen einer kapitalmarkttheoretisch fundierten Wertmaximierung Risikomanagement auf Unternehmensebene irrelevant ist. Der wesentliche Unterschied im Status quo liegt dann in der impliziten Lockerung einer dieser Prämissen, die zu einer heuristischen, intuitiv geprägten Änderung der Rendite-/Risikosteuerung führt, bei der die Insolvenzvermeidung durch entsprechende Budgetierung von Risikokapital in den Vordergrund gerückt wird und dem Risikomanagement dadurch einen Ansatzpunkt liefert. *Froot/Stein (1998b)* halten diese Situation anschaulich wie folgt fest: *„Perhaps because the classical finance approach does not speak to their concerns with risk management, practitioners have developed alternative techniques for capital budgeting."*[441]

Die enorme Bedeutung des Risikomanagements in der Unternehmenspraxis hat zudem dazu geführt, dass aus Theoriesicht positive Erklärungen für das beobachtbare Risikomanagementverhalten entwickelt wurden, die im Wesentlichen jeweils partiell die Lockerung der der neoklassischen Kapitalmarkttheorie zugrundeliegenden Prämissen vornehmen.[442] Diese Erklärungsansätze werden in Abschnitt 4.2 dahingehend analysiert, inwieweit die Parameter einer am Anfang des Abschnitts aufgestellten Bewertungsfunktion für Banken beeinflusst werden können. Auf Basis dieser theoretischen Analyseergebnisse soll in Abschnitt 4.3 das intuitive Vorgehen des Status quo beurteilt werden.

---

[441] Froot/Stein (1998b): S. 57.

[442] „Die Literatur argumentiert jedoch insofern ad hoc, als sie Hedging als Risikoverringerung in Bezug auf ‚plausibilistische' Risikomaße – wie etwa die Insolvenzwahrscheinlichkeit – versteht, ohne geprüft zu haben, wie diese Risikomaße in der Zielfunktion der Shareholder wahrgenommen werden." Kürsten (2006a): S. 26.

## 4.1 Irrelevanz des Risikomanagements bei vollkommenen Kapitalmärkten und Einordnung des Risikomanagement-Status quo

Auf Basis des in Abschnitt 2.1 dargestellten gleichgewichtstheoretischen Grundmodells wird nur für den systematischen Teil des Risikos eine Risikoprämie entgolten, d.h. am Markt bepreist. Werden systematische Risiken über Finanzinstrumente an den Kapitalmarkt transferiert, erfolgt dort jeweils eine marktgerechte Bewertung, sodass die Verringerung des systematischen Risikos gleichzeitig mit einer exakt kompensierenden Verringerung der bewertungsrelevanten Einzahlungsüberschüsse für das Risiko abgebende Unternehmen verbunden ist. Aufgrund des Wertadditivitätsprinzips stellt der Preis des Hedge eben genau die damit erzielte Wertänderung des bisherigen Portfolios dar. Folglich ergibt sich keine Änderung des Eigenkapitalmarktwerts[443], da das Unternehmen sich lediglich entlang der Wertpapiermarktlinie bewegt. Daneben hat auch das Management von unsystematischen Risiken auf Bankebene keine wertsteigernde Wirkung, da für den Anleger dieses Risiko in seinem perfekt diversifizierten Portfolio ohne Relevanz ist und folglich nicht bepreist wird. *Stulz (2000)* bemerkt dazu: *„A company might reduce the volatility in its share price by reducing its idiosyncratic risks, but that does not mean that its share price will rise. Well-diversified shareholders did not notice these idiosyncratic risks before the company reduced them and will not reward the company for actions that they do not notice. In the long run, the argument goes, risk management cannot create wealth because it does not increase the company's expected cash flow – it just smooths out the ups and downs in cash flow.“*[444] Risikomanagement liefert im vollkommenen Markt folglich keinen Wertbeitrag, weil Banken auch im Falle negativer Ergebnisabweichungen jederzeit in der Lage sind, unendlich viele Mittel für Investitionen am Kapitalmarkt zu erhalten.[445]

---

[443] Dabei wird von möglichen Transaktionskosten, die durch das Hedging induziert werden, abstrahiert.

[444] Stulz (2000).

[445] Vgl. Fite/Pfleiderer (1995): S. 142ff., Pritsch/Hommel (1997): S. 674, Guthoff (2001): S. 18ff. m.w.N., Stulz (2000), Pagano (2001): S. 280f., Ruß/Gebhardt (2002): S. 2f., Schröck (2002): S. 61ff., Crouhy et al. (2006): S. 39. Außerdem müsste bei einem vollkommenen und vollständigen Kapitalmarkt Banken grundsätzlich die Existenzberechtigung abgesprochen werden, da Kreditnehmer und -geber bzw. Unternehmen und Haushalte auf direktem Wege miteinander interagieren könnten und die Transformationsfunktionen des Intermediärs nicht erforderlich wären. Vgl. Freixas/Rochet (1998): S. 8.

Die Irrelevanz des Risikomanagements lässt sich auch auf Basis des *Modigliani/Miller*-Theorems (Proposition I) analog zum Arbitragebeweis zur Irrelevanz der Kapitalstruktur, wo Investoren die unternehmerische Finanzierungspolitik auf privater Ebene jederzeit replizieren können, zeigen. Die Aktionäre können dabei jede beliebige Kombination von Risiko und Ertrag durch private Transaktionen herbeiführen, sodass Hedging bzw. Risikomanagement auf Unternehmensebene – analog zum Leverage – für sie irrelevant ist („homemade-hedging" bzw. „homemade-risk management").[446]

Es ist allerdings festzustellen, dass die im dritten Kapitel beschriebene gegenwärtige Ausgestaltung des Risikomanagements grundsätzlich das gleiche neoklassisch-mikroökonomische Theoriegebäude verwendet, das im zweiten Kapital zur Fundierung des Unternehmensziels der Wertmaximierung dargestellt wurde. Dies spiegelt sich z.B. in der Verwendung eines opportunitätskostenorientierten, kapitalmarkt-gleichgewichtstheoretisch hergeleiteten Mindestverzin-sungsanspruchs auf das von den Aktionären überlassene Eigenkapital wider.[447] Während in den kapitalmarkttheoretischen Modellen jedoch Insolvenzgesichtspunkte klassischerweise ausgeklammert werden, kommt bei der internen Budgetierung der Eigenkapitalressource in der gegenwärtigen Ausgestaltung dieser Aspekt zusätzlich zum Tragen. Darin spielen v.a. Solvabilitätsgesichtspunkte innerhalb der Steuerungslogik eine Rolle, indem das Kapital auf Risikopositionen danach verteilt wird, wie viel die jeweilige Risikoposition zum Gesamtrisiko (VaR) der Bank beiträgt und wie viel Kapital zur Abfederung dieses Risikos mindestens notwendig ist, um solvent zu bleiben.

Die „risikoneutrale" Verwendung des Marktwertkriteriums in der Bewertung von Investitionsprojekten, die sich unter Ausklammerung der Insolvenzgefahr ergibt, wird durch diesen Ansatz verworfen. Über die Berücksichtigung des die Bank betreffenden Gesamtrisikos auf Basis der VaR-Größen ändert sich das Entscheidungskriterium dahingehend, dass für die Bestimmung des allozierten Kapitals jeweils das relative Risiko zum gesamten Bankrisiko Berücksichtigung

---

[446] Vgl. v.a. MacMinn (1987): S. 1169ff., der aufzeigt, wie die *Modigliani/Miller*-Theoreme auch auf Hedging bzw. Risikomanagement angewendet werden können. Vgl. außerdem die in FN 445 angegebene Literatur sowie Ammon (1998): S. 3.

[447] Vgl. dazu die Abschnitte 2.2 und 3.2.3.1.2.

findet und somit aufgrund der Mess-/Berechnungslogik der Beitrag zum Ausfallrisiko. Diese zusätzliche Risikoadjustierung führt zu quasi-risikoaversem Verhalten auf Bankebene, indem Entscheidungen eine Art von Nutzenfunktion auf Unternehmensebene zugrundegelegt wird.[448] Die Kompensation für den unerwarteten Verlust stellt eine Risikoprämie im Sinne von Abschnitt 2.1.1 dar und reflektiert die Risikoaversion des Entscheiders – d.h. in diesem Falle die Risikoaversion der Bank bzw. des Bankmanagements –, da bei Neutralität nur der Erwartungswert eine Kompensation erfordern würde.[449]

Dieser zusätzliche Aspekt im Rahmen des Optimierungskalküls wird dabei als konform mit der Zielsetzung der Wertmaximierung gesehen, da der unerwartete Verlust in eine Eigenkapitalgröße als Risikodeckungsmasse umgerechnet und mit einer aus dem Kapitalmarkt abgeleiteten Mindestrenditeforderung verbunden wird. Der Grundgedanke der Unterlegung von Risiken mit Eigenkapital hat sich v.a. aufgrund der aufsichtsrechtlichen Anforderungen gedanklich festgesetzt und wird darüber hinausgehend mithilfe interner Modelle zunehmend „ökonomisch" praktiziert. In der Status quo-Betrachtung bekommt Risikomanagement für die wertorientierte Steuerung insbesondere dahingehend Relevanz, indem Maßnahmen zur Beeinflussung der Risikoposition als kostengünstiges Substitut für die Eigenkapitalunterlegung von Risiken betrachtet werden. Maßgebliche Größe für die Sicherung der Solvenz sind somit die Eigenkapitalkosten auf die vorgehaltene Risikodeckungsmasse und damit eine indirekte Bewertung des Effekts, der von Risikomanagementmaßnahmen ausgeht. Eine direkte Quantifizierung findet dabei nicht statt.

Diesen Aspekt greifen verschiedene Ansätze auf, die Risikomanagement positiv erklären, indem theoretisch analysiert wird, welche direkten Wirkungen von Risikomanagement bzw. Hedging ausgehen und damit zu einer Wertänderung beitragen. Da die Erklärungsansätze keine zur oben beschriebenen Wertschaffungslogik vergleichbare Quantifizierung vornehmen, sollen die jeweili-

---

[448] Vgl. Jarrow/Purnanandam (2004): S. 2, Hartmann-Wendels et al. (2007): S. 322. Strenggenommen hat eine Bank keine eigene Nutzenfunktion, da sie keine natürliche Person darstellt. Deshalb kann sie auch nicht risikoavers sein. Da sich im vorliegenden Kontext Banken verhalten (sollten), als ob sie risikoavers wären, wird in der Folge von quasi-risikoaversem Verhalten gesprochen. Vgl. dazu Guthoff (2001): S. 21.

[449] Vgl. Oehler/Unser (2002): S. 338f., Rau-Bredow (2002): S. 3, Hartmann-Wendels et al. (2007): S. 716.

gen Ansätze im Rahmen einer marktorientierten Bewertungsfunktion analysiert, im Hinblick auf ihre Relevanz für Banken bewertet und anschließend zusammengeführt werden. Darauf basierend soll schließlich die Beurteilung des intuitiven Vorgehens im Status quo erfolgen.

## 4.2 Analyse möglicher Erklärungsansätze zur Wertrelevanz des Risikomanagements

Die positiven Erklärungsansätze zum Risikomanagement sind zunächst allgemein für Unternehmen und mit dem Fokus auf Hedging entwickelt worden.[450] Hedging bzw. Risikomanagement auf Unternehmensebene wird dabei im Wesentlichen über ökonomische Kosten aus Marktunvollkommenheiten – wie konvexe Steuerfunktionen, teure Außenfinanzierungen, Insolvenz-/Financial Distress-Kosten, Transaktionskosten von Risikomanagementmaßnahmen sowie der Existenz nicht ausreichend diversifizierter Aktionäre – und eine entsprechende Reduzierung dieser Kosten erklärt.[451] Über die Aufgabe einzelner Prämissen des vollkommenen Kapitalmarktes ist so zunächst allgemein erläutert worden, dass Risiko auch auf Unternehmensebene eine Rolle spielt, und damit die Existenzberechtigung des Risikomanagements per se begründet worden. Zudem hat sich darüber die Motivation ableiten lassen, warum Unternehmen hedgen oder Versicherungen abschließen. Schließlich sind in der Folgezeit auch Arbeiten entstanden, die auf einzelnen Erklärungsansätzen aufbauen und normativen Charakter haben.[452] In dieser Arbeit sollen die verschiedenen Erklärungsansätze mithilfe einer marktorientierten Bewertungsfunktion speziell für Banken analysiert werden. Zusätzlich zu den bereits vor-

---

[450] Vgl. dazu die in den nachfolgenden Erklärungsansätzen jeweils angegebene Primärliteratur.

[451] Theoretische und empirische Beiträge, die die Begründung des Risikomanagements über Marktunvollkommenheiten erklären, entstanden seit Mitte der 1980er Jahre. Als Pionierarbeit ist Stulz (1984) zu nennen. Der Schwerpunkt dieser Arbeiten bezieht sich nicht direkt auf Banken, vielmehr stehen „Industrieunternehmen" im Mittelpunkt und Banken werden dabei z.T. ausgeklammert. Die erste Abhandlung, die sich explizit mit Banken beschäftigt, stammt von Froot/Stein (1998). Vgl. dazu auch Ammon (1998): S. 3, Guthoff (2001): S. 23f.

[452] Vgl. dazu Abschnitt 5.1.1 sowie die dort angegebene Literatur.

handenen Erklärungsansätzen, die nur den Hedgingaspekt berücksichtigen[453], werden mit Ist-Risikokosten und Arbitragemöglichkeiten zwei weitere Ansätze neu hinzugefügt, bei denen das Risikomanagementinstrumentarium über das Hedging hinausgeht.

### 4.2.1 Marktorientierte Bewertungsfunktion für Banken als Analyserahmen

In der folgenden Analyse soll untersucht werden, inwieweit sich Risikomanage-mentmaßnahmen auf den Marktwert des Eigenkapitals einer Unternehmung auswirken können. Zur Beurteilung der Wertrelevanz des Risikomanagements auf Basis des Marktwertkriteriums[454] kann grundsätzlich zwischen einem modelltheoretischen sowie einem empirischen Analyseansatz unterschieden werden.

Im Rahmen von empirischen Analysen zur Wert- bzw. Bewertungsrelevanz werden häufig sogenannte Assoziationsstudien angewendet, die i.d.R. über eine Regression bestimmter Unternehmensdaten – Rechnungslegungs- und andere veröffentlichte Zahlen – mit beobachtbaren Marktdaten als zu erklärenden Variablen statistische Zusammenhänge analysieren.[455] Unter der Annahme eines in zumindest halbstrenger Form effizienten Kapitalmarktes[456] ließe sich über Veränderungsraten von Risikogrößen (in Verbindung mit Ertrags- und Eigenkapitalgrößen) und Marktpreisänderungen die Wertrelevanz des Risikomanagements beurteilen. Bislang ist meines Wissens jedoch keine Studie existent, die diesen Zusammenhang umfassend überprüft.[457] Dies ist letztlich darin begründet, dass die dazu notwendigen Daten i.d.R. nur eingeschränkt

---

[453] In den bestehenden Erklärungsansätzen wird nicht zuletzt aufgrund der Fokussierung von Industrie- und Handelsunternehmen unternehmerisches Risikomanagement mit Hedging gleichgesetzt. Vgl. Pritsch/Hommel (1997): S. 673.

[454] Vgl. zu einer Übersicht und Beurteilung weiterer Ansätze zur Analyse der ökonomischen Relevanz des Risikomanagements Kürsten (2006a) sowie Kürsten (2006b).

[455] Vgl. ausführlich Mölls/Strauß (2007a).

[456] Vgl. Fama (1970): S. 383ff., Fama (1991): S. 1575ff.

[457] Vgl. auch Faust (2002): S. 178f. Die vorliegenden Studien, die sich explizit auf Banken beziehen, betrachten als Untersuchungsgegenstand v.a. das Fair Value Accounting. Vgl. dazu Mölls/Strauß (2007a) sowie Schmidt (2005): S. 126ff. und die dort jeweils angegebenen Studien.

frei zugänglich sind und aufgrund der divergierenden Messmethoden und -modelle keine ausreichende Vergleichbarkeit gegeben ist. Zwar werden ggf. durch die zunehmende Veröffentlichung von Risikodaten, nicht zuletzt im Hinblick auf die Säule 3 von Basel II, aussagekräftige Studien zukünftig möglich sein, im Rahmen dieser Arbeit wird der empirische Weg jedoch aus den genannten Gründen nicht weiterverfolgt, sondern ein theoretischer Weg eingeschlagen. Empirische Ergebnisse, die im Kontext der positiven Erklärungsansätze existieren, werden an den jeweiligen Stellen ergänzend hinzugezogen.

Für die theoretische Analyse ist zunächst ein Proxy für den „wahren" Marktwert der Bank, der sich auf einem effizienten Kapitalmarkt ergeben müsste, zu bestimmen. Der an der Börse beobachtbare Marktpreis des Eigenkapitals (Börsenwert) sollte in (halbstreng) effizienten Märkten diesen Wert widerspiegeln[458] und ergibt sich als Resultat der Preisbildung auf dem Kapitalmarkt. Der Preis stellt dabei das Ergebnis der (fundamentalen) Bewertungen durch die Marktteilnehmer als Schnittstelle von Angebot und Nachfrage dar.[459] Für die nachfolgende Analyse soll daher eine derartige marktorientierte Bewertungsfunktion als Rahmen dienen. Innerhalb dieses Rahmens sollen die verschiedenen Erklärungsansätze hinsichtlich der potentiellen Wertrelevanz des Risikomanagements analysiert werden.[460] Ein solcher Bewertungsansatz „stimmt mit den Vorstellungen der fundamentalen Unternehmensbewertung an den Kapitalmärkten überein"[461] und beherrscht folglich auch die Literaturdiskussion und die praktische Anwendung.[462]

Allerdings erscheint die Nutzung einer derartigen Bewertungsfunktion, die auf dem Theoriegebäude vollkommener Märkte aufbaut, zur Analyse der Wertre-

---

458 Vgl. Küting et al. (2000): S. 4, Mölls (2004): S. 41 m.w.N., Spremann (2004): S. 21, Mölls/Strauß (2007a): S. 956. Allerdings muss der Marktpreis nicht notwendigerweise gleich dem Wert sein, da hier u.U. noch andere Faktoren eine Rolle spielen können, die nicht durch rationales Verhalten erklärbar sind.

459 Vgl. Helbling (2005): S. 409f. Zur Diskussion, ob das DCF-Verfahren ein Kalkül zur Bestimmung von Grenzpreisen (Entscheidungswerten) oder Marktwerten darstellt, vgl. Krag/Kasperzak (2000): S. 7 und S. 112.

460 Die Analyse geht dabei immer vom Allgemeinfall aus und berücksichtigt keine individuellen Anlegerstrukturen. Vgl. dazu 4.2.3.1.2.

461 Küting et al. (2000): S. 37.

462 Vgl. Mölls (2004): S. 41 m.w.N.

levanz des Risikomanagements zunächst als *contradictio in se*, da im letzten Abschnitt gerade die Irrelevanz des Risikomanagements bei vollkommenen Märkten begründet wurde. Über die Verwendung der genannten Erklärungsansätze kann jedoch analysiert werden, wann genau sich bei partieller Aufhebung von Prämissen Konstellationen ergeben, in denen Risikomanagement auf Ebene der Bank nicht äquivalent auf Aktionärsebene repliziert werden kann. Dies ist immer dann der Fall, wenn die wertbestimmenden Faktoren ausschließlich oder kostengünstiger durch Risikomanagement auf Ebene der Bank beeinflusst werden können.[463] Durch die Verbindung der marktorientierten Bewertungsfunktion mit den Erklärungsansätzen eröffnet sich somit die Möglichkeit, Wertlücken zu identifizieren, die lediglich durch Risikomanagement auf Unternehmensebene ausgenutzt werden können.

Die Integration dieser Wertlücken, die letztlich jeweils auf Marktunvollkommenheiten beruhen, in ein Bewertungsmodell, das auf einem gleichgewichtstheoretischen Ansatz mit den Prämissen des vollkommenen Marktes fußt, ist dabei nicht vollständig konsistent, da strenggenommen das Marktwertkriterium bei unvollkommenen Märkten keine Gültigkeit besitzt.[464] Das Vorgehen stellt dennoch eine sinnvolle und adäquate Option zur Analyse der Wertrelevanz des Risikomanagements von Banken dar, weil sich zum einen im Hinblick auf die Bewertung bis dato noch keine allgemein anerkannte Alternative zum CAPM herausgebildet hat – Modellerweiterungen, die eine realitätsnähere Abbildung zum Ziel haben, erreichen keine signifikante zusätzliche Aussagekraft, sind aber mit einer deutlich erhöhten Komplexität verbunden.[465] Da das CAPM zumindest als gute Approximation dienen kann, erfährt es auch für reale Marktgegebenheiten weitgehend grundsätzliche wissenschaftliche Anerkennung[466] und ist darüber hinaus gerade im Hinblick auf die praktische Anwendung dominant[467] und somit auch auf unvollkommenen Märkten in signifikan-

---

463 Vgl. Stulz (2003): S. 52.

464 Vgl. Abschnitt 2.1.4.

465 Vgl. dazu Baule (2002): S. 106ff., Culp (2006): S. 89 sowie die in FN 89 angegebene Literatur. Vgl. auch Gramlich (2005).

466 Vgl. Stegemann (2001): S. 38 m.w.N., Baule (2002): S. 106ff. m.w.N., Mölls (2004): S. 200 m.w.N. Vgl. auch speziell im Hinblick auf weiter unten folgende Erklärungsansätze Kürsten (2006b): S. 197.

tem Maße relevant für die Preisbildung. „Einige Autoren sehen ... sogar eine Anpassung des empirischen Kapitalmarktgeschehens an die Kapitalmarkttheorie und somit eine Umkehrung des Wissenschaftsideals.“[468]

Zudem ist die Anwendung von Modellen auf Basis vollkommener Märkte für reale Entscheidungssituationen auch in anderen Bereichen nicht unüblich. Optionspreismodelle auf der Grundlage von *Black/Scholes*[469] und *Merton*[470] fußen dabei ebenfalls auf den Annahmen vollkommener Märkte. Bei der Bewertung von Derivaten aus dem Marktwert des Basistitels werden die mit sehr restriktiven Annahmen behafteten Modelle implizit übernommen.[471] Entsprechende optionspreistheoretische Ansätze finden im Übrigen auch im Rahmen der Kreditrisikomessung bei Banken Anwendung.[472] Daneben basiert auch die weitverbreitete Marktzinsmethode auf dem Theoriegebäude vollkommener Märkte.[473]

Die Verwendung des Marktwerts, der sich auf einem vollkommenen Markt einstellen würde, als Referenzpunkt erlaubt somit eine Quantifizierung der aus den Marktunvollkommenheiten resultierenden Abweichungen von diesem Wert und damit des Wertschaffungspotentials für ein Risikomanagement, dass diese Friktionen reduzieren kann.

---

467 Vgl. Adamus/Koch (2006): S. 155ff., Lütke-Uhlenbrock (2006): S. 56ff. Vgl. auch Mölls (2004): S. 200, Helbling (2005): S. 421. Daneben ist in der Praxis v.a. die Anwendung von Multiplikatoren (Multiples) weit verbreitet. Diese stellen jedoch i.e.S. keine Bewertungsfunktion dar, sondern sind als Bewertungsergebnis der Marktteilnehmer aufzufassen.

468 Krag/Kasperzak (2000): S. 93. Vgl. auch Spremann (1996): S. 552, Krag/Kasperzak (2000): S. 93 m.w.N.

469 Vgl. Black/Scholes (1973).

470 Vgl. Merton (1973).

471 Vgl. auch Oehler/Unser (2002): S. 49f., Hartmann-Wendels et al. (2007): S. 255ff. sowie zur Verträglichkeit von Kapitalmarktunvollkommenheiten mit Modellen des vollkommenen Kapitalmarktes Guthoff (2001): S. 42ff.

472 Vgl. grundlegend Merton (1974) sowie die in FN 242 angegebene Literatur im Hinblick auf sog. Unternehmenswertmodelle.

473 Vgl. dazu die in FN 357 angegebene Literatur.

#### 4.2.1.1 Spezifische Anforderungen bei der Bewertung von Banken

Zunächst soll an dieser Stelle eine marktorientierte Bewertungsfunktion für Banken dargestellt werden, die als Analyserahmen verwendet wird. Dabei kann grundsätzlich auf dem in Abschnitt 2.2.1 vorgestellten Vorgehen aufgebaut werden, d.h., zur Bewertung von Banken ist keine eigene Theorie erforderlich, sondern es wird typischerweise auf dem DCF-Ansatz aufgesetzt.[474] Aufgrund der in Abschnitt 2.3 erläuterten bankspezifischen Besonderheiten[475] wird in der Bewertung von Banken im Regelfall auf den Equity-Ansatz zurückgegriffen. Dies liegt insbesondere darin begründet, dass im Entity-Ansatz der Marktwert des Fremdkapitals bestimmt werden muss und dies bei Banken, wie in Abschnitt 2.3 dargelegt, mit Problemen behaftet ist[476], während im Equity-Ansatz der Zinsaufwand im Cash Flow unmittelbar subtrahiert werden kann. Dies entspricht im Übrigen auch der bei Banken vorherrschenden Berücksichtigung der Fremdkapitalzinsen im Betriebsergebnis statt im Finanzergebnis. Damit wird auch die Diskontierung mit dem Eigenkapitalkostensatz ermöglicht und die Bestimmung eines gewichteten Gesamtkapitalkostensatzes vermieden, was aufgrund des hohen Leverages sowie der Fremdkapitalstruktur mit Einlagen als eigener Wertquelle schwierig und fehleranfällig ist.[477] Die Spezifizierung der grundsätzlichen Bewertungsfunktion auf Banken basiert deshalb im Folgenden auf dem Equity-Ansatz[478] und ergibt sich durch Abdiskontierung

---

474 Vgl. zur Bewertung von Banken z.B. Zessin (1982), Adolf et al. (1989a), Adolf et al. (1989b), Strutz (1993), Behm (1994), Kümmel (1995), Miller (1995), Vettiger (1996), Schröck (1997): S. 81ff., Höhmann (1998), Hörter (1998), Wildgruber (1998), Koch (2000), Wilkens/Zemke (2000), Copeland et al. (2002): S. 501ff., Kunowski (2002), Adamus/Koch (2006), Gross (2006), Lütke-Uhlenbrock (2006).

475 Weitere bankspezifische Bewertungsprobleme liegen bspw. darin, dass Zinsänderungen letztlich nicht nur den Zinssatz eines Bankprodukts beeinflussen, sondern aufgrund von Sensitivitäten auch Auswirkungen auf das den Prognosen zugrundezulegende Volumen berücksichtigt werden müssen. Vgl. Sonntag (2001): S. 2.

476 Zwar ist dieses Argument grundsätzlich stichhaltig, allerdings ist die Bestimmung des Fremdkapitalmarktwerts je nach Bestimmbarkeit des Beta-Faktors u.U. dennoch erforderlich; dabei jedoch in der Sensitivität auf den Wert weniger gravierend.

477 Vgl. Strutz (1993): S. 87, Behm (1994): S. 59, Vettiger (1996): S. 125f., Schröck (1997): S. 82ff., Sonntag (2001): S. 5f., Copeland et al. (2002): S. 503f., Faust (2002): S. 63f., Adamus/Koch (2006): S. 152f.

478 Es sei darauf hingewiesen, dass die Verwendung des Equity-Ansatzes stets Bewertungsvorleistungen des APV-Ansatzes benötigt und insofern ein nicht unmittelbar zielführendes (weil Mehrarbeit implizierendes) Verfahren darstellt. Vgl. Krag/Kasperzak (2000): S. 109f. Ungeachtet dessen dürfte sich diese Variante in der bankspezifischen Praxis aber insbesondere aufgrund der Kompaktheit des Bewertungskalküls im Vergleich zur Bruttorechnung durchgesetzt haben.

des erwarteten Cash Flows nach Steuern[479] mit den Eigenkapitalkosten auf Basis des CAPM. Dabei soll im weiteren Verlauf der Arbeit jeweils der Cash Flow vor Fremdkapitalzinsen ausgewiesen werden sowie eine explizite Betrachtung der Fremdkapitalzinsen erfolgen:[480,481]

$$MW = \sum_{t=1}^{n} \frac{\left(E(CF_t) - r_f FK_{t-1}\right) \cdot (1-s)}{\left(1 + r_f + \frac{\mu_M - r_f}{\sigma_M^2} \sigma_{iM}\right)^t} \qquad (4.1)$$

mit: $s$ = Steuersatz

bzw.:

$$MW = \sum_{t=1}^{n} \frac{\left(E(CF_t) - r_f FK_{t-1}\right) \cdot (1-s)}{(1 + k_{EK})^t} \qquad (4.2)$$

mit: $k_{EK}$ = Eigenkapitalkostensatz

Cash Flow und Kapitalkosten stellen somit die Bestimmungsfaktoren des Werts dar. Ihre Ermittlung im Rahmen der Bankenbewertung wird im Folgenden jeweils kurz dargestellt. Bezüglich der Eigenkapitalkosten geht die vorstehende Bewertungsformel von periodenkonstanten Größen aus. Dies drückt allerdings nicht die Annahme einer wertabhängigen Finanzierungsstrategie aus, sondern trägt vielmehr dem Umstand Rechnung, dass bisher noch keine überzeugende Vorstellung über eine mehrperiodige Diskontierung entwickelt

---

479 Gemeint ist der Cash Flow nach Unternehmenssteuern, was der gängigen Handhabung in der Praxis entspricht und auch vom IDW (IDW ES 1 und IDW RS HFA 10) für bestimmte Bewertungssituationen angenommen wird. Die Einbeziehung persönlicher Steuern stellt den Bewerter generell vor das Problem, die individuellen steuerlichen Verhältnisse der einzelnen Investoren nicht sinnvoll aggregieren zu können, so dass zwangsläufig auch hier Typisierungen notwendig wären.

480 Aufgrund der besonderen Bedeutung der Fremdkapitalzinsen, die in Abschnitt 4.2.1.4 noch einmal aufgegriffen wird, erfolgt an dieser Stelle die explizite Darstellung dieser Position, die im Rahmen des Equity-Ansatzes eigentlich innerhalb der Cash Flow-Größe erfasst würde. D.h., in dieser Darstellung stellt der Cash Flow einen Wert vor Fremdkapitalzinsen dar.

481 Die direkte Berechnung des Gesamtbankwerts stellt den Standardfall in der Literatur dar. Teilweise werden ergänzend bzw. ersetzend die Wertermittlungen nach strategischen Geschäftsfeldern, Geschäftsbereichen oder Value-Centern (Aktiv-, Passiv- und Treasurygeschäft analog zur Marktzinsmethode) separat vorgenommen und zum Gesamtbankwert addiert. Vgl. dazu die Übersicht bei Sonntag (2001): S. 6ff. m.w.N.

worden ist.[482] Insofern liegt es aus pragmatischen Gründen nahe, das mehrperiodige Bewertungsproblem unter der Annahme zeitlicher Konstanz auf eine Sequenz von einperiodigen Problemen herunter zu brechen.

#### 4.2.1.2 Berechnung des freien Cash Flows

Als freier Cash Flow sind alle Zahlungsmittel zu bezeichnen, die durch die Bank in einem bestimmten Zeitraum erwirtschaftet werden und entweder als Ausschüttungen an die Aktionäre oder aber sonstige Maßnahmen im Sinne der Eigenkapitalgeber verwendet werden und damit ein Ausschüttungssubstitut darstellen.[483] Bei Banken setzt sich dieser Cash Flow vereinfacht dargestellt aus folgenden Komponenten zusammen:[484]

| | |
|---|---|
| | Zinsergebnis[485] |
| + | Provisionsergebnis |
| + | Handelsergebnis |
| + | Finanzanlageergebnis |
| -/+ | Risikovorsorge[486] |

---

482 Vgl. Mölls et al. (2006), Mölls et al. (2008).

483 Vgl. Spremann (2004): S. 174. Korrekterweise würde der Cash Flow in diesem Sinne als Free Cash Flow to Equity bzw. freier/Free Cash Flow an die Eigenkapitalgeber bezeichnet. Vereinfachend soll jedoch fortan „freier“ bzw. „Free Cash Flow“ bzw. lediglich „Cash Flow“ Verwendung finden.

484 Weitere Positionen (Mittelzu- und -abflüsse aus operativen und Investitionsaktivitäten sowie aus der Geschäftsstruktur) sowie die Korrektur um Aufwands-/Ertragspositionen, die in der jeweiligen Periode nicht zu Aus-/Einzahlungen geführt haben, zur vollständigen Berechnung des freien Cash Flows sollen hier nicht dezidiert aufgeführt werden. Zur detaillierten Ermittlung des Cash Flows vgl. Strutz (1993): S. 83ff., Behm (1994): S. 60, Vettiger (1996): S. 128f., Schröck (1997): S. 84f., Höhmann (1998): S. 27ff., Prußog (2000): S. 54, Copeland et al. (2002): S. 504f., Faust (2002): S. 65ff., Adamus/Koch (2006): S. 153ff.

485 Die Ermittlung des Zinsergebnisses kann auf Basis der Marktzinsmethode erfolgen. Vgl. dazu die Ausführungen in Abschnitt 3.2.3.2.2 sowie die dort angegebene Literatur. Vgl. außerdem ausführlich Sonntag (2001) sowie Copeland et al. (2002): S. 505f.

486 Anzumerken ist, dass aus theoretischer Sicht bei der Überleitung des Jahresüberschusses auf den Cash Flow eine Korrektur dieser Position erfolgen müsste, da keine Zahlungswirksamkeit

- Verwaltungsaufwendungen
- Steuern

Die Prognose des Cash Flows erfolgt i.d.R. dezidiert für eine bestimmte Anzahl an Perioden. Für die weiter entfernt liegende Zukunft wird ein Restwert bestimmt, der die entsprechenden Cash Flows in Form einer ewigen Rente – ggf. unter Einbezug eines Wachstumsparameters – beinhaltet.[487] Sowohl die dezidiert ermittelten Cash Flows als auch der Restwert werden anschließend auf den Bewertungszeitpunkt mithilfe der Kapitalkosten abdiskontiert.

#### 4.2.1.3 Berechnung der Kapitalkosten

Bei Nutzung des Equity-Ansatzes ergibt sich für die Berechnung des Abzinsungsfaktors die ausschließliche Berücksichtigung der Eigenkapitalkosten, da Fremdkapitalkosten bereits im Cash Flow zum Abzug geführt werden. Grundlage für die Berechnung der Eigenkapitalkosten soll an dieser Stelle das CAPM sein. Der Abzinsungsfaktor berücksichtigt damit sowohl die zeitliche Dimension der Kapitalüberlassung als auch eine Risikoprämie im Hinblick auf die systematische Variabilität der erwarteten Rückflüsse bzw. der Rendite.

Das durch den Beta-Faktor ausgedrückte Risiko reflektiert das Geschäfts- sowie das Kapitalstrukturrisiko. Dabei ist für ein unterstelltes rein eigenfinanziertes Unternehmen lediglich die systematische Ergebnisvariabilität aus dem Geschäftsrisiko relevant. Bei zunehmendem Verschuldungsgrad steigt jedoch die

---

vorhanden ist. Copeland et al. (2002): S. 505 merken dazu jedoch an: „Vereinfachend können Rückstellungen für Kreditausfälle jedoch wie ein Cashflow behandelt werden. In der Praxis besteht auch kaum eine andere Wahl, weil tatsächliche Cashflows im Zusammenhang mit dem Ausfall von Krediten nicht publiziert werden."

487 Nach diesem sog. Phasenmodell ergibt sich:

$$MW = \sum_{t=1}^{T} \frac{\left(E(CF_t) - r_f FK_{t-1}\right) \cdot (1-s)}{(1+k_{EK})^t} + \frac{\left(E(CF) - r_f FK\right)_{T+1} \cdot (1-s)}{k_{EK} \cdot (1+k_{EK})^T}.$$

Vgl. zur Prognose Strutz (1993): S. 83ff., Höhmann (1998): S. 90ff., Sonntag (2001): S. 136ff. m.w.N., Faust (2002): S. 75ff. m.w.N., Kunowski (2002): S. 48ff., Gross (2006): S. 65ff., Lütke-Uhlenbrock (2006): S. 67ff.

Renditeforderung der Aktionäre, da die Renditevarianz der Bank zunimmt.[488] Das gesamte systematische Risiko ergibt sich aus einer linearen Funktion von Geschäfts- und Kapitalstrukturrisiko mit dem Geschäftsrisiko-Beta als Steigungsfaktor.[489] Zur Bestimmung der zukünftigen Beta-Faktoren werden in praxi historische Daten verwendet, wobei im Rahmen von Extrapolationen teilweise Adjustierungen vorgenommen werden. Ggf. muss auch auf Analogie- oder Analyseansätze[490] zur Bestimmung der Beta-Faktoren zurückgegriffen werden, v.a. wenn keine bzw. keine ausreichende Datenhistorie verfügbar ist.[491] Zudem müssen die vom Markt exogen bestimmten Parameter der Kapitalkosten, risikoloser Zins[492] und Rendite des Marktportfolios[493], ermittelt werden.[494]

Da diese Bewertung folglich lediglich von den beiden Parametern Cash Flow und Kapitalkosten abhängig ist, kann Risikomanagement auf Bankebene nur dann Wert schaffen, wenn eine dieser Positionen verbessert wird, ohne dass eine kompensierende Änderung der anderen Größe erfolgt.[495]

---

488 Vgl. Krag/Kasperzak (2000): S. 101. Vgl. auch das Beispiel in Schneider (1992): S. 546ff.

489 Die situationsspezifische Anpassung des Betafaktors an das jeweils vorliegende Kapitalstrukturrisiko kann in Abhängigkeit von der gewählten Finanzierungssstrategie (zumindest näherungsweise) über Anpassungsformeln erfolgen. Vgl. Drukarczyk/Schüler (2007): S. 357ff., Kruschwitz/Löffler (2006): S. 71ff.

490 Bei Analogieansätzen wird auf Beta-Faktoren einer Branche (Industry-Beta), einer Vergleichsgruppe (Peer Group-Beta) oder eines einzelnen Referenzunternehmens (Pure Play-Beta) zurückgegriffen. Analyseansätze verwenden wesentliche ökonomische Bestimmungsfaktoren des systematischen Risikos für die Ermittlung und können ferner nach buchhalterischen Beta-Faktoren (i.d.R. Gewinnbetawerte) und Fundamental-Betas (auf Basis von Mehrfaktorenmodellen, die zusätzlich volkswirtschaftliche Größen verwenden) differenziert werden. Vgl. Freygang (1993): S. 251ff., Stegemann (2001): S. 226ff., Faust (2002): S. 183ff., Lütke-Uhlenbrock (2006): S. 206ff.

491 Vgl. Höhmann (1998): S. 157ff., Faust (2002): S. 110ff.

492 Vgl. zur Ermittlung des risikolosen Zinssatzes Höhmann (1998): S. 153f. m.w.N., Faust (2002): S. 101ff. m.w.N.

493 Vgl. zur Ermittlung der Rendite des Marktportfolios Höhmann (1998): S. 154ff. m.w.N., Faust (2002): S. 106ff. m.w.N.

494 Vgl. Mölls (2004): S. 204 m.w.N.

495 Vgl. Pritsch/Hommel (1997): S. 673.

#### 4.2.1.4 Zusätzliche Annahmen für die Analyse

Bereits in Abschnitt 2.2.1 wurde im Zusammenhang mit der Darstellung der marktorientierten Bewertungslehre durch die Berücksichtigung des Steuervorteils aus der Fremdkapitalfinanzierung eine Prämisse des vollkommenen Marktes aufgegeben. Bisher wurde jedoch davon abstrahiert, welche Implikationen daraus für finanzwirtschaftliche Entscheidungen hinsichtlich der optimalen Kapitalstruktur entstehen. Als Folge des Steuervorteils sollte die Kapitalstruktur auf ein maximales Verhältnis von Fremd- zu Eigenkapital modifiziert werden, um eine maximale Steuerersparnis zu erzielen.

Dabei würde jedoch unterstellt, dass Fremdkapital risikofrei ist bzw. Gläubiger auch bei zunehmender Verschuldung keine (steigenden) Risikoprämien fordern würden. Wird diese Prämisse ebenfalls gelockert, ergibt sich ein gegenläufiger Effekt aus Steuervorteil und zunehmender Insolvenzwahrscheinlichkeit mit entsprechend höheren Risikoprämien auf das Fremdkapital, die die erwarteten Kosten einer potentiellen finanziellen Anspannung bzw. Insolvenz reflektieren. Im Rahmen des Equity-Ansatzes finden die beiden Größen im Cash Flow der Bewertungsfunktion Berücksichtigung:[496]

$$MW = \sum_{t=1}^{n} \frac{\left(E(CF_t) - k_{FK} FK_{t-1}\right) \cdot (1-s)}{\left(1+k_{EK}\right)^t} \qquad (4.3)$$

mit: $k_{FK}$ = Fremdkapitalkostensatz.

Basierend auf der Trade-off-Theorie der Kapitalstruktur, aus der sich das optimale Verhältnis von Fremd- zu Eigenkapital als Punkt bzw. Intervall ergibt, in dem der marginale steuerinduzierte Marktwertvorteil der Fremdkapitalfinanzierung und die marginalen erwarteten Insolvenz- bzw. Financial Distress-Kosten einander immunisieren[497]

---

[496] Auf eine Erörterung der im Rahmen der Operationalisierung auftretenden Problematik, dass die Fremdfinanzierung zu bestimmten Teilen über Einlagen erfolgt und wie diese aufgrund der Einlagensicherungssysteme hier integriert werden können, soll aus Vereinfachungsgründen verzichtet werden.

[497] Vgl. Kraus/Litzenberger (1973), Kim (1978), DeAngelo/Masulis (1980), Castanias (1983), Drobetz et al. (2006): S. 258. Vgl. auch Leland (1994a), Leland (1994b), Leland/Toft (1996) Vgl. außerdem speziell für Banken Orgler/Taggart (1983), Santomero (1984), Osterberg (1990), Shrieves/Dahl (1992) mit jeweils weiteren Nachweisen sowie Cohen (2004).

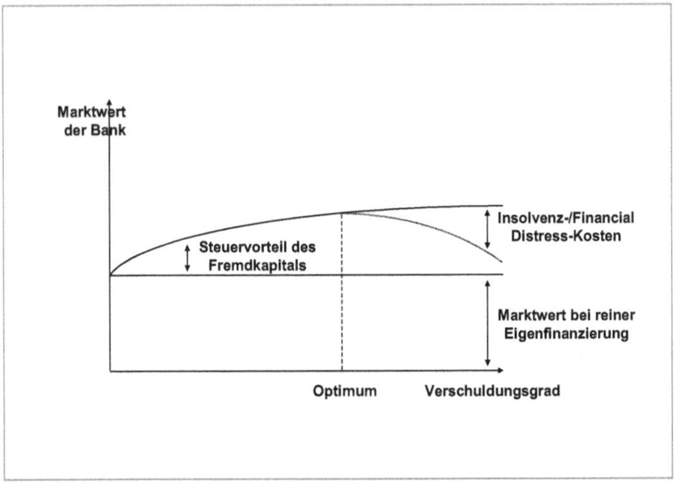


**Abbildung 7:** Optimaler Verschuldungsgrad in der Trade-off-Theorie der Kapitalstruktur[498]

wird für die folgende Analyse angenommen, dass die Bank als Betrachtungsobjekt eben diese Optimierung bereits durchgeführt hat.[499] Die Kapitalstruktur wird zunächst als Datum für die weitere Analyse unterstellt. Als Aktionsparameter steht damit zunächst ausschließlich das Risikomanagement im Vordergrund und nicht Variationen der Kapitalstruktur.[500]

### 4.2.2 Erklärungsansätze zur Wirkung des Risikomanagements auf den Cash Flow

Wie bereits erläutert, wird durch Risikomanagementmaßnahmen v.a. die Verteilungsfunktion der zukünftigen Cash Flows beeinflusst. In der Darstellung der Irrelevanz des Risikomanagements bei vollkommenen Kapitalmärkten[501] ist

---

498 Quelle: Darstellung in Anlehnung an Bartram (2001): S. 79, Perridon/Steiner (2007): S. 502.

499 Banken müssen dabei eine untere Schranke aufgrund der regulatorischen Mindestkapitalanforderungen beachten.

500 Ein Vorteilhaftigkeitsvergleich zwischen Risikomanagement- und Kapitalstrukturmaßnahmen soll nicht Gegenstand dieser Arbeit sein.

501 Vgl. Abschnitt 4.1.

jedoch zum Ausdruck gekommen, dass keine Änderung der Cash Flows ohne gleichzeitige Kompensation der Kapitalkosten möglich ist und demzufolge sämtliche Hedging-/Risikomanagementmaßnahmen wertneutral sind. Bei Vorliegen von Marktimperfektionen können jedoch ein Verlust oder eine Schwankung des Ergebnisses zusätzliche, indirekte Kosten induzieren[502], die keine kompensatorische Wirkung durch die Kapitalkosten erfahren.[503]

Diese zusätzlichen Kosten stellen im Wesentlichen Kompensationen der übrigen Stakeholder zu Lasten des Residualeinkommens dar. Über eine entsprechende Reduzierung der Cash Flow-Volatilität und Begrenzung der Verlustmöglichkeiten durch unternehmerisches Risikomanagement können jedoch die Kontraktbeziehungen zu den übrigen Stakeholdern des Unternehmens aus Sicht der Residualeinkommensempfänger vorteilhaft beeinflusst werden. Dabei ist die Erhöhung der Rückflüsse allerdings nur durch Risikomanagement auf Unternehmensebene zu erzielen. Private Transaktionen der Aktionäre haben keinen Einfluss auf diese indirekten Kosten, da diese Kosten nur anfallen, wenn die dafür verantwortlichen Risiken vom Unternehmen getragen werden.

Die sich dadurch ergebende Beziehung zwischen den Cash Flows des Unternehmens bzw. dem Cash Flow vor Friktionskosten und dem Cash Flow an die Aktionäre weist einen konkaven Verlauf auf. Die Differenz zum möglichen linearen Verlauf sind sog. Dead Weight Costs, die einen nicht notwendigen Wertverlust darstellen.[504]

---

502 Bzw. einen geringeren erwarteten Cash Flow.

503 Vgl. Stulz (1996): S. 12, Stulz (2003): S. 53.

504 Vgl. Fite/Pfleiderer (1995): S. 164, Pritsch/Hommel (1997): S. 673, Guthoff (2001): S. 27f., Ishikawa et al. (2003): S. 90f., Nocco/Stulz (2006): S. 8. Aufgrund dieses nicht-linearen Verlaufs ist (temporär) keine Wertadditivität mehr gegeben.

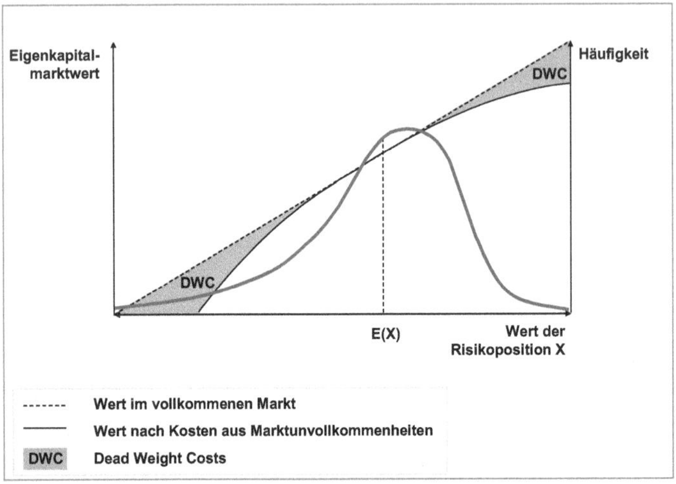


**Abbildung 8:** Dead Weight Costs aus Marktunvollkommenheiten[505]

Unternehmerisches Risikomanagement erzielt dann einen Wertbeitrag in der Reduzierung dieser Dead Weight Costs, wenn die damit verbundenen Transaktionskosten geringer sind als die Abnahme der Dead Weight Costs. Die sich ergebende Differenz stellt somit eine Wertlücke dar. So können die folgenden Erklärungsansätze dazu dienen, eine Wertrelevanz des Risikomanagements aufzuzeigen, indem Wertlücken erkannt und durch Risikomanagement auf Unternehmensebene abgebaut werden, ohne dass eine kompensierende Wirkung innerhalb der Kapitalkosten erfolgt. Die Ansätze bezüglich des Cash Flows sollen hier zunächst isoliert dargestellt werden und im Anschluss an die Analyse der Wirkung von Risikomanagement auf die Kapitalkosten zusammengefasst bewertet werden.

Die meisten der im Folgenden analysierten Erklärungsansätze fußen maßgeblich auf dem Vorhandensein von Agency- und Transaktionskosten in unvollkommenen Märkten und integrieren somit neoinstitutionelle Elemente. Damit werden die Schlussfolgerungen der Modelle auf Basis der neoklassischen Annahmen nicht grundsätzlich bezweifelt, sondern durch explizite Berücksichti-

---

505 Quelle: Eigene Darstellung. Vgl. auch Stulz (1996): S. 13, Ishikawa et al. (2003): S. 90.

gung von Marktunvollkommenheiten werden die restriktiven Annahmen und damit auch die Schlussfolgerungen lediglich relativiert.[506]

Agency-Beziehungen sind durch die Delegation von Entscheidungsmacht von einem Prinzipal an einen Agenten charakterisiert. Agency-Kosten resultieren dabei im Wesentlichen aus asymmetrischer Informationsverteilung, Unsicherheit und der Existenz von externen Effekten in der Kooperationsbeziehung zwischen Vertragspartnern und können durch entsprechende Vertragsgestaltungen beeinflusst werden. Agency-Kosten können dabei sowohl aus der Beziehung Eigentümer-Manager als auch Eigentümer-Gläubiger resultieren und lassen sich in Überwachungs- und Bindungskosten sowie Residualverluste differenzieren.[507] Unter Transaktionskosten werden sämtliche Kosten subsumiert, die durch die „Benutzung des Marktes" anfallen. Ursächlich hierfür sind Marktunvollkommenheiten, insbesondere unvollkommene Informationen der Marktteilnehmer. Eine Klassifizierung der Transaktionskosten kann bspw. nach Such- und Informationskosten, Verhandlungs- und Entscheidungskosten, Kontrollkosten sowie Kosten der Durchsetzung (einschließlich der Kosten bei Insolvenz des Vertragspartners) vorgenommen werden.[508]

#### 4.2.2.1 Verringerung der Steuerbelastung

Der Erklärungsansatz über die Verringerung der Steuerbelastung durch Risikomanagement bzw. Hedging basiert auf *Stulz (1984)* sowie *Smith/Stulz (1985)*.[509] Dabei handelt es sich um eine Anwendung der *Jensen'schen Ungleichung*[510]. Besteht ein konvexes Steuersystem, d.h., ist der Zusammenhang zwischen steuerlicher Bemessungsgrundlage und belasteter Unternehmen-

---

506 Vgl. Pritsch/Hommel (1997): S. 674.

507 Vgl. Jensen/Meckling (1976), Fama (1980), Pratt/Zeckhauser (1985), Pritsch/Hommel (1997): S. 674, Franke/Hax (2003): S. 419ff.

508 Vgl. Williamson (1985): S. 18ff., Windsperger (1983): S. 896, Pritsch/Hommel (1997): S. 674f.

509 Vgl. zu den folgenden Ausführungen Stulz (1984), Smith/Stulz (1985), Fite/Pfleiderer (1995): S. 152ff., Stulz (1996): S. 14, Pritsch/Hommel (1997): S. 684f., Ammon (1998): S. 4ff., Bartram (2001): S. 45ff., Pagano (2001): S. 282, Stulz (2003): S. 59ff., Germann (2004): S. 44ff., Hachmeister (2005): S. 136, Kürsten (2006a): S. 22ff.

510 Vgl. Jensen (1906).

steuer nichtlinear und steigt die Ertragsteuerlast progressiv mit der Bemessungsgrundlage an, kann über eine Glättung der zu versteuernden Gewinne der Barwert der Unternehmensteuerzahlungen reduziert werden.

Die Konkavität der Funktion des Nach-Steuer-Ergebnisses bewirkt, dass der Erwartungswert der Nach-Steuer-Ergebnisse geringer ausfällt als das Nach-Steuer-Ergebnis des Erwartungswerts der Vor-Steuer-Ergebnisse. Wird durch Hedging die Volatilität der Vor-Steuer-Ergebnisse reduziert, ergibt sich in der Folge eine Reduzierung der Steuerlast. Hedging ist dabei in dem Ausmaß sinnvoll, solange die damit verbundenen Kosten den generierten Vorteil nicht übersteigen.

Das konvexe Steuersystem kann sowohl aus einem progressiven Steuertarif als auch aus Einschränkungen im Hinblick auf intertemporale Verlustausgleichsmöglichkeiten, Abschreibungen und Freigrenzen resultieren. Neben der beschriebenen Gewinnglättung in konvexen Steuersystemen kann eine intertemporale Verschiebung von Gewinnen auch dann zusätzlichen Wert schaffen, wenn bspw. eine für das Unternehmen vorteilhafte Änderung der Steuerregelungen antizipiert wird.[511]

Die empirische Evidenz der Verringerung der Steuerbelastung durch Hedging als generelle Erklärung ist nicht sehr stark ausgeprägt, und folglich wird dem Erklärungsansatz auch nur eine geringe Relevanz zugesprochen.[512] V.a. für Banken dürfte die Relevanz dabei sehr gering sein, da diese im Vergleich zu Nicht-Banken durch ihre deutlich höheren Bewertungsspielräume und Bilanzierungswahlrechte Möglichkeiten haben, den Gewinn zu glätten, statt reale Hedgingtransaktionen durchzuführen.[513]

---

511 Vgl. Stulz (2003): S. 59f.

512 Vgl. dazu Crouhy et al. (2006): S. 41 sowie Pritsch/Hommel (1997): S. 684f., Ammon (1998): S. 4ff., Bartram (2001): S. 46f., Germann (2004): S. 57ff., Kürsten (2006a): S. 22 sowie die dort jeweils angegebenen Studien.

513 Vgl. Santomero (1995): S. 4.

#### 4.2.2.2 Sicherung des Innenfinanzierungsspielraums

Der hier dargestellte, auf *Froot et al. (1993)* zurückgehende Erklärungsansatz[514] sieht eine mögliche Wertschaffung durch Hedging in einer Verringerung der Cash Flow-Volatilität bzw. intertemporalen Angleichung der ordentlichen Cash Flows an geplante Investitionen.[515] Über diese Koordination von Finanzierung und Investition soll die Wahrscheinlichkeit erhöht werden, dass in den jeweiligen Perioden Investitionsmöglichkeiten durch das ausreichende Vorhandensein von Innenfinanzierungsmitteln realisiert werden können, ohne auf „teure" Außenfinanzierung zurückgreifen zu müssen. Die relativ höheren Außenfinanzierungskosten (Grenzkosten der Außenfinanzierung) werden dabei im Wesentlichen durch die sog. *Pecking Order* begründet, nach der sich im Hinblick auf die Grenzkosten eine Präferenzfolge nach Innenfinanzierung, Außenfinanzierung mit Fremdkapital und Außenfinanzierung mit Eigenkapital ergibt.[516]

Die relativ am höchsten ausfallenden Kosten im Falle einer zusätzlichen Eigenkapitalaufnahme liegen v.a. darin begründet, dass die Emission weiterer Aktien informationsbedingt mit Agency-Kosten verbunden ist. Informationsasymmetrien bestehen dabei zwischen Management und potentiellen Investoren bezüglich des fairen Emissionspreises. Da das Management über interne und bessere Informationen verfügt, gehen neue Aktionäre davon aus, dass ein im Interesse der Altaktionäre handelndes Management nur dann neue Aktien anbieten wird, wenn es den aktuellen Aktienkurs für überbewertet hält. Die Bekanntgabe einer Kapitalerhöhung wird deshalb vom Kapitalmarkt als negatives Signal gewertet und sollte mit einem Kursverlust verbunden sein.[517] Daneben stellen die Transaktionskosten der Emission (z.B. Fees der Investmentbanken) einen weiteren Kostenfaktor dar. Hinsichtlich der Agency-Kosten

---

514 Vgl. zu den folgenden Ausführungen Froot et al. (1993), Froot et al. (1994), speziell für Banken Froot/Stein (1998a), Froot/Stein (1998b) sowie allgemein u.a. Pritsch/Hommel (1997): S. 680ff., Bartram (2001): S. 42ff., Pagano (2001): S. 282f., Guthoff (2001): S. 29ff., Ruß/Gebhardt (2002): S. 27, Hachmeister (2005): S. 137f.

515 In diesem Abschnitt sollen zunächst nur die „normalen" Schwankungen um den Erwartungswert betrachtet werden, ohne Extremverluste zu berücksichtigen. Eine solche Stresssituation würde den im Folgenden dargestellten Effekt noch weiter verstärken, soll aber erst im nächsten Abschnitt eigenständig betrachtet werden.

516 Vgl. zur Pecking Order-Theorie Myers (1984), Myers/Majluf (1984).

517 Vgl. zur empirischen Bestätigung u.a. Asquith/Mullins (1986). Vgl. außerdem Stulz (2003): S. 105.

ist eine zusätzliche Aufnahme von Fremdkapital mit weniger Problemen verbunden und wird daher i.d.R. gegenüber der Aktienemission präferiert. Allerdings fallen auch hier Transaktionskosten an.[518]

Da bei Vorliegen von Friktionen Investition und Finanzierung nicht mehr unabhängig voneinander sind, entsteht eine Wertlücke, die durch eine entsprechende Koordination ausgenutzt werden kann. Aufgrund der marginal höheren Kosten der externen Kapitalaufnahme gegenüber der Innenfinanzierung kann Hedging durch Stabilisierung des Innenfinanzierungsspielraums einen Wertbeitrag leisten.[519] Dabei kann zwischen zwei möglichen Formen der Kosten unterschieden werden: zum einen tatsächliche Kosten, die dadurch entstehen, dass die Finanzierungskosten von durchgeführten Investitionsvorhaben durch die höheren Außenfinanzierungskosten relativ teurer als im vollkommenen Kapitalmarkt ausfallen[520], und zum anderen Opportunitätskosten aus der Gefahr von Unterinvestitionen und entgangenen Wertschaffungsmöglichkeiten heraus.[521,522]

Die empirische Überprüfung dieses Arguments gelangt zu heterogenen Ergebnissen, spricht dem Erklärungsansatz dabei aber weitgehend eine mehr oder minder starke Relevanz zu.[523] Allerdings wird aufgrund des jeweils verwendeten Untersuchungsdesigns nur die Motivation des Hedgings aus dem

---

518 Bezüglich zusätzlicher Kosten aus Insolvenz-/Financial Distress-Gesichtspunkten in diesem Kontext vgl. Abschnitt 4.2.2.3.

519 Auch hier ist jeweils ein Vergleich der Hedging-Kosten mit dem Kostendelta, das sich aus einer externen Kapitalaufnahme im Vergleich zur Innenfinanzierung ergeben würde, erforderlich.

520 Vgl. Merton/Perold (1998): S. 514.

521 Dies ist dann der Fall, wenn der Kapitalwert der potentiellen Investition aufgrund der höheren Finanzierungskosten einen negativen Wert innerhalb der Kalkulation aufweist und deshalb verworfen wird. Daneben können die entgangenen Investitionen auch über Kreditrationierungen aufgrund asymmetrischer Informationen begründet werden. Vgl. dazu Stiglitz/Weiss (1981), die zur Erklärung den Adverse Selection-Ansatz von Akerlof (1970) auf den Markt für Fremdkapital übertragen.

522 Der hier dargestellte Erklärungsansatz könnte dabei in Teilen mit seiner Wirkung auf die Eigenkapitalkosten in Abschnitt 4.2.3 dargestellt werden. Da in der Reihenfolge jedoch zunächst auf die günstigere Fremdkapitalfinanzierung zurückgegriffen wird, eine Eigenkapitalerhöhung auch Transaktionskosten beinhaltet und alternativ zur zusätzlichen Kapitalaufnahme auch die Möglichkeit entgangener Cash Flows aus Unterinvestitionen besteht, soll der Ansatz an dieser Stelle betrachtet werden, da er sich überwiegend auf Cash Flow-Komponenten im Sinne des Equity-Ansatzes bezieht.

523 Vgl. dazu Pritsch/Hommel (1997): S. 682, Bartram (2001): S. 44f., Guthoff (2001): S. 32f., Ruß/Gebhardt (2002): S. 6, Germann (2004): S. 62ff., Smithson/Simkins (2005): S. 12f. sowie die dort jeweils angegebenen Studien.

betrachteten Argument heraus bestätigt, jedoch werden keine Resultate in Hinsicht auf eine dadurch erreichte Wertschaffung erzielt.[524]

Im Hinblick auf deutsche Verhältnisse lassen sich die überwiegend US-amerikanischen Studienergebnisse aufgrund der abweichenden Kapitalmarktverhältnisse mit der Dominanz des Bezugsrechtsverfahrens zudem nicht uneingeschränkt übernehmen.[525] Außerdem bezieht der größte Teil der Studien keine Banken in das Untersuchungssample mit ein, für die der Ansatz auch eher als gering relevant eingestuft werden kann, da Banken im Vergleich zu Industrie- und Handelsunternehmen einen anderen Liquiditätszugang haben und „normale“ temporäre Schwankungen zudem durch Reserven und Überkapitalisierungen auffangen können.

Werden die Schwankungen bzw. Verluste jedoch hinreichend groß, ergeben sich daraus weitergehende Effekte, die im folgenden Abschnitt diskutiert werden.

#### 4.2.2.3 Verringerung der Insolvenz- und Financial Distress-Kosten

Während die Cash Flow-Variabilität innerhalb des Bewertungsmodells über eine Risikoprämie in den Kapitalkosten erfasst wird, können sich in der Realität Situationen ergeben, in denen ein hinreichend großer Verlust zusätzliche Kosten[526] auslöst, die keine unmittelbare Relevanz für die Kapitalkosten aufweisen, jedoch zu einer Reduzierung der Cash Flows über den erlittenen Verlust hinaus führen. Die Kosten resultieren dabei aus den die höheren Risiken berücksichtigenden Vertragskosten bzw. Risikoprämien der Stakeholder.

Typischerweise entstehen diese Kosten in Situationen der finanziellen Anspannung eines Unternehmens bzw. schließlich im Extremfall bei Insolvenz.

---

524 Vgl. Smithson (1998): S. 516.

525 Vgl. Ruß/Gebhardt (2002): S. 27f.

526 Genaugenommen handelt es sich dabei nicht nur um tatsächliche Kosten, sondern auch bspw. um entgangenes Geschäft und die damit verbundenen Erträge, die sich in einer normalen Situation ergeben hätten und folglich innerhalb des Bewertungskalküls als erwarteter Cash Flow bereits Berücksichtigung gefunden haben und wegfielen.

Im Schrifttum werden diesbezüglich direkte Insolvenzkosten, die aus einem Ausfall des Unternehmens resultieren, und sog. indirekte Insolvenz- bzw. Financial Distress-Kosten i.e.S.[527], die bereits im Vorfeld des Ausfalls aus einer Erhöhung der Insolvenzwahrscheinlichkeit resultieren, unterschieden.[528] Der sich im vollkommenen Kapitalmarkt ergebende Wert ($MW_i$) wird folglich um den Erwartungswert dieser Insolvenz- und Financial Distress-Kosten ($E(C_{IFD})$) reduziert, sodass sich als Wert unter Berücksichtigung dieser Kosten ($MW_{IFD}$) ergibt:[529]

$$MW_{IFD} = MW_i - E(C_{IFD})\,. \tag{4.4}$$

Wie in Abschnitt 2.1 aufgezeigt, verhindern vertragliche Regelungen eine einseitige Risikoübertragung von den Aktionären auf die anderen Stakeholdergruppen. Wenn durch Risikomanagement diese Vertragskosten mit den Stakeholdern, die sich in diesem Fall als ($E(C_{IFD})$) ergeben, gesenkt werden können, bedeutet dies für die Anteilseigner als Residualeinkommensempfänger eine Wertsteigerung durch entsprechend höhere Cash Flows.[530]

Für die weitere Analyse soll der ebenfalls auf *Smith/Stulz (1985)* zurückgehende Erklärungsansatz getrennt nach Insolvenz- und Financial Distress-Kosten dargestellt werden.[531]

---

527 In Teilen der Literatur werden unter Financial Distress-Kosten sowohl die direkten Kosten im Falle der Insolvenz als auch die Kosten, die im Vorfeld anfallen, subsumiert. Dieser Kategorisierung soll hier nicht gefolgt werden, sondern der Begriff „Financial Distress“ wird ausschließlich für den Nicht-Insolvenz-Zustand verwendet. Vgl. dazu Stulz (2003): S. 53ff.

528 Dabei wird z.T. auch die „Sicherung des Innenfinanzierungsspielraums“ im Rahmen der Financial Distress-Kosten diskutiert. Naturgemäß werden sich die Kosten zusätzlicher Außenfinanzierung im Falle einer finanziellen Anspannung aufgrund steigender Unsicherheit erhöhen. Dieser Aspekt wird hier durch das Refinanzierungskostenargument abgedeckt.

529 Vgl. ähnlich Stulz (1996): S. 12f., Pritsch/Hommel (1997): S. 683, Stulz (2003): S. 55ff., Germann (2004): S. 50. Vgl. zudem Abschnitt 4.2.1.4. Der Steueraspekt sowie weitere Marktunvollkommenheiten werden in dieser isolierten Betrachtungsweise jedoch ausgeklammert.

530 Vgl. Hachmeister (2005): S. 135.

531 Vgl. zu den folgenden Ausführungen Smith/Stulz (1985), Shapiro/Titman (1986): S. 216ff., Fite/Pfleiderer (1995): S. 154f., Stulz (1996): S. 13f., Pritsch/Hommel (1997): S. 683, Ammon (1998): S. 7ff., Bartram (2001): S. 33ff., Guthoff (2001): S. 34ff., Schröck (2002): S. 105ff., Stulz (2003): S. 53ff., Germann (2004): S. 52ff., Hachmeister (2005): S. 136, Kürsten (2006a): S. 19ff. Vgl. auch Franke/Hax (2003): S. 475ff., Jarrow/Purnanandam (2004): S. 1ff., Culp (2006): S. 46ff.

Die (direkten) Insolvenzkosten stellen eine Größe dar, um die (im Wesentlichen) Gläubigeransprüche an das Unternehmen im Falle der Insolvenz vermindert werden. Die Kosten resultieren dabei v.a. aus den Organisationskosten des Insolvenzverfahrens (Insolvenzverwalter, Wirtschaftsprüfer, Rechtsanwälte, Gerichtskosten etc.)[532] sowie potentiellen Kapitalverlusten der Gläubiger aus Liquidationskosten[533] und stellen somit Transaktionskosten dar. Zwar ist der Aktionär aufgrund seiner beschränkten Haftung in Höhe des Eigenkapitals im Falle der Insolvenz nicht unmittelbar von diesen Kosten betroffen, dennoch sind für ihn diese Kosten relevant. Da insbesondere die Gläubiger die bedingt anfallenden Kosten mit einer bestimmten Wahrscheinlichkeit antizipieren und als Risikoprämie auf den Zins für die Kapitalüberlassung „in Rechnung stellen"[534], verringert sich folglich der Cash Flow um eben diesen Betrag, wodurch sich das Residualeinkommen der Eigenkapitalgeber reduziert. Die Risikoprämie setzt sich aus dem Erwartungswert auf Basis des heutigen Risikoprofils sowie einem Aufschlag, der mögliche Änderungen des Risikoprofils nach Fremdkapitalaufnahme zu Lasten der Gläubiger als Agency-Kosten berücksichtigt[535], zusammen.[536] Risikomanagement hat in diesem Zusammenhang Wertrelevanz, wenn die Wahrscheinlichkeit des Insolvenzeintritts reduziert werden kann und die mit den Maßnahmen verbundenen Kosten geringer sind als die damit eingesparten Insolvenzkosten. Dabei wird in der Literatur vornehmlich die Beeinflussbarkeit der Wahrscheinlichkeit betrachtet. Aus der Zusammensetzung der Risikoprämie folgt neben der Beeinflussung des Risikoprofils durch Risikosteuerungsmaßnahmen zur Verringerung der Transaktionskosten ein weiterer potentieller Ansatzpunkt für Risikomanage-

---

532 Vgl. Hachmeister (2005): S. 136.

533 Im weiteren Verlauf wird vereinfacht angenommen, dass die Insolvenz genau dann eintritt, wenn der Substanzwert des Eigenkapitals aufgezehrt ist. Die Vermögenswerte der Bank gehen in diesem Fall sämtlich auf die Fremdkapitalgeber über. Kapitalverluste der Gläubiger resultieren unter dieser Prämisse nicht aus einem das Eigenkapital übersteigenden Fehlbetrag, sondern aus potentiellen Liquidationskosten, die aus einem den Marktwert vor Insolvenz unterschreitenden Verwertungserlös entstehen. Eine Risikoprämie der Fremdkapitalgeber auf einen den Substanzwert des Eigenkapitals überschreitenden Verlust ist im Hinblick auf seine Beeinflussbarkeit durch Risikomanagementmaßnahmen aufgrund des Wertadditivitätsprinzips als wertneutral zu betrachten und wird deshalb aus Vereinfachungsgründen ausgeklammert.

534 Vgl. auch Wahrenburg (1997): S. 21.

535 Sog. Asset Substitution. Vgl. Jensen/Meckling (1976).

536 Vgl. auch Volkart/Diggelmann (2000): S. 939.

ment im Hinblick auf die Verringerung der Agency-Kosten durch Risikoberichterstattung.

Financial Distress-Kosten entstehen bereits im Vorfeld einer potentiellen Insolvenz in einer sog. finanziellen Anspannung v.a. durch den daraus hervorgerufenen negativen Einfluss auf die wahrgenommene Zuverlässigkeit der Bank als expliziter und impliziter Vertragspartner auf Absatz-, Arbeits- und Beschaffungsmärkten sowie im Rahmen der Refinanzierung (Markt für Fremdkapital).[537] Insbesondere wenn die betroffenen Stakeholder eine für sie signifikante Beziehung zu der Bank unterhalten, ist ihnen aufgrund ihrer dann geringen Diversifikation sehr am Fortbestand der Bank gelegen.[538] Wenn aufgrund einer finanziellen Anspannung vertragliche Vereinbarungen (Zinsen, Löhne, Rechnungen etc.) nicht erfüllt werden können bzw. eine hohe Wahrscheinlichkeit dafür besteht, dass diese nicht vollständig oder fristgerecht erfüllt werden können, führt dies zu (Transaktions-)Kosten bei der Vertragsgestaltung. Der Erwartungswert dieser Transaktionskosten wiederum lässt sich durch unternehmerisches Risikomanagement, das die Wahrscheinlichkeit von signifikanten Verlusten reduziert, vermindern. Die Financial Distress-Kosten werden in der Literatur durch folgende Argumente charakterisiert:[539]

- Absatzmarkt: Hier steht v.a. das entgangene Geschäft bzw. der Verlust von Kunden, wenn diese den Fortbestand der Bank anzweifeln, im Fokus. Zwar existieren Einlagensicherungssysteme, die einen quasi-risikounabhängigen Einlagenzins ermöglichen, dennoch wird sich bei deutlicher Verschlechterung der Bonität ein Abzug der Einlagen vollziehen, nicht zuletzt aus dem Grund, dass bei Eintritt der Einlagensicherung nur mit zeitlicher Verzögerung Zugang zu den Einlagen möglich ist.[540] Neben Einlagenkunden ist damit zu rechnen, dass auch entgan-

---

537 Stulz (2003): S. 58 betont dabei im Gegensatz zu zahlreichen anderen Autoren, dass diese Kosten unabhängig vom tatsächlichen Eintritt der Insolvenz anfallen. Vgl. auch Volkart/Diggelmann (2000): S. 939f.

538 Die mangelnde Diversifikationsmöglichkeit ist besonders im Hinblick auf die impliziten Ansprüche relevant. I.d.R. sind die Ansprüche an das Unternehmen zudem mit einer spezifischen Investition (z.B. unternehmensspezifisches Know How) verbunden, die im Falle einer Insolvenz signifikant an Wert verlieren kann.

539 Das Refinanzierungskostenargument wird in den Abhandlungen zum Financial Distress-Ansatz z.T. nicht berücksichtigt, ist jedoch gerade für Banken von besonderer Bedeutung.

540 Vgl. Turnbull (2000): S. 325.

genes Geschäft in anderen Produktnutzungen zu Ertragseinbußen führen wird. Ebenfalls ist mit einer Verminderung des Markenwerts zu rechnen, wobei dieser als immaterieller Vermögenswert zukünftiges Ertragspotential darstellt und sich daher eine Überschneidung zu dem hier genannten Argument ergibt.[541]

- Arbeitsmarkt: Hier kann eine finanzielle Anspannung zu Zahlungen höherer Gehälter, Effizienzeinbußen, Verlust von Mitarbeitern und Suchkosten für neue Mitarbeiter führen.[542] Eng damit verbunden ist auch der Wertrückgang des Humankapitals als immaterieller Vermögenswert.
- Beschaffungsmarkt: Unter diesem Argument wird in der (vornehmlich auf Industrie- und Handelsunternehmen ausgerichteten) Literatur i.d.R. ausschließlich der Vertrauensverlust im Hinblick auf Zulieferer und entsprechend höhere Kosten bzw. die Unterbrechung/Beendigung von Zulieferungen diskutiert. Für Banken sind hier offensichtlich auch Kosten für Serviceleistungen externer Dienstleister und im Outsourcing-Bereich relevant.
- Refinanzierung: Die Refinanzierungskosten stellen bei Banken den Zinsaufwand für Einlagen und ausgegebene Schuldverschreibungen dar.[543] Obwohl Kapitel 2 impliziert, dass Fremdkapital risikofrei ist, stellt der Fremdkapitalzins realiter jedoch eine in Abhängigkeit der Ausfallwahrscheinlichkeit ansteigende Funktion dar.[544] Der jeweilige bonitätsspezifische Aufschlag auf den risikofreien Zins (Credit Spread) kann dabei aus den Ratingstufen der Agenturen ermittelt werden.[545] Der Spread ist durch das Verhältnis von Risikopotential und Risikodeckungsmasse

---

541 Immaterielle Vermögenswerte sind dabei zunehmend für einen großen Teil des Unternehmenswerts verantwortlich. Vgl. Mölls (2004): S. 3 m.w.N.

542 Vgl. diesbezüglich v.a. Ammon (1998): S. 8 sowie die dort angegebene Literatur zur Detaillierung und zu beispielhaften Illustrationen dieses Aspekts.

543 Vgl. Hartmann-Wendels et al. (2007): S. 95.

544 Aufgrund der Einlagensicherung sind entsprechende Zinszahlungen auf Einlagen nicht unmittelbar risikosensitiv, sondern stellen einen de facto risikofreien Zins dar. Ein Anstieg des Risikos wird sich u.U. mittelbar auswirken, wenn eine Anpassung der Beiträge zur Einlagensicherung erfolgt.

545 Vgl. Küting et al. (2000): S. 17.

(Eigenkapital) geprägt.[546] Diese Risikoprämie reflektiert in etwa den heutigen Erwartungswert der oben beschriebenen Insolvenzkosten. Ein hinreichend großer Verlust, ggf. in Verbindung mit einem Kapitalverzehr, kann jedoch dazu führen, dass die Einschätzung über die Solvabilität der Bank revidiert wird und zusätzliche Kosten bei der Kapitalbeschaffung ausgelöst werden.[547] Die gesamte Höhe der so zusätzlich zu den bisher erwarteten Insolvenzkosten induzierten Kosten ist schließlich davon abhängig, ob und wie schnell der Bank eine ausreichende Rekapitalisierung gelingt.

- Sanktionen der Bankenaufsicht: Die Bankenaufsicht behält sich den Entzug der Banklizenz bei einem Verlust von mehr als 50% der Eigenmittel in einem Jahr oder mehr als jeweils 10% in drei aufeinanderfolgenden Jahren vor.[548] Aufgrund des beschränkten Marktzugangs bzw. der hohen Eintrittsbarrieren im regulierten Bankenmarkt geht mit dem Verlust der Bankzulassung auch die Möglichkeit verloren, oligopolistische bzw. gar monopolistische Renten zu erzielen, d.h. der Fortführungswert würde vernichtet bzw. die Wiederherstellung ist lediglich unter sehr hohen Kosten möglich.[549]

- Weitere Argumente: Neben den genannten Argumenten lassen sich noch weitere Ansätze finden, in denen eine finanzielle Anspannung zu Kosten bzw. entgangenen Erträgen führen kann. Bspw. kann hier der Verlust der Möglichkeit, im OTC-Markt oder als Underwriter im Emissionsgeschäft zu agieren, genannt werden. Fällt das Kreditrating unter eine bestimmte Schwelle, sind Banken *„'frozen' out of many markets"*[550].[551] Des Weiteren entstehen (Opportunitäts-)Kosten, wenn

[546] Innerhalb der Bewertungsraster der Ratingagenturen spielen für das Bonitätsrating mehrere Faktoren eine Rolle (als quantitative Faktoren v.a. Kapitalstärke, zukünftige Ertragskraft und Risiko mit jeweils weiteren Unterkategorien sowie qualitative Aspekte), die letztlich aber auf differenzierterem Weg dem gleichen Zweck dienen. Zudem weicht die Bewertung des Risikopotentials durch die Ratingagenturen von der internen VaR-Betrachtung ab, indem für die externe Einschätzung v.a. das ermittelte Risikoprofil auf regulatorischer Basis sowie zusätzlich Faktoren im Hinblick auf Risikostreuung etc. eine Rolle spielen. Vgl. Adamus/Koch (2006): S. 149f.

[547] Ein derartiger Verlust ist i.d.R. auch mit einer entsprechenden Rating-Herabstufung verbunden. Vgl. dazu auch Rudolph et al. (2007): S. 163. Vgl. außerdem FN 533.

[548] Vgl. § 35 Abs. 2 Tz. 4 KWG.

[549] Vgl. Oehler/Unser (2002): S. 3f., Hartmann-Wendels et al. (2007): S. 322.

[550] Turnbull (2000): S. 325.

Manager in einer Situation der finanziellen Anspannung Ressourcen aufwenden müssen, um diese Situation zu bereinigen bzw. eine Insolvenz zu verhindern. Entsprechend steht weniger Zeit zum eigentlichen Management des Unternehmens zur Verfügung, was bspw. mit dem Verlust wertschaffender Investitionsopportunitäten verbunden sein kann.[552] Außerdem müssen Wechsel- und Multiplikatorwirkungen zwischen den einzelnen Kostentreibern mit ins Kalkül gezogen werden. So führen z.B. höhere Refinanzierungskosten, zu einer verminderten Wettbewerbsfähigkeit, womit wiederum Ertragseinbußen auf dem Absatzmarkt verbunden sind und Geschäfte, die davor noch wertschaffend gewesen wären, nicht mehr entsprechend durchgeführt werden können.[553] Schließlich wirken sich verminderte Erträge negativ auf das Rating aus, sodass möglicherweise eine Abwärtsspirale entstehen kann, die je nach Rekapitalisierungsmöglichkeit einen Ausfall zur Folge haben kann.[554]

Unerwartet niedrige oder negative Ergebnisse, die u.U. gar mit einem Verzehr der Risikodeckungsmasse einhergehen, können sog. indirekte Kosten induzieren, die den Wert einer Bank in etwa um den Erwartungswert dieser Kosten reduzieren. Der Erwartungswert der genannten indirekten Kosten kann mithilfe eines wirksamen Risikomanagements, durch Steuerung der Ergebnisschwankungen bzw. des Downside-Risikos und folglich der Eintrittswahrscheinlichkeit einer finanziellen Anspannung bzw. Insolvenz, gemindert werden.[555] Fielen

---

551 Vgl. Turnbull (2000): S. 325, Guthoff (2001): S. 37, Baule (2002): S. 114, Carey/Stulz (2005): S. 9, Milne/Onorato (2006): S. 7f. Als Derivate-Handelspartner wird dabei ein Mindestrating von A bzw. teilweise AA genannt.

552 Vgl. Stulz (2003): S. 58.

553 Vgl. Froot et al. (1993): S. 1633, Adamus/Koch (2006): S. 151, Purnanandam (2007): S. 2f. Die Argumentation weist Ähnlichkeiten mit dem Erklärungsansatz in Abschnitt 4.2.2.2 auf, wobei der „Auslösemechanismus" differiert. Die Argumentationskette ließe sich auch für gestiegene Arbeits- und Beschaffungskosten aufbauen. Außerdem wird sich eine Einschränkung bei OTC-Geschäften wohl auch indirekt negativ auf Kundenerträge auswirken.

554 Vgl. dazu auch die Ausführungen in Bezug auf *Enron* bei Stulz (2003): S. 59.

555 Vgl. Pritsch/Hommel (1997): S. 683, Stulz (2003): S. 55ff. Im Hinblick auf die in Abschnitt 4.2.1.4 zunächst auf Basis des heutigen Risikos auf das marktwertmaximale Verhältnis fixierte Kapitalstruktur bedeutet eine Verringerung der Insolvenz- und Financial Distress-Kosten, dass der optimale Trade-off zum realisierbaren Steuervorteil nicht mehr gegeben wäre. In der Konsequenz würde dies eine Readjustierung erforderlich machen, sodass sich über die Ausweitung des Leverages der durch Risikomanagement erzielte Effekt in einer höheren Steuerersparnis widerspiegelt. Alternativ kann der Effekt unter Beibehaltung der bisherigen Kapitalstruktur auch durch eine Risi-

keine Kosten für Risikomanagement an, wäre es sinnvoll bzw. wertmaximal, alle entsprechenden Risiken zu eliminieren. In der Realität fallen aber Transaktionskosten an, die die Eliminierung einiger Risiken zu teuer machen.[556]

Im Hinblick auf das Refinanzierungskostenargument zeigen empirische Studien, dass von den Refinanzierungsmöglichkeiten eine signifikante Disziplinierung auf das Risikoverhalten der Banken ausgeht[557] und diesem Aspekt besondere Relevanz zugesprochen werden kann. Ähnliche Resultate ergeben sich im Hinblick auf die Wirkungen, die von einer zunehmenden Höhe des Fortführungswerts beobachtet werden können.[558]

#### 4.2.2.4 Verringerung der Risikomanagementkosten

Ein weiterer Erklärungsansatz für die ökonomische Relevanz des Risikomanagements lautet, dass Risikomanagement/Hedging auf Unternehmens- bzw. Bankebene mit komparativen Kostenvorteilen gegenüber Risikomanagement auf Ebene der Anteilseigner verbunden ist. Die Kostenvorteile resultieren dabei im Wesentlichen aus Informations- und Transaktionskosten.[559]

Bezüglich der Kostenvorteile aus der Informationsasymmetrie wird argumentiert, dass für ein effektives und effizientes Risikomanagement umfassende und tiefgehende Informationen über das Risikoexposure erforderlich seien und diese Informationen in ihrer Breite und Tiefe typischerweise nicht veröffentlicht werden[560] und daher eine Informationsasymmetrie zwischen Management und Aktionären existiere. Da Investoren bessere Informationen schließlich nur

---

koausweitung mit entsprechenden Erträgen generiert werden. Der letztgenannte Aspekt wird auch empirisch untermauert. Vgl. dazu Smithson/Simkins (2005): S. 12 sowie die dort angegebenen Studien.

556 Stulz (2003): S. 58f.

557 Vgl. Pfaff/Kühn (2005): S. 188 sowie die dort angegebenen Studien.

558 Vgl. Guthoff (2001): S. 35 und S. 38, Stulz (2003): S. 58 sowie die dort jeweils angegebenen Studien. Vgl. außerdem Smithson/Simkins (2005): S. 15.

559 Vgl. zu den folgenden Ausführungen Dufey/Srinivasulu (1983): S. 57f., Fite/Pfleiderer (1995): S. 144ff., Pritsch/Hommel (1997): S. 682f., Ammon (1998): S. 34f., Bartram (2001): S. 38ff., Ruß/Gebhardt (2002): S. 8, Hachmeister (2005): S. 136f., Rudolph et al. (2007): S. 163f.

560 Der Grad der Veröffentlichung von Informationen ergibt sich dabei v.a. aus Wettbewerbsgründen.

durch laufendes Monitoring und damit verbundene Kosten erhalten können, ergibt sich, dass i.d.R. Risikomanagementmaßnahmen auf Unternehmensebene effizienter durchgeführt werden können. Darüber hinaus wird in diesem Kontext argumentiert, dass unternehmerisches Risikomanagement mit der Zielsetzung der Stabilisierung des Risikoexposures Aktionären eine optimale Portfolioallokation erlaubt, ohne dass diese laufend angepasst werden müsste, was mit Transaktionskosten verbunden wäre.

Ein weiterer Vorteil des unternehmerischen Risikomanagements gegenüber privatem Risikomanagement wird schließlich in Transaktionskosten aus Economies of Scale und einem besseren Zugang zu Instrumenten und Märkten im Zusammenhang mit Hedging gesehen.

Beide Argumente verlieren jedoch deutlich an Gewicht, wenn berücksichtigt wird, dass Investoren eine Reduktion der unsystematischen Risiken bereits durch ihre Portfoliodiversifikation erzielen können und mitunter kein zusätzliches Hedging und diesbezügliche Informationen als Entscheidungsbasis erforderlich bzw. wertschaffend sind.[561] Außerdem ist der Erwerb der Aktie mit einer bewussten Übernahme des inhärenten Risikos verbunden und wurde vom Aktionär mit dem Ziel, eine bestimmte Rendite-/Risikoposition seines Portfolios einzugehen, vorgenommen.[562] Da auf der Ebene der Anteilseigner divergierende Risikopräferenzen vorherrschen, scheint es deshalb im Gegensatz zum individuellen Risikomanagement unmöglich, dass eine Bank durch einheitliches Hedging sämtliche Präferenzen simultan erfüllen kann. Die Bank müsste dabei alle Präferenzen der Aktionäre kennen und umsetzen, sodass sich über unternehmerisches Hedging sicherlich der Nutzen für Einzelne erhöhen lässt, dies aber letztlich nicht wertmaximierend sein kann bzw. das Erfordernis mit sich bringen würde, dass Aktionäre nach der Transaktion auf Bankebene ihre Portfolios jeweils wieder individuell adjustieren müssten, was mit zusätzlichen Kosten verbunden wäre.[563] *Pritsch/Hommel (1997)* merken deshalb im Hinblick auf das Argument der Informationsasymmetrien in Verbindung

---

[561] Vgl. Abschnitt 2.1.3.

[562] Vgl. Pritsch/Hommel (1997): S. 673.

[563] Vgl. Levi/Sercu (1991): S. 29, Fite/Pfleiderer (1995): S. 146ff., Pritsch/Hommel (1997): S. 682f., Bartram (2001): S. 20, Guthoff (2001): S. 26.

mit Transaktionskosten aus Risikomanagementmaßnahmen abschließend an: *„Hedging ist daher aus Sicht der Anteilseigner bestenfalls ein imperfektes Substitut für eine offenere Informationspolitik des Unternehmens.“*[564]

Auch der bessere Marktzugang und Economies of Scale verlieren ihre Stärke als Argument, wenn berücksichtigt wird, dass ein signifikanter Teil der Kapitalmarktanlagen von Investmentgesellschaften gehalten wird, die im Hinblick auf Skaleneffekte und Möglichkeiten des Marktzugangs keine Nachteile im Vergleich zu Banken aufweisen und ohnehin bereits eine hohe Diversifikation über ihre Portfolioselektion erzielen. Private Investoren können mittelbar über Anlagen in (Sondervermögen von) Investmentgesellschaften kostengünstig eine entsprechende Diversifikation erzielen.[565]

Ein wesentlicher (Kosten-)Vorteil kann jedoch in der aggregierten Informationssammlung und delegierten Überwachung für illiquide, informationssensitive Assets liegen, indem Banken überhaupt erst für die Zusammenführung von Angebot und Nachfrage des Kapitals sorgen.[566]

Auch empirisch findet sich lediglich eine schwache Bestätigung für diesen Erklärungsansatz. Dabei zeigt sich, dass zunehmende Informationsasymmetrien zwischen Management und Aktionären in Bezug auf das Risikoprofil kaum zu einem verstärkten Einsatz von Hedging-Instrumenten führen.[567] Zwar ergeben sich aus empirischer Sicht v.a. größenbedingte Kostenvorteile des Risikomanagements[568], allerdings werden dabei sowohl die Kosten aus dem Koordinationsproblem der unterschiedlichen Interessen als auch die Kosten zur Readjustierung der individuellen Aktionärsportfolios ausgeklammert. Auch die mittelbare Anlagemöglichkeit über Investmentfonds bleibt hier unberücksichtigt.

---

564 Pritsch/Hommel (1997): S. 682f. Vgl. zudem Levi/Sercu (1991): S. 29.

565 Vgl. Bartram (2001): S. 20.

566 Vgl. dazu Abschnitt 5.2.1.

567 Vgl. Bartram (2001): S. 41 sowie die dort angegebenen Studien.

568 Vgl. Ruß/Gebhardt (2002): S. 1 und S. 7 sowie die dort angegebenen Studien.

#### 4.2.2.5 Verringerung der Ist-Risikokosten

Die bisher dargestellten, die Literatur dominierenden Erklärungsansätze haben alle gemeinsam, dass sie sich ausschließlich auf „eine zielgerichtete Reduktion der Cash Flow-Volatilität des Unternehmens“[569] beziehen. Dabei wird Risikomanagement vereinfacht mit Hedging (bzw. Risikotransfer) gleichgesetzt, das als Alternative zur Risikoakzeptanz zur Verfügung steht und somit als Handlungsoptionen in der Entscheidungssituation Hedging vs. Nicht-Hedging modelliert werden.

Der (Ausfall-)Erwartungswert, d.h. das durchschnittliche Ausfallrisiko wird dabei als exogen gegeben („costs of doing business“) und nicht als Risiko betrachtet und folgerichtig nicht in die Erklärungen mit einbezogen, die nur ***indirekte*** Wirkungen einer Veränderung der Cash Flow-Volatilität auf die Höhe der erwarteten Cash Flows betrachten.

Diese Betrachtung ist jedoch unvollständig, da der Bank im Falle der Risikoakzeptanz weitere Risikomanagementinstrumente zur Verfügung stehen, die ex ante und ex interim ***direkt*** den originären Zahlungsstrom beeinflussen[570] und ebenfalls nicht durch die Eigenkapitalgeber dupliziert werden können. Dabei geht es nicht um die durch das Streuungs- bzw. Risikomaß beschriebenen Schwankungen und den Erwartungswert, sondern um eine systematische Differenz zwischen Ist- und Erwartungswert, was in der Konsequenz für die statistische Modellierung in einer Revision bzw. Niveauverschiebung des Erwartungswerts mündet. Ein entsprechender Ist-Wert kann dabei sowohl in positiver als auch negativer Hinsicht zu einer Erwartungswertrevision der zukünftigen Cash Flows führen und hat somit Wertrelevanz. Dabei ist zusätzlich zu erwähnen, dass die Höhe der Risikokosten für vergleichbare Risikoprofile zwischen Banken in Abhängigkeit der Qualität des jeweiligen Risikomanagements stark differieren kann. Zudem können bereits im Rahmen der Risikoprüfung Wettbewerbsvorteile zum Tragen kommen, die sich aus einer adäquaten und differenzierten Konditionengestaltung ergeben und aufgrund adverser Se-

---

[569] Pritsch/Hommel (1997): S. 673.

[570] Vgl. auch Guthoff (2001): S. 42, Rudolph et al. (2007): S. 4.

lektion bei Vorliegen von Informationsasymmetrien ökonomische Renten zu Lasten des Wettbewerbs ermöglichen.[571]

Dieser Aspekt bzw. Erklärungsansatz ist meines Wissens bisher in den positiven Erklärungsansätzen des Risikomanagements nicht berücksichtigt worden. Konkret spielt er jedoch für das Verhältnis aus erwartetem Verlust bzw. Standardrisikokosten und Ist-Risikokosten im Kreditgeschäft eine Rolle.[572] Dabei sind insbesondere (verbesserte) Risikomanagementfähigkeiten in der Kreditwürdigkeitsprüfung (Vertragsabschluss)[573], Vertragsüberwachung und Früherkennung sowie in der Behandlung problembehafteter Verträge relevant und können zu systematisch anderen Ergebnissen führen, als dies – basierend auf Extrapolationen aus der Vergangenheit – statistisch zu erwarten war, und somit, wie beschrieben, auch die Erwartungen für die Zukunft revidieren. Grundsätzlich ist in diesem Zusammenhang damit die Frage zu beantworten, bei welchen Risiken komparative Wettbewerbsvorteile gegenüber anderen Marktteilnehmern aus der Risikoübernahme bestehen.[574]

Der Kern des Erklärungsansatzes liegt in der Unsicherheit über die vertragsgemäße Erfüllung der Zahlungsverpflichtungen des Kreditnehmers und den damit verbundenen Informationsasymmetrien. Dabei ist entscheidend, dass vor bzw. bei Abschluss des Vertrags die potentiellen Risiken (möglichst) vollständig erfasst und beurteilt sowie in der Vertrags- und Konditionengestaltung adäquat kompensiert werden.[575] Ex interim sind im Rahmen der Vertragsüberwachung (Risk Monitoring)[576] über eine systematische Früherkennung[577]

---

571 Vgl. Schierenbeck (2003a): S. 312f. Vgl. auch Akerlof (1970).

572 Die Argumentation ließe sich grundsätzlich auch auf den Bereich der operationellen Risiken ausdehnen, wo ebenfalls ein erwarteter Verlust ermittelt wird

573 Vgl. auch Schierenbeck (2003a): S. 417.

574 Vgl. zum Aspekt der komparativen Wettbewerbsvorteile bei Risikoübernahme in Bezug auf Industrie- und Handelsunternehmen Pritsch/Hommel (1997): S. 685, Hachmeister (2005): S. 142. In diesem Kontext wird zwischen leistungswirtschaftlichem Risikomanagement, von dem reale Konsequenzen ausgehen, und finanzwirtschaftlichem Risikomanagement zur Beeinflussung der Verteilungsfunktion differenziert. Vgl. zum Aspekt der langfristigen Kundenbeziehungen im Rahmen des Risikomanagements, die ebenfalls als komparativer Wettbewerbsvorteil in diesem Kontext eingestuft werden können, Ryser (2003): S. 67.

575 Hier spielen v.a. die Qualität von Ratingsystemen und Scorecards eine Rolle. Vgl. dazu u.a. Crouhy et al. (2006): S. 219ff. und S. 231ff.

576 Vgl. Oehler/Unser (2002): S. 398f.

577 Verhaltens-Scoring bzw. -Rating und Frühwarnindikatoren.

von Änderungen kreditnehmerspezifischer sowie allgemeiner Risikofaktoren (Trends) Ausfälle zu vermeiden, indem bereits vor Eintritt der Leistungsstörung Maßnahmen ergriffen werden. Ggf. können dabei auch Arbitragemöglichkeiten über einen Risikotransfer ausgenutzt werden.[578]

Bei Eintritt einer Leistungsstörung ist die Höhe des Wertberichtigungs- bzw. Abschreibungsbedarfs schließlich davon abhängig, inwieweit das Kreditverhältnis ggf. durch Restrukturierungen/Sanierungen wieder in einen ordentlichen Vertragszustand zurückgeführt oder – falls dies nicht möglich ist – optimal abgewickelt und verwertet werden kann.[579] Dabei ist die Höhe der Recovery Rate wesentlich durch die Effektivität und Effizienz der sog. Workout-Einheiten bestimmt.[580]

Letztlich wird die Höhe der Ist-Risikokosten somit nicht ausnahmslos exogen, sondern maßgeblich endogen durch die Kompetenzen in der Kreditwürdigkeitsprüfung, der Vertragsüberwachung und des Workouts beeinflusst, sodass hierüber auch Wertpotentiale ausgeschöpft werden können. Dies wird im Übrigen auch durch entsprechende Aussagen in der Praxis unterstützt.[581] So sollte dieser Erklärungsansatz zusätzlich zu den bisherigen Literaturansätzen bei der Analyse der Wertrelevanz des Risikomanagements Berücksichtigung finden und nicht als gegebene „costs of doing business“ außen vor bleiben.

#### 4.2.2.6 Ausnutzung von Arbitragemöglichkeiten

Weist der Markt die Eigenschaften der Vollkommenheit und Vollständigkeit nicht auf, ergeben sich Möglichkeiten zur Arbitrage, die eine zusätzliche Wertschaffung erlauben. Dieser Aspekt wurde innerhalb der Erklärungsansätze meines Wissens ebenfalls bis dato ausgeklammert. Abstrahierend von den

---

578 Vgl. dazu auch Abschnitt 4.2.2.6. Allerdings gilt es dabei zu berücksichtigen, dass dies u.U. negative Reputationswirkungen zur Folge haben kann.

579 Vgl. Oehler/Unser (2002): S. 400ff. m.w.N., Crouhy et al. (2006): S. 229.

580 Vgl. Oehler/Unser (2002): S. 319, Schierenbeck (2003a): S. 328.

581 Vgl. z.B. Commerzbank (2007): S. 96, Deutsche Bank (2007): S. 7 und S. 60, Dresdner Bank (2007): S. 66f.

oben betrachteten Wertlücken, die gesamthaft zu einer Wertsteigerung führen können[582], ist die hier betrachtete Arbitrage durch besondere Fähigkeiten zu Lasten von anderen Marktteilnehmern insgesamt als Nullsummenspiel zu betrachten. Entscheidend dabei ist, welche Marktteilnehmer über die relativ überlegenen Fähigkeiten im Hinblick auf Antizipationen zukünftiger Umweltzustände verfügen. Auch hier ergeben sich ***direkte*** Auswirkungen auf die originären Cash Flows, wenn bspw. komparative Vorteile bei der Prognosequalität von Risikofaktoränderungen bestehen und entsprechende Maßnahmen durchgeführt werden. Diese können sich sowohl auf Markt- als auch auf Kreditrisikofaktoren beziehen und finden ihre praktische Anwendung v.a. im Eigenhandel sowie im Rahmen von Kreditrisikotransfers insbesondere in der Verbriefung von Forderungen[583].[584]

### 4.2.3 Erklärungsansätze zur Wirkung des Risikomanagements auf die Eigenkapitalkosten

#### 4.2.3.1 Eigenkapitalkostensatz

##### *4.2.3.1.1 Allgemeine Erklärung*

Sowohl in der Praxis als auch im Schrifttum werden die positiven Wirkungen einer stabilen Gewinnentwicklung bzw. einer von Risikomanagementmaßnahmen ausgehenden Stabilisierung der Erträge auf die Kapitalkosten und den Wert eines Unternehmens propagiert.[585] Die folgenden Ausführungen sol-

---

582 Durch den Abbau der Dead Weight Costs werden so Wohlfahrtssteigerungen generiert.

583 Dabei ergeben sich v.a. durch die Bündelung und Tranchierung von Forderungen Arbitrageopportunitäten. Vgl. auch Abschnitt 3.2.3.2.3. Zudem können Arbitrageopportunitäten im Rahmen der Market Making-Aktivitäten ausgenutzt werden.

584 Der Arbitrageansatz ist nicht mit anderweitig, z.B. aus Insolvenz- und Financial Distress-Gesichtspunkten, motivierten Risikotransfers zu verwechseln. Beim zweitgenannten stehen komparative Vorteile in der Risikoübernahme im Vordergrund und führen i.d.R. zu einer gesamthaften Wohlfahrtssteigerung, während dies im Rahmen der Arbitrage zwar letztlich als „Abfallprodukt" anfallen kann, jedoch nicht die originäre Motivation des die Arbitragemöglichkeit ausnutzenden Marktteilnehmers darstellt.

585 Vgl. Faust (2002): S. 138, Gleißner (2005): S. 486, Denk et al. (2006): S. 29. Eine Umfrage des *Economist* unter Führungskräften ergab, dass 84% der Befragten glauben, Risikomanagement könne wertsteigernd die Kapitalkosten senken. Vgl. Economist Intelligence Unit/MMC Enterprise Risk (2001).

len zum einen zur Erhellung dieses Aspekts beitragen und gleichzeitig den zweiten Parameter der Bewertungsfunktion im Hinblick auf eine werthaltige Beeinflussbarkeit analysieren.

Wie bereits erläutert[586], sind die Gesamtkapitalkosten eines Unternehmens bei Vorliegen von perfekten Märkten vom Verschuldungsgrad unabhängig. Die Eigenkapitalkosten stellen dabei eine vom Geschäftsrisiko und der Kapitalstruktur abhängige, linear ansteigende Funktion dar. Sowohl das Geschäftsrisiko, das durch die Renditekovarianz eines eigenfinanzierten Assets zum Markt gemessen wird, als auch das Leveragerisiko resultieren letztlich aus zustandsunabhängigen Zahlungsverpflichtungen, wobei hier operative Fixkosten (Geschäftsrisiko) sowie Fremdkapitalzinsen (Leveragerisiko) den Ausschlag geben.

Wird die Möglichkeit einer Insolvenz zusätzlich in Betracht gezogen, zeigt sich im Hinblick auf die Ergebnisvariabilität eine Erhöhung der Risikoprämie aus Sicht der Fremdkapitalgeber und anderer Stakeholder in Abhängigkeit des Ausfallrisikos bzw. des Leverages. Diese Risikoprämien führen in der Betrachtungsweise des Equity-Bewertungsansatzes zu einer Reduzierung der bewertungsrelevanten Cash Flows und werden letztlich vom Residualeinkommensempfänger getragen. Da der Eigenkapitalkostensatz als Diskontierungsfaktor der Bewertungsfunktion indes ausschließlich von der Renditekovarianz mit dem Marktportfolio und zusätzlich (multiplikativ) von der Kapitalstruktur abhängig ist, folgt aus einer entsprechenden Risikoerhöhung lediglich eine lineare Verschiebung auf der Wertpapiermarktlinie, die jedoch keinen Werteffekt zur Folge hat.

Werden Risikomanagementmaßnahmen, v.a. mit der Zielsetzung einer Reduzierung der Ausfallwahrscheinlichkeit bzw. des VaR, durchgeführt, wird sich u.U. eine Wertschaffung durch Änderung der zu erwartenden Cash Flows ohne kompensierende Kapitalkostenwirkung durch den Abbau von Dead Weight Costs ergeben. Diese Argumentation wurde bereits im Erklärungsansatz zur Verringerung der Insolvenz- und Financial Distress-Kosten erörtert.[587] Darüber

---

586 Vgl. Abschnitt 2.2.1.

587 Vgl. Abschnitt 4.2.2.3.

hinaus ergeben sich jedoch im Hinblick auf Änderungen bzw. mögliche Verringerungen der Kapitalkosten durch Risikomanagement die Argumente aus der Irrelevanzbegründung des Risikomanagements bei vollkommenen Märkten. Das Hedgen von systematischen Risiken ändert (abgesehen von etwaigen nicht durch Kapitalkosten kompensierten Effekten auf den Cash Flow) nicht das Risiko-Rendite-Verhältnis, sondern nur den Grad der Risikoneigung über eine lineare Verschiebung auf der Wertpapiermarktlinie, den der Aktionär in seinem privaten Portfolio je nach Präferenz selbst erzeugen kann.[588] Das Hedgen von unsystematischen Risiken wird keine Reduzierung der Eigenkapitalkosten zur Folge haben, da auf dem Kapitalmarkt keine Prämien für Risiken bezahlt werden, die Investoren selbst wegdiversifizieren können. Vielfach wird hier argumentiert, dass Aktionäre nicht immer vollständig diversifiziert seien bzw. nicht sein könnten und daher ein besonderer Absicherungsbedarf besteht, der im Folgenden speziell betrachtet werden soll.

#### *4.2.3.1.2 Absicherungsbedarf unzureichend diversifizierter Aktionäre*

Eine spezielle Erklärung hinsichtlich der Beeinflussbarkeit der Kapitalkosten durch Risikomanagementmaßnahmen wird in der Verbesserung von Positionen lediglich unzureichend diversifizierter Aktionäre gesehen. Derartige Anteilseigner besitzen eine suboptimale Rendite-/Risikoposition, da für sie auch unsystematische Risiken relevant sind und entsprechend die für sie relevanten Cash Flows einer größeren Streuung unterliegen und somit höhere Opportunitätskosten entstehen. Allerdings wird diese höhere Risikoposition nicht entgolten. Deshalb haben diejenigen, die davon betroffen sind, ein Interesse daran, dass starke Ergebnisschwankungen durch unternehmerisches Risikomanagement vermieden werden, da sie auf privater Ebene nicht äquivalent dazu in der Lage sind.[589]

Von besonderer Relevanz ist dies z.B. für Manager, die in verschiedener Hinsicht Anreize haben, Risikomanagementmaßnahmen durchzuführen, und eine

---

588 Vgl. Smith (1995): S. 24, Levi/Sercu (1991): S. 27.

589 Vgl. Stulz (1984): S. 3ff., Stulz (1996): S. 13, Pritsch/Hommel (1997): S. 674, Stulz (2003): S. 66ff. Vgl. auch Krag/Kasperzak (2000): S. 114, Mölls (2004): 197f.

risikoaverse Position einnehmen. Besteht ein signifikanter Anteil ihres Vermögens aus Beteiligungen am geführten Unternehmen und unternehmensspezifischem Humankapital, ergibt sich daraus zwangsläufig eine mangelnde Möglichkeit zur Diversifikation; deshalb spielt auch das unsystematische Risiko für sie eine signifikante Rolle. Außerdem haben Manager ein zusätzliches Interesse an risikoaversem Verhalten, wenn sie zumindest in Teilen abhängig vom Unternehmenserfolg entlohnt werden, da hier wiederum die unsystematische Komponente relevant ist. Schließlich ist in diesem Kontext auch die Vermeidung von Job- bzw. Reputationsverlusten maßgeblich.[590]

Es wird schnell offensichtlich, dass entsprechende Maßnahmen zwar den individuellen Nutzen der Manager steigern, insgesamt aber nicht zu einer optimalen Wertorientierung führen können[591], da die Aktionäre durch den Kauf des Eigenkapitaltitels bewusst die damit verbundenen Risiken in ihr (diversifiziertes) Portfolio aufnehmen[592] und unternehmerisches Risikomanagement – wie bereits dargestellt – weder durch das Hedgen von systematischen noch unsystematischen Risiken zu einer Verbesserung ihrer Position führen kann. Vielmehr sind derartige Maßnahmen wertvernichtend, da sie mit Transaktionskosten sowohl auf Ebene der Bank als auch auf Ebene der Aktionäre durch das Anpassungserfordernis an ihre angestrebte Risikoneigung verbunden sind.[593] Ergebnisse empirischer Studien hingegen zeigen auf, dass Hedging bzw. Risikomanagement auf Ebene der Bank insbesondere aus Nutzenmaximierungsgesichtspunkten des Managements erfolgen und folglich der Fundamentalzielorientierung der Wertmaximierung widersprechen.[594]

---

[590] Vgl. Mayers/Smith (1982): S. 283, Campbell/Kracaw (1987): S. 316, Pritsch/Hommel (1997): S. 676, Ammon (1998): S. 27ff., Bartram (2001): S. 29f., Pagano (2001): S. 283, Oehler/Unser (2002): S. 4, Ruß/Gebhardt (2002): S. 7f., Hartmann-Wendels et al. (2007): S. 322. Z.T. wird in diesem Kontext auch argumentiert, dass ein Hedging auf Unternehmensebene die Risikoposition undiversifizierter Manager verbessere und damit zu einer Verringerung der von ihnen geforderten Kompensationszahlungen führe.

[591] Vgl. Smith/Stulz (1985): S. 399ff.

[592] Vgl. Pritsch/Hommel (1997): S. 673.

[593] Auf die konkrete Ausgestaltung eines diese Interessendivergenz vermeidenden bzw. reduzierenden Kompensationsschemas soll an dieser Stelle nicht eingegangen werden.

[594] Vgl. Pagano (2001): S. 316 m.w.N.

Eine vergleichbare Situation lässt sich darüber hinaus für Großaktionäre darstellen, die aufgrund ihres Anteils wesentlich die Unternehmensstrategie und -politik bestimmen und dabei Zielsetzungen bezüglich der Risikoposition und des Managements dieses Risikos zur Optimierung ihrer individuellen Position verfolgen können[595], die wiederum aus Sicht der diversifizierten Eigenkapitalgeber nur suboptimal sein und dabei zu Unterinvestitionen führen können.[596]

Im Falle einer nicht ausreichenden Diversifikation auf der Ebene einzelner (externer) Aktionäre werden für diese ebenfalls unsystematische Risiken relevant. Zwar könnte ein entsprechendes Risikomanagement durch die Bank die Position und den Nutzen der unzureichend diversifizierten Aktionäre verbessern[597], diese Maßnahmen würden aber auch zu Lasten des Werts gehen und damit einen Schaden für ausreichend diversifizierte Aktionäre bedeuten.[598] Außerdem würde eine entsprechende Strategie die Kenntnis und Aggregation aller individuellen Nutzenfunktionen erfordern, was eine nicht zu bewältigende Komplexität darstellt. Als Referenzaktionär bietet sich in solchen Fällen ein Asset Manager bzw. Pensionsfonds an.

Zusammenfassend lässt sich also feststellen, dass die höheren Opportunitätskosten aufgrund einer nicht ausreichenden Portfoliodiversifikation zwar auf der Ebene einzelner Anteilseigner bestehen können, jedoch keinen Anpassungsbedarf an die Kapitalkosten des Unternehmens bedeuten. Vielmehr wäre eine entsprechende Berücksichtigung der Anlegerprofile im Risikomanagement der Bank mit einer nicht optimalen Wertorientierung verbunden.

#### 4.2.3.2 Eigenkapitalkostenbasis

In Abschnitt 4.2.1.4 wurde für die Analyse die Annahme getroffen, dass die Kapitalstruktur der Bank zunächst fixiert ist und einen optimalen Trade-off aus Steuervorteil der Fremdkapitalfinanzierung und Risikoprämien auf das ausfall-

595 Vgl. Pritsch/Hommel (1997): S. 677.

596 Vgl. dazu beispielhaft Zhang (1998). Vgl. auch Fite/Pfleiderer (1995): S. 146ff.

597 Vgl. Mayers/Smith (1990): S. 37f., Stulz (1996): S. 13, Fite/Pfleiderer (1995): S. 146ff.

598 Vgl. Baule (2002): S. 112.

bedrohte Fremdkapital in Abhängigkeit der Kapitalstruktur darstellt. Dabei ist zu beobachten, dass sich die Eigenkapitalquoten von Banken (jedoch nicht zuletzt aufgrund regulatorischer Vorgaben) innerhalb einer sehr engen Spanne bewegen.

Im Hinblick auf die Wertrelevanz des Risikomanagements richtet sich ein weiterer Erklärungsansatz auf die Höhe des Eigenkapitals, im Folgenden Eigenkapitalkostenbasis genannt. Dabei wird argumentiert, dass eine Reduzierung der Ausfallwahrscheinlichkeit bzw. des VaR durch Risikomanagementmaßnahmen in ein niedrigeres ökonomisches Kapitalerfordernis mündet und entsprechend auch das als Haftungs- bzw. Risikodeckungsmasse vorzuhaltende Eigenkapital reduziert werden kann. Die Wertschaffung des Risikomanagements wird innerhalb der RAPM-Steuerungslogik in Höhe der eingesparten Eigenkapitalkosten auf das nicht mehr zur Unterlegung erforderliche Eigenkapital beziffert.[599]

In der Konsequenz sollen sich für die Bank als Handlungsalternativen die Reinvestition des frei gewordenen Eigenkapitals oder aber die Ausschüttung ergeben, wenn keine (ausreichenden) wertschaffenden Investitionsmöglichkeiten vorhanden sind. Während bei der Reinvestition eine entsprechende Erhöhung der Erträge generiert wird, wird der Ausschüttung insbesondere deswegen eine Wertsteigerung zugeschrieben, weil sich der Gewinn pro Aktie (EPS) erhöht bzw. Kapitalkosten einsparen ließen.[600] *Bindert/Rauleder (2004)* führen im Hinblick auf Aktienrückkäufe dazu aus: *„Zum einen verringert sich durch die Rückkäufe die Eigenkapitalbasis, da eigene Aktien eine Abzugsposition vom Eigenkapital darstellen ... Dies führt zu einer Erhöhung der Eigenkapitalrendite und zu einer Reduzierung der Kapitalkosten. Diese ‚eingesparten' Kapitalkosten erhöhen im gleichen Maße den Wertbeitrag, was wiederum zu einer Steigerung des Aktienwertes führt – dem übergeordneten Ziel des Shareholder Value-Ansatzes. Durch den Rückkauf eigener Anteile wird auch die Anzahl*

---

[599] Vgl. dazu auch Maier (2007).

[600] Vgl. dazu die in FN 295 angegebene Literatur. Vgl. außerdem Kroder (2007).

*ausstehender Aktien reduziert, so dass sich der Gewinn eines Unternehmens auf weniger Aktien verteilt und der Gewinn je Aktie steigt.“*[601]

Risikomanagement wird bei dieser Argumentation als kostengünstiges Substitut für Eigenkapital betrachtet. *Accenture* gelangt bspw. in einer Studie zu dem Ergebnis, dass ca. 5 bis 10% des gebundenen Eigenkapitals durch Risikomanagement im hier definierten Sinne[602] realloziert und entsprechend zur Wertsteigerung beitragen können.[603] Nach Schätzung von *Oliver Wyman* lässt sich das Eigenkapital durch eine verbesserte Diversifikation um ca. 25% reduzieren, wobei dies für eine typische multinationale Bank gelte und bei stärkeren regionalen Konzentrationen entsprechend höher ausfalle.[604]

Der grundsätzliche Gedanke baut auf der Interdependenz der aktivseitigen Risikostruktur und dem Kapitalerfordernis zur Risikodeckung und somit der Kapitalstruktur auf. In diesem Kontext kann Risikomanagement (wie in Abschnitt 4.2.2.3 gesehen) in der Tat als Substitut für ökonomisches Kapital dienen. Allerdings basiert dieser Substitutionsgedanke primär auf einer Gläubigerperspektive. Aus einer Aktionärsperspektive ist diesem Vorgehen jedoch unmittelbar keine Relevanz beizumessen, da das für den Aktionär bewertungsrelevante systematische Risiko in Summe unverändert bleibt[605] und das höhere Lever-agerisiko aus Aktionärssicht durch die geringere Kapitalbasis über einen entsprechend höheren Eigenkapitalkostensatz kompensiert wird. Als Verzinsungsgrundlage des Eigenkapitals ist dabei weiterhin der Marktwert des Eigenkapitals maßgeblich, der nicht unmittelbar tangiert wird.[606]

---

601 Bindert/Rauleder (2004): S. 613. Zu weiteren Begründungen ökonomischer Effekte (Ankündigungseffekte, erhöhte Flexibilität etc.) durch Aktienrückkäufe vgl. Hörter (1998): S. 269, Bindert/Rauleder (2004): S. 613f. sowie ausführlich Volkart (1998).

602 Genannt werden dabei optimales Kapitalmanagement und Kapitalallokation, aktives Kreditportfoliomanagement, umfassende Steuerung aller Risikokomponenten und optimierte Diversifikation des Geschäftsportfolios.

603 Vgl. Accenture (2005).

604 Vgl. dazu Kuritzkes (1999): S. 61.

605 Bzw. auf der Wertpapiermarktlinie entlangwandert und keinen Werteffekt hervorruft.

606 Vgl. sinngemäß Smith et al. (2003): S. 3: „Capital Allocation is irrelevant to value. An insurer who allocates more capital to a particular line of business makes that business proportionately less risky. Therefore the percentage return required by shareholders is lower, but this now applies to a larger base. The dollar required profit is slightly higher overall, but we expect a higher profit be-

Die Wertschaffung tritt auch in diesem diskutierten Fall nur mittelbar ein, indem durch eine Senkung der Insolvenz- bzw. Financial Distress-Wahrscheinlichkeit entsprechend geringere Risikoprämien der anderen Stakeholder in Rechnung gestellt werden, was letztlich dem Residualeinkommen der Eigenkapitalgeber zufließt. Diese Argumentation stellte den Kern des Abschnitts 4.2.2.3 dar und ist mit ihrer Wirkung für den Cash Flow, nicht jedoch für die Eigenkapitalkosten relevant.[607] Ein aus dieser Logik vorgenommener Aktienrückkauf wirkt sich dabei durch eine Erhöhung des Tax Shield bei einem aus Fremdfinanzierungsmitteln durchgeführten Erwerb der eigenen Aktien auf den Eigenkapitalmarktwert aus.[608]

Dieser grundsätzliche Effekt lässt sich dabei an einem einfachen Beispiel illustrieren. Es sei angenommen, dass Bank A mit einem ausschließlichen Europa-Exposure und Bank B mit Asien-Exposure jeweils einen signifikanten Anteil ihres Exposures auf die andere Bank übertragen, wobei die damit verbundenen Erträge der Höhe nach identisch sind. Dieser „Swap" ist für beide Banken damit verbunden, dass sich die Risikoposition ihres Portfolios aufgrund einer nun höheren Diversifikation durch die nicht perfekt korrelierten Europa- und Asienrisiken jeweils verbessert und mit einer niedrigeren Kapitalunterlegung einhergeht. Der Logik dieses Erklärungsansatzes folgend, würde sich für beide Banken eine Erhöhung der Rendite bzw. Verringerung der Eigenkapitalkosten und folglich eine Wertsteigerung ergeben.[609] Für einen Investor, der in seinem angenommenen Marktportfolio sowohl Bank A als auch Bank B hält, hat die vorgenommene Diversifikation der beiden Bankportfolios jedoch zunächst keine Auswirkungen, da er nach wie vor mittelbar dieselben Risiken trägt wie vorher und eine hinreichend große Diversifikation bereits in seinem Portfolio erzielt hat. Folglich wird das Vorgehen der Banken auch nicht durch Investoren im Hinblick auf eine Senkung der Renditeforderung honoriert. Die Diversi-

---

cause of the return on the extra assets. The two effects cancel out and we are back where we started."

607 Im Hinblick auf die Höhe der Eigenkapitalbasis können sich durch Risikomanagementmaßnahmen tatsächlich Änderungen ergeben, die aus einer ggf. nicht mehr optimalen Kapitalstruktur resultieren. Die Anpassung führt aber letztlich zu höheren Erträgen bzw. eingesparten Steuern und eben nicht zu einer Senkung der Eigenkapitalkosten.

608 Vgl. dazu Volkart (1998).

609 Vgl. zu entsprechenden Ergebnissen auch das ähnlich konstruierte Beispiel bei Gann/Hofmann (2004).

fikationsbemühungen der beiden Banken haben nur mittelbar Auswirkungen auf die Vermögensposition des Investors durch die oben beschriebene Reduzierung der mit der verringerten Ausfallwahrscheinlichkeit verbundenen Risikoprämien der anderen Stakeholder.[610] Das Beispiel unterstreicht noch einmal die notwendige Trennung der geforderten Risikoprämien aus Shareholdersicht und der Perspektive der anderen Stakeholder.

### 4.2.4 Zusammenfassende Bewertung der Erklärungsansätze

In den Abschnitten 4.2.2 und 4.2.3 wurden die Erklärungsansätze zur Wirkung des Risikomanagements auf die Parameter der Bewertungsfunktion zunächst isoliert dargestellt. Zudem wurden die Ansätze im Hinblick auf verschiedene Marktunvollkommenheiten differenziert. In diesem Abschnitt sollen nun die verschiedenen Ansätze gesamthaft bewertet werden.

Beginnend mit der Wirkung des Risikomanagements auf den Eigenkapitalkostensatz zeigt sich, dass keine werthaltige Beeinflussung der Kapitalkosten (ohne gegenläufigen Effekt beim Cash Flow) durch Risikomanagementmaßnahmen erzielt werden kann. Begründet wurde dies dahingehend, dass Aktionäre bei ihren Renditeforderungen lediglich das Risiko berücksichtigen, das ihnen auf der Eigentümerebene entsteht. Da sie auf privater Ebene das idiosynkratische Risiko über ihr ausreichend großes Portfolio diversifizieren und damit ausschalten können, ist lediglich das systematische Risiko relevant für den Eigenkapitalkostensatz. Eine Reduzierung des unsystematischen Risikos auf Bankebene hat folglich keine Auswirkungen auf den Eigenkapitalkostensatz. Eine Verringerung dieses Satzes ist zwar durch den Abbau von systematischem Risiko grundsätzlich möglich, jedoch kann hierdurch keine Wertschaffung generiert werden, da dies lediglich eine Verschiebung der Bankaktie auf der Wertpapiermarktlinie zur Folge hat, die mit einer entsprechenden Reduzierung der Cash Flows einhergeht. Zudem wurde gezeigt, dass Risikomanagement zwar den Nutzen einzelner Eigenkapitalgeber erhöhen kann, dies jedoch nicht mit einer allgemeinen Wertschaffung verbunden und

---

[610] Relevant wäre dieser Portfoliotausch lediglich für einen Investor, der nicht ausreichend diversifiziert ist. Vgl. dazu die Ausführungen in Abschnitt 4.2.3.1.2.

i.d.R. sogar wertvernichtend ist. Ebenfalls konnte keine Beeinflussung der Eigenkapitalkosten durch Senkung der Kapitalkostenbasis identifiziert werden. Hier spielen zwei unterschiedliche Kapitaldimensionen eine Rolle: zum einen der für die Eigenkapitalkosten relevante Marktwert des Eigenkapitals, zum anderen die Risikodeckungsmasse aus Stakeholdersicht, die jedoch nicht deckungsgleich sind.[611] Aufgrund des beschriebenen Zusammenhangs zwischen Eigenkapitalkostensatz und -basis wirkt sich eine Verringerung und Anpassung der Risikodeckungsmasse an eine reduzierte Risikoposition nicht (direkt) auf den Marktwert des Eigenkapitals aus.[612]

Risikomanagement kann folglich die Eigenkapitalkosten ohne kompensierende Cash Flow-Wirkung nicht wertschaffend beeinflussen. Möglichkeiten zur Wertschaffung durch Risikomanagement auf Ebene der Bank bestehen jedoch im Abbau von Kosten, die aus Marktimperfektionen resultieren, wobei die entsprechenden Maßnahmen auf Ebene der Aktionäre nicht bzw. nicht gleichwertig repliziert werden können.

Aus Vereinfachungsgründen wurden die verschiedenen Erklärungsansätze zur Wirkung auf den Cash Flow zunächst isoliert betrachtet. Es wird jedoch relativ schnell offensichtlich, dass die geschilderten Erklärungsansätze nicht exklusiv sind und sich nicht einfach aufaddieren lassen. So können aus zwei wesentlichen Ursachen mitunter konterkarierende Effekte entstehen. Die eine Ursache ergibt sich daraus, dass i.d.R. keine direkte Abhängigkeit zwischen der Varianz und den Ausfallrisikomaßen besteht. Das Management der Varianz, z.B. um die Steuerbelastung zu reduzieren oder den Innenfinanzierungsspielraum zu optimieren, ist nicht notwendigerweise mit einer gleichgerichteten Veränderung des VaR verbunden, der für den Erklärungsansatz zur Verringerung der Insolvenz- und Financial Distress-Kosten relevant ist. Eine weitere Ursache für mögliche gegenläufige Effekte ergibt sich aus der zu beeinflussenden Größe. Während bei der Optimierung der Steuerbelastung durch Risikomanagement die Volatilität der steuerlichen Bemessungsgrundlage die zu beeinflussende Zielgröße darstellt, ist in den anderen Erklärungsansätzen der Cash Flow als

---

[611] Vgl. dazu auch Abschnitt 3.2.3.1.1.

[612] Abgesehen von Werterhöhungen durch indirekte Kosteneinsparungen, die jedoch nicht auf eingesparte Eigenkapitalkosten zurückzuführen sind.

Zielgröße relevant.[613] Die Divergenzen hinsichtlich des relevanten Risikomaßes sowie der zu beeinflussenden Größe führen dazu, dass eine gleichzeitige Berücksichtigung der verschiedenen Erklärungsansätze/Wertlücken ein kaum lösbares Optimierungsproblem darstellt.

Aufgrund der hohen Komplexität beim Versuch, alle Erklärungsansätze zu integrieren, werden für das weitere Vorgehen die in den Abschnitten 4.2.2.1 bis 4.2.2.6 jeweils abschließend vorgenommenen Bewertungen zur Relevanz der einzelnen Erklärungsansätze hinzugezogen:

- In der speziell auf Banken gerichteten Betrachtung und Bewertung der bereits bestehenden Erklärungsansätze, die sich auf die ***Verringerung indirekter Kosten*** aus Marktunvollkommenheiten beziehen (4.2.2.1 bis 4.2.2.3), ergab sich, dass v.a. die Insolvenz- und Financial Distress-Kosten von besonderer Relevanz sind. Eine Verringerung der Steuerbelastung durch Risikomanagement spielt hingegen bei Banken aufgrund ihrer Bewertungsspielräume und Bilanzierungswahlrechte eine eher geringere Rolle. Auch die Sicherung des Innenfinanzierungsspielraums dürfte für Banken von untergeordneter Relevanz im Gegensatz zu Industrie- und Handelsunternehmen sein. Dieser Erklärungsansatz wird erst relevant, wenn größere Verluste anfallen und sich die Bank in einer finanziellen Anspannung befindet.

- Die übrigen Erklärungsansätze basieren ebenfalls auf Marktunvollkommenheiten, stellen jedoch auf einen ***direkten Effekt*** ab. Im Hinblick auf den bestehenden Erklärungsansatz zur Verringerung der Risikomanagementkosten (4.2.2.4) ergab sich, dass zwar auf Bankebene u.U. geringere Transaktionskosten als auf privater Ebene anfallen, allerdings insbesondere die fehlende Aggregationsmöglichkeit der unterschiedlichen Eigentümerpräferenzen als kaum lösbares Problem erscheint bzw. eine Readjustierung der Aktionärsportfolios mit zusätzlichen Kosten verbunden ist. Die neu aufgenommenen Erklärungsansätze der Ist-Risikokosten und Arbitragemöglichkeiten (4.2.2.5 und 4.2.2.6) hingegen

---

613 Vgl. dazu Pritsch/Hommel (1997): S. 684, Bartram (2001): S. 24, Franke/Hax (2003): S. 588ff., Hachmeister (2005): S. 138, Crouhy et al. (2006): S. 46.

weisen bei Vorliegen entsprechender Fähigkeiten eine grundsätzliche Wertrelevanz auf.

Im Hinblick auf die Relevanz soll deshalb im weiteren Verlauf der Arbeit der Fokus v.a. auf die Insolvenz- und Financial Distress-Kosten gelegt werden. Die Ist-Risikokosten und Arbitragemöglichkeiten besitzen zwar ebenfalls grundsätzlich Wertrelevanz, haben jedoch keine Auswirkungen auf das finanzwirtschaftliche Entscheidungskriterium und damit die Steuerungsgröße und werden deshalb im Folgenden zunächst ausgeklammert und erst in Abschnitt 5.2.3.2.2 wiederaufgegriffen.

Als Ergebnis der Analyse kann folglich festgestellt werden, dass eine ausschließliche Risikoadjustierung um systematische Risiken – wie im (reinen) neoklassischen Ansatz – zur Unterschätzung des Risikos führt. Unsystematische Risiken sind zwar grundsätzlich für die Aktionärsebene aufgrund der Diversifikation nicht unmittelbar von Bedeutung, lösen jedoch auf der Ebene der Bank indirekte Kosten aus, die letztlich durch die Eigenkapitalgeber getragen werden. Deshalb sollte diese Kostenkomponente, die v.a. aus Insolvenz- und Financial Distress-Risiken resultiert, zusätzlich berücksichtigt werden. Hinzu kommt, dass auch die systematischen Risiken – über ihre Berücksichtigung in den Kapitalkosten hinaus – auf Ebene der Bank aus den genannten Insolvenz- und Financial Distress-Gründen zusätzlich ins Kalkül einbezogen werden sollten. Neben der Betrachtung des systematischen Risikos aus dem neoklassischen Ansatz wird durch die Möglichkeit der Insolvenz und der finanziellen Anspannung auch das Gesamtrisiko aus Sicht der Bank zusätzlich relevant für die Bewertung, und zwar innerhalb des Cash Flows.

Letztlich zeigt das Ergebnis der Analyse zur Wertrelevanz des Risikomanagements, dass v.a. die Reduzierung der Eintrittswahrscheinlichkeit einer mit Kosten behafteten Insolvenz bzw. finanziellen Anspannung durch entsprechende Risikomanagementmaßnahmen einen Wertbeitrag liefern kann, sofern die damit verbundenen Kosten geringer sind als der erzielte Vorteil. Die Verringerung der erwarteten Insolvenz- und Financial Distress-Kosten wird sich in geringeren Risikoprämien der Stakeholder niederschlagen, was schließlich höhere Cash Flows für die Anteilseigner als Residualeinkommensempfänger zur Folge hat und entsprechend zu einer Wertsteigerung des Eigenkapitals führt.

## 4.3 Beurteilung des Status quo auf Basis der Analyseergebnisse

Auf der Grundlage der hier gewonnenen Analyseergebnisse soll nun der im dritten Kapitel dargestellte Status quo des wertorientierten Risikomanagements bzw. konkret dessen RAPM-Steuerungslogik beurteilt werden. Dabei zeigen sich vier wesentliche Divergenzen, die sich an (1.) einem unterschiedlichen Verständnis des für die Aktionäre relevanten Risikos, (2.) der expliziten Berücksichtigung von Insolvenz- und Financial Distress-Kosten, (3.) der Verwendung der risikoadäquaten Hurdle Rate sowie (4.) der zugrundegelegten Kapitaldimension festmachen.

### 4.3.1 Grundsätzliche Beurteilung

Im gegenwärtigen wertorientierten Risikomanagement auf Basis der RAPM-Steuerungslogik[614] spielt primär das Gesamtrisiko aus Sicht der Bank eine Rolle, und zwar das Downside-Risiko, welches v.a. über den VaR quantifiziert wird und als ökonomisches Kapital den Nenner im Rahmen der Renditebetrachtung darstellt. Die Optimierungsüberlegungen basieren dabei auf einer Portfolioselektion in Richtung der Effizienzlinie aus erwartetem Ergebnis und damit verbundenem Gesamtrisiko – im Gegensatz zur vorgestellten Portfoliotheorie[615] wird statt des $\mu$-$\sigma$-Kriteriums ein $\mu$-*VaR*-Ansatz verwendet –, wobei die Bank die Funktion eines Portfoliomanagers einnimmt.[616] Durch die Zugrundelegung eines derartigen Entscheidungskriteriums verhalten sich Banken quasi-risikoavers und setzen das Ergebnis eines Geschäfts ins Verhältnis zu einer Kapitalgröße, die zur Unterlegung des entsprechenden Risikos erforderlich ist, um die Solvenz der gesamten Bank mit einer bestimmten Wahrscheinlichkeit zu sichern.

---

614 Die z.T. noch beobachtbare Nutzung regulatorischer Kapitalgrößen im Rahmen der wertorientierten Steuerung soll hier nicht näher betrachtet werden.

615 Vgl. Abschnitt 2.1.2.

616 Dies wird zudem in zahlreichen theoretischen Abhandlungen und praktischen Handlungsanweisungen propagiert. Vgl. u.a. Bessis (2002): S. 718f., Oehler/Unser (2002): S. 354, Theiler (2002), Schierenbeck (2003b): S. 208ff., Jorion (2007): S. 182ff. „...es sind die Risiko(-Rendite)-Beiträge vorhandener und potentieller Verträge zu bestimmen und im Sinne der Präferenzfunktion des Gläubigers (Anm. d. Verf.: der Bank) zu optimieren (bei Risikoaversion: risikominimales Portfolio bei gegebener (erwarteter) Rendite bzw. maximale (erwartete) Rendite bei gegebenem Risiko)." Oehler/Unser (2002): S. 354. Vgl. dazu außerdem Milne/Onorato (2004): S. 3.

Die Präferenzen der Aktionäre, deren weitere Anlagemöglichkeiten und damit die Orientierung am Marktwertkalkül werden zugunsten einer eigenen Ziel-/ Nutzenfunktion der Bank aufgegeben.[617] Anstelle der eigentlich theoretisch hergeleiteten Kovarianz zum Marktportfolio rückt die aus Sicht der sich risikoavers verhaltenden Bank isoliert betrachtete Variabilität des Bankergebnisses als relevantes Risikomaß in den Vordergrund und dient als Grundlage für Entscheidungen.[618] „To do so is to confuse two separate concepts, downside tail risk and the market cost of bearing risk."[619]

Während bei der Berechnung des VaR als Gesamtrisiko also die Korrelationen zwischen allen Risikopositionen, d.h., die Diversifikationseffekte innerhalb des Bankportfolios, berücksichtigt werden und sich der gesamte VaR der Bank ($VaR_i$) somit als Summe der marginalen Risikobeiträge bzw. der Stand alone-VaR-Größen der einzelnen Risikopositionen ($VaR_{IP}$) multipliziert mit einem internen Beta-Faktor ($\beta in_{IP}$) ausdrücken lässt:[620]

$$VaR_i = \sum_{IP=1}^{n} VaR_{IP} \cdot \beta in_{IP} \,, \qquad (4.5)$$

würde eine Berechnung des systematischen Portfoliorisikos aus den (mit den anteiligen Eigenkapitalmarktwerten) gewichteten externen Beta-Faktoren der einzelnen Risikopositionen erfolgen:[621]

$$\beta_i = \sum_{IP=1}^{n} a_{IP} \cdot \beta ex_{IP} \qquad (4.6)$$

wobei: $\sum_{IP=1}^{n} a_{IP} = 1$ sowie $\beta ex_{IP} = \frac{\sigma_{IPM}}{\sigma_M^2}$.

Ein wesentlicher Unterschied besteht folglich darin, dass die relevante Risikogröße als marginaler Risikobeitrag zum Bankportfolio im Status quo ohne Be-

---

617 Vgl. Crouhy et al. (1999): S. 6, Milne/Onorato (2006): S. 4.

618 Vgl. Kürsten (2006a): S. 8.

619 Milne/Onorato (2006): S. 4.

620 Vgl. auch Wahrenburg/De Mello (1993): S. 14.

621 Vgl. Hörter (1998): S. 152, Oehler/Unser (2002): S. 152.

zug zum Marktportfolio berechnet wird.[622] Damit bleiben jedoch die Diversifikationsmöglichkeiten der Eigenkapitalgeber, die einen „natürlichen Hedge“ darstellen, unberücksichtigt.

Ein weiteres wesentliches Unterscheidungskriterium liegt darin, dass innerhalb des RAPM-Ansatzes ausschließlich extreme Downside-Risiken entscheidungsrelevant sind, was sich jedoch nicht mit der Nutzenfunktion der Aktionäre deckt, in der Unsicherheit über die gesamte Verteilung im Hinblick auf den marginalen Risikobeitrag zum Marktportfolio reflektiert wird.

Die Berücksichtigung sowohl systematischer als auch unsystematischer die Bank betreffender Risiken und die Verdichtung auf eine mit einer sehr geringen Wahrscheinlichkeit eintretende „Maximalgröße“ sind zwar aus aufsichtsrechtlicher und interner Solvabilitätssicht zur gesamthaften Risikobegrenzung erforderlich, eine darauf basierende „wertorientierte“ Steuerung entspricht jedoch nicht der Bewertung der Anteilseigner.[623] Wie theoretisch analysiert, ist in deren Bewertung zunächst das sie direkt betreffende systematische Risiko maßgeblich. Zusätzlich sind, wie aufgezeigt, die indirekten Kosten, die aus einer potentiellen Insolvenz bzw. finanziellen Anspannung resultieren, relevant.

Eine auf Basis des Status quo-Ansatzes vollzogene interne Portfoliooptimierung führt in der Konsequenz dazu, dass sich eine wahrgenommene Wertschaffung von Risikomanagementmaßnahmen v.a. an (und in der Höhe) der Reduzierung des erforderlichen ökonomischen Kapitals festmacht.[624] Die Akti-

---

[622] Vgl. dazu auch im Hinblick auf die Kapitalallokation Albrecht/Koryciorz (2003): S. 32f.

[623] Vgl. Faust (2002): S. 172ff. „Raroc Risk adjusted rate of return is *not* independent of risk. It does not adjust for systematic risk ... in the usual application of Raroc, the economic capital is approximately proportional to standard deviation, implying that the relevant risk measure is standard deviation. The greater the standard deviation, the more risky the asset and the greater the economic capital. We know from the work of Sharpe (1964) that, while standard deviation may be appropriate for measuring the risk of a portfolio, for an individual asset the relevant risk measure is systematic risk – the covariance with the market portfolio.“ Turnbull (2002): S. 222.

[624] Diese Logik führt im Übrigen auch dazu, dass signifikante „Risikosynergien“ aus Akquisitionen und Fusionen gezogen werden könnten, wenn die Cash Flows der jeweiligen Institute nicht perfekt miteinander korreliert sind. Vgl. dazu D'Souza/Lai (2002), die diesen Aspekt implizit darlegen, indem sie den Effekt der Bankenkonsolidierung auf die Marktliquidität über eine zunehmende „risk-bearing capacity“ durch M&A und Diversifikation aufgrund der Korrelationswirkungen zwischen den Cash Flows erklären. Auf Basis der hier gewonnenen Ergebnisse ergeben sich auch Risikosynergien durch Verringerung der Insolvenz- und Financial Distress-Kosten durch höhere Diversifikation bzw. M&A, allerdings in einem deutlich anderen Ausmaß. Da Diversifikations- bzw. M&A-

onärsperspektive und die damit verbundenen risikoreduzierenden Korrelationswirkungen bleiben dabei allerdings ebenso unberücksichtigt wie die expliziten Kosten, die sich aus der Insolvenz- und Financial Distress-Gefahr ergeben.

Das interne Bewertungsverständnis weicht damit von der aus Wertgesichtspunkten maßgeblichen Bewertung durch den Kapitalmarkt ab. Folglich führen auf der gegenwärtigen, internen Logik basierende Rendite-/Risikosteuerungsmaßnahmen i.d.R. nicht zur optimalen Ausschöpfung des Wertpotentials bzw. haben u.U. sogar Wertverluste zur Folge. Im Folgenden soll aufgezeigt werden, wie Risikomanagement im Status quo aufgrund des abweichenden Risikoverständnisses zu Fehlsteuerungen bzw. -entscheidungen führt. Dabei (Abschnitt 4.3.3) werden die zwei weiteren – neben dem abweichenden Risikoverständnis und der Berücksichtigung der Insolvenz- und Financial Distress-Kosten – oben genannten Divergenzen (Hurdle Rate und Kapitaldimension) zwischen Status quo und den hier erzielten Analyseergebnissen in der direkten Wertschaffungsbetrachtung aufgegriffen.

### 4.3.2 Fehlsteuerungen beim relativen Vorteilhaftigkeitsvergleich

In einem Vorteilhaftigkeitsvergleich zweier Investitionsprojekte[625] wird gegenwärtig dasjenige präferiert, welches z.B. aus RORAC-Gesichtspunkten die höhere risikoadjustierte Rendite aufweist.[626] Maßgeblich für die Risiko- bzw. Kapitalgröße ist dabei der Beitrag einer Investition zu dem mit einer bestimmten Wahrscheinlichkeit die Insolvenz ausschließenden erforderlichen Risikokapital der Bank. Die Gesamtverteilung der Cash Flows und die Beziehung zum Kapitalmarkt über die Renditekovarianz mit dem Marktportfolio bleiben dabei außen vor. Ebenso werden die durch die Investition induzierten Insolvenz- und

---

Transaktionen mit Kosten verbunden sind, ergibt sich folglich ein anderes Ergebnis im Hinblick auf die Vorteilhaftigkeit derartiger Transaktionen.

[625] Der relative Vorteilhaftigkeitsvergleich ist z.B. erforderlich, wenn nicht genügend Eigenkapital zur Verfügung steht, um alle Investments durchzuführen. Außerdem wird der RORAC zum risikoadjustierten Performancevergleich von Geschäftsbereichen und ggf. weiteren Ebenen angewendet.

[626] Vgl. Abschnitt 3.2.3.1.2.

Financial Distress-Risiken nicht adäquat abgebildet. Eine korrekte Beurteilung der Vorteilhaftigkeit – im Sinne der hier gewonnenen Analyseergebnisse – kann somit auf RORAC-Basis allenfalls zufällig erfolgen. Dies lässt sich an folgendem Beispiel illustrieren:[627]

Es wird angenommen, Investition A (Aktie mit rechtsschiefer Wahrscheinlichkeitsverteilung, z.B. Log-normal-Verteilung) und Investition B (Unternehmensanleihe mit linksschiefer Verteilung, z.B. Beta-Verteilung) seien sowohl im Hinblick auf ihre jeweils erwarteten Erträge als auch die Standardabweichung sowie Kovarianz zum Marktportfolio identisch. Aus RORAC-Sicht wird der Entscheidungsträger Investition A auswählen, da diese aufgrund der Form ihrer Wahrscheinlichkeitsverteilung einen geringeren VaR und somit aufgrund des identischen Erwartungswerts einen höheren RORAC als B aufweist. Verglichen werden soll diese Entscheidung nun mit einer Bewertung auf Basis der beiden hier als relevant identifizierten Parameter systematisches Risiko und Insolvenz-/Financial Distress-Kosten. Bei ausschließlicher Betrachtung des systematischen Risikos (CAPM)[628] und der damit verbundenen zusätzlichen Berücksichtigung der Diversifikationseffekte auf Aktionärsebene ergibt sich zunächst eine Indifferenz in der Entscheidungssituation zwischen den beiden Optionen. Ergänzt um die Insolvenz-/Financial Distress-Kosten wird sich in diesem Beispiel zwar eine Vorteilhaftigkeitsverschiebung in Richtung A ergeben, allerdings würde eine Äquivalenz zur RORAC-Entscheidung nur dann entstehen, wenn die Insolvenz-/Financial Distress-Kosten eben genau die Differenz zwischen RORAC-Ergebnis und dem Resultat auf Basis des systematischen Risikos ausmachen. Aus der unterschiedlichen Zusammensetzung der einzelnen Größen wird jedoch relativ schnell ersichtlich, dass dies nur zufällig der Fall sein kann. Das fundamentale Problem des RORAC-Ansatzes liegt darin, dass ausschließlich extreme Downside-Risiken relevant sind, was jedoch nicht der Aktionärs- bzw. Wertperspektive entspricht, in der die gesamte Verteilung und als Risikomaß der marginale Risikobeitrag zum Marktportfolio interessiert. Extremverluste und Kosten aus Insolvenz oder finanzieller An-

---

[627] Vgl. zum Grundaufbau dieses Beispiels Milne/Onorato (2004): S. 19f.

[628] Dabei ist zu erwähnen, dass das CAPM strenggenommen im Fall nicht normalverteilter Verteilungen nur dann gültig ist, wenn von einer quadratischen Nutzenfunktion des Entscheiders ausgegangen wird.

spannung gehen dabei – wie hier dargestellt – zusätzlich ins Bewertungskalkül ein.

Je nach absoluter Höhe der Insolvenz- und Financial Distress-Kosten ließen sich zudem beliebige Beispiele konstruieren, in denen auch nach dieser Kostenkomponente gegenläufige Vorteilhaftigkeitsentscheidungen je nach verwendetem Entscheidungskriterium zu treffen wären.

### 4.3.3 Fehlsteuerungen bei (direkter) Wertschaffungsbetrachtung

In der (direkten) Wertschaffungsbetrachtung einer Investition wird, wie in Abschnitt 3.2.3.1.2 aufgezeigt, die risikoadjustierte Rendite (RORAC) mit einer Hurdle Rate (Kapitalkostensatz) verbunden, die die Renditeforderung der Aktionäre darstellt (Opportunitätskosten). Eine Wertschaffung, ausgedrückt als positiver RAROC, ergibt sich dann, wenn der RORAC diese Hurdle Rate übersteigt. Die absolute Höhe dieser Wertschaffung wird durch Multiplikation des RAROC mit dem ökonomischen Kapital ermittelt.

Durch dieses Vorgehen wird ein Ausfallrisikomaß der Bank mit dem Eigenkapitalkostensatz für systematische Risiken bewertet und eine Vermengung von Größen der Stakeholder- und der Shareholderperspektive vorgenommen. Entscheidungen auf Basis dieser Berechnungs- und Steuerungslogik führen jedoch i.d.R. zu Fehlsteuerungen. Die im RAROC-Ansatz implizierten und in der praktischen Umsetzung im Status quo i.d.R. verwendeten einheitlichen Hurdle Rates[629] führen in der Konsequenz dazu, dass keine adäquate Differenzierung (der Preiskomponente Kapitalkostensatz) nach unterschiedlichen systematischen Risikogehalten der Geschäfte erfolgt. Zwar soll dies durch die risikoadäquate Zuweisung von ökonomischem Kapital (Mengenkomponente) kompensiert werden, eine derartige Risikoadjustierung berücksichtigt jedoch nicht explizit das systematische Risiko aus der Shareholderperspektive, sondern in Form des VaR den jeweiligen Beitrag zum Gesamtrisiko aus Sicht der Bank.[630]

---

[629] Vgl. dazu auch Abschnitt 3.2.3.1.2.

[630] Vgl. Milne/Onorato (2004): S. 17.

Hinter der Argumentation, dass die Zuweisung von ökonomischem Kapital das relevante Risiko derart berücksichtige, dass keine differenzierten Kapitalkosten erforderlich seien, steht offenbar ein Ausschnitt aus der Theorie von *Modigliani/Miller*, in dem dargelegt wird, dass die Renditeforderung der Aktionäre mit steigendem Leverage zunimmt.[631] Darauf basierend wird offenbar die naive Annahme getroffen, dass folglich eine individuelle Anpassung der Kapitalstruktur von Einzelgeschäften relativ zum Gesamtbankleverage durch die Zuweisung von ökonomischem Kapital dafür sorgt, dass das Risiko gleichnamig gemacht und folglich eine einheitliche Hurdle Rate auf jede Einheit Kapital ermöglicht wird. Gleichzeitig soll mithilfe dieser Berechnungs- und Allokationsmethodik des ökonomischen Kapitals sichergestellt werden, dass die Ausfallwahrscheinlichkeit unverändert bleibt.[632] Die individuellen Kapitalstrukturen jeder Investition auf VaR-Basis sollen somit eine Risikonormierung sowohl in Bezug auf die Mindestrenditeforderung der Aktionäre als auch in Bezug auf den Beitrag zur Ausfallwahrscheinlichkeit erfüllen.

Diese Argumentation und eine entsprechende Anwendung sind jedoch unzureichend. Wie in Abschnitt 4.2.3 ausführlich erläutert, ist die Höhe des Eigenkapitalkostensatzes zwar von der individuellen Kapitalstruktur abhängig, dabei aber zudem multiplikativ von der systematischen Renditekovarianz mit dem Marktportfolio abhängig.[633] Diese bleibt hier jedoch vollkommen unberücksichtigt, sodass sich eine simultane Fixierung der Kapitalkosten sowie der Ausfallwahrscheinlichkeit mithilfe der Kapitalstruktur als i.d.R. nicht möglich erweist. Außerdem stellt das ökonomische Kapital als Mindestkapitalgröße zur Insolvenzvermeidung auf exakt diesen Punkt der Wahrscheinlichkeitsverteilung ab, während aus Aktionärssicht die komplette Verteilung von Relevanz ist.[634] Eine fehlende Differenzierung der Hurdle Rates führt in der Konsequenz zu einer systematischen Überbewertung von Segmenten mit einem höheren systematischen Risiko (z.B. Investment Banking) und einer Unterbewertung von Seg-

---

631 Vgl. Modigliani/Miller (1958).

632 „A premise of RAROC is that it keeps the probability of default constant and can be directly compared with the firm's cost of equity capital." Crouhy et al. (1999): S. 8.

633 Die zusätzliche Abhängigkeit der Kapitalkosten vom Geschäftsrisiko zusätzlich zum Kapitalstrukturrisiko ergibt sich im Übrigen auch implizit im Modigliani-Miller-Ansatz.

634 Vgl. Crouhy et al. (1999): S. 8ff., Milne/Onorato (2004): S. 5.

menten mit entsprechend niedrigerem Risiko (z.B. Retail).[635] Auf der anderen Seite ergibt sich zwar durch die Risikoadjustierung der Verzinsungsgrundlage (ökonomisches Kapital) eine Kompensation, aufgrund der beschriebenen abweichenden Risikobetrachtungsweisen und der fehlenden Integration der Insolvenz- und Financial Distress-Kosten ist dieses Vorgehen jedoch unzureichend.

Die von einigen Banken beobachtete Inkonsistenz von ermittelten Preisen bzw. Preisuntergrenzen auf RAPM-Basis und Marktpreisen[636] ist auf die ausschließlich interne, bankindividuelle Sichtweise der Risikoberechnung zurückzuführen. So gehen im Status quo Downside-Risiken überproportional in die Preisfindung mit ein, wobei das systematische Risiko vernachlässigt wird. Die RAROC-Kalkulation überschätzt die Kosten von diversifizierbarem Risiko und „bestraft" Geschäfte mit linksschiefen Ergebnisverteilungen. Aus diesen Gründen ergibt sich ein Trend zur verstärkten Übernahme systematischer Risiken, da diese am Markt eine tendenziell höhere Rendite erzielen, als dies die bankindividuelle Bewertung auf RAPM-Basis als Preisuntergrenze v.a. für Positionen mit niedrigem Downside-Risiko ausgibt. Das Bankportfolio wird in der Folge zugunsten von Positionen mit hohen erwarteten Renditen (hohem systematischen Risiko) relativ zur erforderlichen ökonomischen Kapitalunterlegung umgeschichtet[637], da in diesem Fall der RORAC die Hurdle Rate übersteigen wird. Diese Portfolioumschichtung führt jedoch zu einem (schleichenden) Anstieg der Gesamtkapitalkostenforderung der Aktionäre. Da diese erst mit einer zeitlichen Verzögerung die Gesamtbank-Kapitalkosten erhöhen und für Einzelgeschäfte die aktuelle Gesamtbank-Hurdle Rate und nicht die risikoadäquate systematische Prämie für das jeweilige Geschäft kalkuliert wird, ergibt sich aufgrund der unzureichenden Kompensation eine entsprechende Wertvernichtung, wenn Geschäfte unterhalb des Marktpreises akquiriert werden, die jedoch auf RAROC-Basis eine Wertschaffung suggerieren. Diese

---

[635] *Wilson* zeigt, dass die Beta-Faktoren von Investmentbanken durchschnittlich drei Mal so hoch wie für das Retailgeschäft sein können, was je nach Marktrisikoprämie und risikolosem Zinssatz zu Kapitalkostenunterschieden von 10 bis 13% führen kann. Vgl. Wilson (2003): S. 79ff. Vgl. ähnlich Matten (2000): S. 270. Vgl. außerdem zu entsprechenden Unterschieden zwischen Kredit- und Marktportfolios Milne/Onorato (2006): S. 23ff.

[636] Vgl. Matten (2000): S. 203ff. mit einem zusätzlichen Verweis auf entsprechende Untersuchungsergebnisse der *Federal Reserve* sowie Milne/Onorato (2006): S. 3.

[637] Vgl. ähnlich Cuoco/Liu (2001).

Wertvernichtung wird sich durch die Nichtberücksichtigung der Insolvenz- und Financial Distress-Kosten noch ausweiten.[638] Aufgrund der Relevanz der Insolvenz- und Financial Distress-Kosten für im Bankportfolio gehaltene Risiken stellt im Übrigen auch eine Bewertung zu Marktpreisen keine ausreichende Risikokompensation dar.

Zusätzlich führt auch die im Status quo i.d.R. nicht adäquate Anwendung der Verzinsungsgrundlage[639] zu Fehlsteuerungsimpulsen. Dies liegt daran, dass das als Verzinsungsgrundlage herangezogene ökonomische Kapital – auch bei Skalierung an das Buchkapital (bzw. die Risikodeckungsmasse)[640] – nur in Ausnahmefällen dem als Verzinsungsgrundlage maßgeblichen Marktwert des Eigenkapitals[641] entspricht.

Abstrahierend von der Problematik differenzierter Kapitalkosten und ohne Berücksichtigung von Insolvenz- und Financial Distress-Kosten sei beispielhaft angenommen, das ökonomische Kapital entspreche dem Buchkapital bzw. sei über einen Skalierungsfaktor an dieses angeglichen, das Verhältnis von Marktwert zu Buchwert des Eigenkapitals weise einen Wert von 2:1 auf[642] und zudem seien Kapitalkosten von 15% für die Bank ermittelt worden. Ein Geschäft mit einer Eigenkapitalunterlegung von € 100 Mio. und einem erwarteten RORAC von 20% würde auf Basis der Status quo-Logik eine Überrendite von 5% und einen Wertschaffungsbeitrag von € 5 Mio. p.a. suggerieren. Diese Kalkulation unterdrückt jedoch folgenden Aspekt: Die Renditeerwartung der Aktionäre bezieht sich immer auf den Marktwert des Eigenkapitals, d.h. ein Aktionär, der seinen Anteil zum Marktwert erwirbt, wird seine Kapitalkostenforderung eben auf diesen Marktwert und nicht auf den i.d.R. abweichenden (historischen) Buchwert des Eigenkapitals beziehen.[643] Aus Anteilseignerperspektive resultiert aus diesem Beispiel eine Kapitalkostenforderung von 15% auf ein Eigenkapital von € 200 Mio. bzw. äquivalent von 30% auf € 100 Mio. und

---

638 Vgl. auch Milne/Onorato (2004): S. 20. Anzumerken ist, dass sich durch die Portfolioumschichtungen auch eine Änderung des Downside-Risikos ergeben kann.

639 Vgl. Abschnitt 3.2.3.1.

640 Vgl. dazu die Ausführungen zum REK in Abschnitt 3.2.3.1.1.

641 Vgl. dazu auch Smith et al. (2003): S. 5.

642 Vgl. zu entsprechenden Werten Adamus/Koch (2006): S. 159.

643 Vgl. Rolfes (2000): S. 35.

damit eine Wertvernichtung in Höhe von € 10 Mio.[644] Folglich ergibt sich für die Bank das Erfordernis, die Hurdle Rate entsprechend zu adjustieren, um Fehlsteuerungen und Wertverluste zu vermeiden.[645] Diese Argumentation geht von der Vollausschüttungshypothese aus; sie ließe sich jedoch insofern abschwächen, wenn davon ausgegangen wird, dass sich das aktuelle Verhältnis von Markt- zu Buchwert auch in der Zukunft fortsetzt, d.h. dass die relative Erwartungsprämie konstant bleibt. In diesem Fall wären lediglich die Dividendenzahlungen und andere Ausschüttungen mit den angepassten Kapitalkosten zu belasten. In Summe würde sich folglich eine geringere Adjustierung des Kapitalkostensatzes ergeben. Antizipierte Veränderungen des Markt-/Buchwertverhältnisses können dabei zusätzlich über einen Korrekturfaktor erfasst werden.[646,647]

Die unterschiedliche Wertschaffungslogik in Bezug auf ein Geschäft bzw. Investitionsprojekt lässt sich anhand der EVA-Betrachtung im einfachen Ein-Perioden-Fall illustrieren. Dabei ergibt sich im Status quo:

$$EVA_{IP}^{Sq} = CF_{IP} - ÖK_{IP} k_{EK_i} \qquad (4.7)$$

mit: $k_{EK_i}$ = Eigenkapitalkostensatz der Bank.

Die Wertschaffung auf der Grundlage der hier durchgeführten Analyse sowohl im Hinblick auf die beiden Faktoren der Kapitalkosten (Kapitalkostensatz und -basis) als auch durch die Ergänzung um Insolvenz- und Financial Distress-Kosten ergibt sich dagegen als:

$$EVA_{IP}^{neu} = CF_{IP} - EK_{MW_{IP}} k_{EK_{IP}} - C_{IFD}. \qquad (4.8)$$

---

644 Vereinfachend wird von einer Identität des Marktwert-/Buchwertverhältnisses des betreffenden Geschäfts mit dem der Gesamtbank ausgegangen.

645 Vgl. auch Matten (2000): S. 291ff.

646 Vgl. dazu Schierenbeck (2003a): S. 499ff.

647 Schließlich ergibt sich bei der Skalierung der ökonomischen Kapitalgröße an das aus Aktionärssicht für die Verteilung des Residualgewinns maßgebliche bilanzielle Eigenkapital bzw. darüber hinausgehend den für die Festlegung des Mindestverzinsungsanspruchs maßgebliche Eigenkapitalmarktwert u.U. die Problematik, dass das ökonomische Kapital je nach zugrundegelegter Risikodeckungsmasse Bestandteile aufweisen kann, die kein Eigenkapital aus Eigentümersicht darstellen; v.a. Teile des Ergänzungskapitals. Vgl. dazu Abschnitt 3.2.3.1.1.

Konkrete Fehlentscheidungen ergeben sich im Status quo in allen Risikosteuerungsansätzen, da in einer (Delta-)EVA-Betrachtung v.a. die Veränderung des ökonomischen Kapitals eine Rolle spielt. Eine Reduzierung des ökonomischen Kapitals, die ausschließlich aus dem Abbau von unsystematischen Risiken erfolgt, würde dabei implizieren, dass die Bank einen ungefähren Bruttoeffekt in Höhe des eingesparten Kapitals multipliziert mit dem Kapitalkostensatz der Bank erzielen würde. Abzüglich ggf. entgangener Erträge und Kosten des Risikomanagements ergibt sich damit die angenommene Wertschaffung. Auf Basis des hier entwickelten theoretischen Ansatzes ergibt sich eine potentielle Wertschaffung ausschließlich aus den eingesparten Insolvenz- und Financial Distress-Kosten nach Abzug der Risikomanagementkosten. Der offenbar große Werthebel der eingesparten Eigenkapitalkosten im Status quo kommt hier hingegen nicht zum Tragen. Dies liegt v.a. darin begründet, dass eine durch ein verringertes Gesamtrisikopotential induzierte Reduzierung der Kapitalbasis eben nicht, wie im Status quo offenbar angenommen, zu einer werthaltigen Verringerung der absoluten Eigenkapitalkosten führt, sondern lediglich die Insolvenz- und Financial Distress-Kosten auf Änderungen des Risikoprofils entsprechend reagieren. Diese beiden Größen werden sich jedoch im Regelfall deutlich voneinander unterscheiden, insbesondere für Banken mit einem guten Rating, da hier die Ausfallwahrscheinlichkeit und folglich auch die erwarteten Insolvenz- und Financial Distress-Kosten als Produkt aus Ausfallwahrscheinlichkeit und absoluten Kosten im Falle des Ausfalls relativ gering sind.[648] Die erwarteten Bruttoeffekte werden folglich im Status quo insbesondere für Banken mit guter Bonität systematisch zu hoch eingeschätzt und führen bei der Anwendung von Risikomanagementinstrumenten im Rahmen von Vermeidung, Akzeptanz, Transfer und Diversifikation zu Fehlsteuerungen.

## 4.4 Zwischenfazit

Das Ziel dieses Kapitels lag zunächst darin, aufzuzeigen, wie durch Risikomanagement Wert geschaffen werden kann und – darauf aufbauend – wie die

---

[648] Aus Vereinfachungsgründen wird an dieser Stelle davon abstrahiert, dass Financial Distress-Kosten bereits mit einer geringeren Wahrscheinlichkeit auftreten können. Vgl. diesbezüglich aber ausführlich die Konzeption zur möglichen Quantifizierung dieser Kosten in Abschnitt 5.1.2.2.

Ergebnisse der diesbezüglichen Analyse im Verhältnis zum gegenwärtigen Stand des wertorientierten Risikomanagements zu sehen sind.

Dabei zeigt sich, dass die Existenzberechtigung des Risikomanagements und dessen ökonomische Relevanz v.a. über die Lockerung der strengen neoklassischen Prämissen des vollkommenen Marktes erklärt werden können. Zwar wird auch hier deutlich, dass die grundsätzliche Möglichkeit der Risikodiversifikation des Aktionärs weiterhin besteht und deshalb die grundsätzlichen Zusammenhänge der Kapitalmarkttheorie weiter Bestand haben, allerdings ergeben sich aufgrund der Marktimperfektionen insbesondere Insolvenz- und Financial Distress-Kosten, die lediglich durch ein entsprechendes (Risiko-) Management auf Seiten der Bank reduziert werden können. Daneben wird die Wertrelevanz des Risikomanagements auch über eine Verringerung der Ist-Risikokosten und die Ausnutzung von Arbitragemöglichkeiten aufgezeigt.

Obwohl die Insolvenz- und Financial Distress-Kosten aus dem die Bank betreffenden Gesamtrisiko resultieren, gilt es, die Anteilseignerperspektive weiter zu berücksichtigen. Auch wenn realiter keine perfekten Kapitalmärkte vorliegen, ist der Ansatz der Berücksichtigung der Renditekovarianz mit dem Marktportfolio in seinen Grundzügen nicht abzulehnen und kann, wie oben gezeigt, durch Hinzunahme der die Residualeinkommensempfänger betreffenden indirekten Kosten aus den Marktunvollkommenheiten ergänzt werden. Dies erfolgt im Status quo jedoch nicht bzw. nur unvollständig, indem nur das Gesamtrisiko berücksichtigt wird und die Rendite auf eine das Gesamtrisiko erfassende Eigenkapitalgröße zur (weitgehenden) Sicherstellung der Solvenz mit Kapitalkosten für systematisches Marktrisiko verglichen wird, was zu Fehlsteuerungen führt.

Um diese Fehlsteuerungen zu vermeiden, wird für die risikoadäquate Steuerung ein entsprechendes Bewertungskalkül benötigt, das auch als Basis für Risikomanagementaktivitäten dient und wohl zu vom Status quo abweichenden Ergebnissen führt, aber letztlich zielorientierter den Wertschaffungsaspekt berücksichtigt. Die sich daraus ergebenden Implikationen sollen im folgenden Kapitel dargestellt werden, indem zunächst eine adäquate Steuerungsgröße für wertmaximierendes Risikomanagement entwickelt wird und darauf basierend die notwendigen Anpassungen im Risikomanagement diskutiert werden sollen.

# 5 Implikationen für das Risikomanagement in Theorie und Praxis

Wie sich in der theoretischen Analyse im vierten Kapitel zeigte, ist die „reine“ Anwendung der Kapitalmarkttheorie und ausschließliche Berücksichtigung des systematischen Risikos nicht ausreichend, da in diesem Fall die sich aus den aufgezeigten Marktunvollkommenheiten ergebenden Wertlücken unberücksichtigt bleiben. Innerhalb der Marktimperfektionen zeigte die Analyse weiter, dass bei Banken vornehmlich die Insolvenz- und Financial Distress-Kosten eine besondere Relevanz aufweisen. Somit ist es konsequent, neben dem systematischen Risiko diese Kosten zu berücksichtigen und damit zusätzlich das Gesamtrisiko der Bank.

Zwar ist, wie im dritten Kapitel beschrieben, in der jüngeren Vergangenheit versucht worden, eine Gesamtrisikobetrachtung durch neue Steuerungsansätze (RAPM) in Theorie und Praxis vorzunehmen, wie die Beurteilung in Abschnitt 4.3 zeigte, betrachten diese Ansätze jedoch ausschließlich den Beitrag zum (internen) Gesamtrisiko und unterlassen eine Differenzierung zwischen den für den Aktionär relevanten Komponenten „systematisches Risiko“ und aus dem Gesamtrisiko resultierenden Kosten. Eine adäquate Quantifizierung des Effekts, der vom Gesamtrisiko ausgeht, erfolgt dabei ebenfalls nicht, sondern wird intuitiv mit den Eigenkapitalkosten der Kapitalunterlegung bewertet. Auf diesen Steuerungsgrößen aufbauende Risikomanagementmaßnahmen des Status quo sind folglich unvollständig und führen i.d.R. zu Fehlsteuerungen und nicht optimaler Ausnutzung des Wertpotentials einer Bank.

Wie im letzten Kapitel bereits als Ergebnis festgestellt, ist demnach eine integrierte Betrachtung sowohl der die Eigenkapitalkosten treibenden systematischen Risiken als auch der Insolvenz- und Financial Distress-Kosten notwendig, um eine wertmaximierende Risiko-/Renditesteuerung herbeizuführen und das Risiko dementsprechend zu managen. In diesem Kapitel soll deshalb die Steuerungslogik so angepasst werden, dass durch ein darauf basierendes Risikomanagement eine maximale Wertschaffung erzielt werden kann. Dabei werden zunächst grundsätzliche Überlegungen zur Integration der relevanten Wertlücke in die „Standard-Bewertungsfunktion“ angestellt, eine entsprechende Steuerungsgröße abgeleitet und auf dieser Basis konkrete Handlungsempfehlungen für einen wertorientierten Risikomanagementprozess aufgezeigt. Die folgenden Ausführungen sollen somit sowohl Impulse für die theoretische

Diskussion und Darstellung als auch für die praktische Handhabung des wertorientierten Risikomanagements liefern.

## 5.1 Anpassung der Steuerungslogik für wertmaximierendes Risikomanagement

### 5.1.1 Grundsätzliche Überlegungen

Bei Vorliegen von (annähernd) perfekten Märkten gilt das „Law of one Price", d.h., dass bspw. eine Unze Gold in New York und London denselben Preis aufweist, weil Preisunterschiede durch Arbitrage eliminiert werden.[649] Gleiches gilt bei der Bewertung von Investitionsprojekten. Wird von möglichen Synergien zwischen einem neuen und den existierenden Projekten in einem Unternehmen abstrahiert, weist ein neues Projekt immer den gleichen Wert auf, unabhängig davon, welches Unternehmen dieses Projekt realisiert.[650] Voraussetzung dafür sind ein funktionierender Wettbewerb und ein liquider Markt ohne signifikante Transaktionskosten, Handelsbarrieren oder sonstige im letzten Kapitel aufgezeigte Friktionen.

Wenn jedoch Marktunvollkommenheiten vorhanden sind, bedeutet dies, dass zusätzlich die aus den Imperfektionen resultierenden Kosten eine Rolle spielen. Dies hat zur Folge, dass die individuelle Bewertung in Abhängigkeit davon, wie der jeweilige Marktteilnehmer von diesen Marktunvollkommenheiten betroffen ist, unterschiedlich ausfallen wird. Langfristig sollten sich jedoch wiederum Gleichgewichtspreise einstellen, wenn die Risiken jeweils von den Markteilnehmern getragen werden, denen dadurch die geringsten Kosten entstehen. Werden die Risiken jedoch von solchen Marktteilnehmern gehalten, die in Bezug auf das jeweilige Risiko einen komparativen Kostennachteil aufweisen, führt dies folglich zu einer nicht optimalen Wertausschöpfung, d.h. es wird durch den Kapitalmarkt mit entsprechenden Kursabschlägen geahndet. Damit bestehen aus Sicht der Bank jedoch insofern Wertpotentiale/-lücken in

---

649 Vgl. Cummins et al. (2005): S. 2.

650 Vgl. Stulz (1999): S. 1.

der Form der beschriebenen Dead Weight Costs, die durch Risikomanagement wertschaffend verringert werden können, indem letztlich nur die Risiken getragen werden, mit denen ein komparativer Wettbewerbsvorteil verbunden ist, und alle sonstigen Risiken entweder vermieden oder in Abhängigkeit der Transaktionskosten transferiert werden.

Führt bspw. ein Investment für eine Bank zu höheren Insolvenz- und Financial Distress-Kosten als bei einer anderen Bank, etwa wenn ein und derselbe Kredit bei Bank A aufgrund einer anderen Portfoliozusammensetzung einen höheren Gesamtrisikobeitrag und damit einen höheren Insolvenz- und Financial Distress-Kostenbeitrag aufweist als bei Bank B, sollte dies auch entsprechend in der Bepreisung – sofern durchsetzbar – und Steuerung (bzw. Budgetierung) dieses Investments berücksichtigt werden.[651] Für einen Investor ist das systematische Risiko bei A und B gleichwertig, jedoch entstehen unterschiedliche (indirekte) Kosten durch die divergierenden Insolvenz- und Financial Distress-Kosten, die im Cash Flow wertrelevant sind. Gleiches gilt für Investments, die auch direkt vom Bankaktionär gehalten werden können, auf dessen Ebene das Gesamtrisiko jedoch aufgrund der fehlenden Insolvenz- und Financial Distress-Kosten irrelevant ist.

So zeigt sich, dass Risikomanagement v.a. bei diesem Gesamtrisiko ansetzen kann und das Management der Kosten aus Marktunvollkommenheiten zum Wettbewerbsfaktor wird.[652] Aus Bewertungsgesichtspunkten führt eine Veränderung dieser Kosten folglich zu einer Wertänderung gegenüber dem heutigen Zustand. Ausgehend von den Ergebnissen des vierten Kapitels würde das für eine Anpassung der Steuerungslogik von Banken bedeuten, dass zusätzlich zum systematischen Risikofaktor, der v.a. aus dem CAPM hergeleitet werden kann, relevante Marktunvollkommenheiten als weitere Faktoren modelliert werden sollten. Wie in der Beurteilung zur Relevanz der einzelnen Friktionen für Banken gesehen, spielen v.a. die Financial Distress-Kosten dabei eine besondere Rolle. Die anderen Erklärungsansätze sind für Banken von unterge-

---

651 Dies führt schließlich bei gleichem Sicherheitsniveau der Banken zu unterschiedlichen Preisen. Einen vergleichbaren Aspekt zeigen Gründl/Schmeiser (2003): S. 9 für Versicherungsunternehmen auf.

652 Vgl. auch Stulz (1999): S. 6ff., Schröck (2002): S. 273ff., Schröck/Steiner (2005): S. 58 sowie ähnlich Guthoff (2001): S. 200.

ordneter Bedeutung und werden deshalb sowie aus Gründen der Komplexitätsreduktion nicht weiterverfolgt.

Den Ausgangspunkt für eine auf diesen Überlegungen aufbauende, die beiden Risikofaktoren berücksichtigende Steuerungsgröße bildet die Kovarianz zum Marktportfolio, weil angenommen werden kann, dass trotz der Friktionen bei einem rational handelnden Aktionär eine ausreichende Diversifizierung vorhanden ist und das systematische Risiko grundsätzlich maßgeblich ist. Zusätzlich werden über den zweiten Faktor auch die Insolvenz- und Financial Distress-Kosten und damit das Gesamtrisiko integriert.[653]

In der Literatur[654] sind in den letzten Jahren einige sog. Zwei-Faktor-Modelle entstanden, welche die aus der neoklassischen Kapitalmarkttheorie bekannte systematische Risikokomponente um eine zweite, aus Marktunvollkommenheiten resultierende Risikokomponente ergänzen. Dabei werden v.a. die Sicherung des Innenfinanzierungsspielraums bzw. die Kosten der Außenfinanzierung und die Insolvenz- und Financial Distress-Kosten als zweite Risikokomponente modelliert.

Während die bestehenden Ansätze diesen zweiten Gesamtrisikofaktor i.d.R. innerhalb der Eigenkapitalkosten bzw. Hurdle Rate berücksichtigen, hat die hier vorgenommene Analyse auf Basis des Equity-Bewertungsansatzes für Banken gezeigt, dass die aus den Marktunvollkommenheiten resultierenden Kosten reale Kosten sind und damit aus Sicht des Aktionärs eine Abzugsposition im Cash Flow und nicht, wie in den meisten anderen Ansätzen, Opportunitätskosten darstellen.[655] Deshalb soll im Gegensatz zum typischen Vorgehen

---

653 Bei der Frage, ob durch den zweiten Faktor ggf. eine überproportionale Berücksichtigung des Risikos erfolgt, ist festzustellen, dass die hier im Fokus stehenden Insolvenz- und Financial Distress-Kosten bspw. für Banken im Vergleich zu Industrie- und Handelsunternehmen eine deutlich höhere Relevanz aufweisen. Für einen Aktionär ist deshalb bei vergleichbarem systematischen Risiko der erwartete Cash Flow aus der Investition in die Bankaktie entsprechend geringer, was sich letztlich in einer niedrigeren Bewertung widerspiegelt. Dieser Bewertungsunterschied stellt jedoch die relevante Wertlücke im Hinblick auf Risikomanagement dar. Vgl. dazu auch Schröck/Steiner (2005): S. 55.

654 Vgl. Merton/Perold (1993), Stulz (1996), Froot/Stein (1998a), Froot/Stein (1998b), Stulz (1999), Turnbull (2000), Guthoff (2001), Stulz (2003): S. 51ff., Milne/Onorato (2004), Jarrow/Purnanandam (2004), Perold (2005), Nocco/Stulz (2006). Vgl. außerdem zur Übersicht und Diskussion eines Teils dieser Ansätze Schröck (2002): S. 268ff., Schröck/Steiner (2005): S. 65ff.

655 Ausnahmen stellen in dieser Hinsicht Guthoff (2001) sowie Milne/Onorato (2004) dar.

in den bestehenden Ansätzen bei der zu entwickelnden Steuerungsgröße diesem Aspekt Rechnung getragen werden.

Außerdem sind die bestehenden Ansätze auf einen einperiodigen Zeithorizont ausgerichtet. Der in der Analyse verwendete Bewertungsansatz erlaubt hingegen eine mehrperiodige Betrachtungsweise[656], die ebenfalls in die Steuerungsgröße übertragen werden soll.

Schließlich soll darüber hinaus auch eine Konzeption erstellt werden, wie sich die Insolvenz- und Financial Distress-Kosten quantifizieren lassen. Die bisherigen Ansätze machen i.d.R. keine bzw. lediglich sehr grobe Vorschläge, wie sich die zusätzlichen Kosten quantifizieren ließen, und fokussieren dabei v.a. die Kosten, die zur Sicherung der Solvenz anfallen. Eine Differenzierung in Insolvenz- vs. Financial Distress-Kosten im Hinblick auf unterschiedliche Stufen des Eintritts und diesbezügliche Kostenkomponenten geschieht dabei i.d.R. nicht. Dies soll im nächsten Abschnitt zunächst erfolgen, bevor die Steuerungsgröße gesamthaft präsentiert wird.

### 5.1.2 Quantifizierung der Insolvenz- und Financial Distress-Kosten

In den bestehenden Ansätzen[657] wird v.a. auf die Ausfallwahrscheinlichkeit abgestellt[658] und als Basis fiktiv das erforderliche ökonomische Kapital der Gesamtbank, das mit einer bestimmten Wahrscheinlichkeit die Solvenz sichern soll, verwendet.[659] Einem einzelnen Geschäft wird dabei das jeweilige

---

656 Dabei muss jedoch darauf hingewiesen werden, dass durch die Übernahme des weitgehend akzeptierten und für Banken angewandten Equity-Bewertungsmodells von Problemfeldern im Hinblick auf die Mehrperiodigkeit abstrahiert wird.

657 Vgl. die in FN 654 angegebene Literatur.

658 Lediglich Nocco/Stulz (2006): S. 18 diskutieren kurz, dass nicht für alle Komponenten im Rahmen des Insolvenz- und Financial Distress-Kostenarguments die Ausfallwahrscheinlichkeit maßgeblich ist, sondern einzelne indirekte Kosten bereits mit einer höheren Wahrscheinlichkeit ausgelöst werden.

659 Guthoff (2001) modelliert hingegen unter der Normalverteilungsannahme die Kovarianz eines Investments mit dem Bankportfolio – bzw. als Fallunterscheidung mit den nicht-handelbaren Anlagen des Bankportfolios unter der Annahme, alle handelbaren Risiko seien gehedgt – als zweiten Faktor.

inkrementelle Kapitalerfordernis[660] im Gesamtbankkontext zugewiesen. Damit erhält ein Geschäft fiktiv das Kapital zugewiesen, das zur Abdeckung seines Risikos erforderlich ist, damit sich durch seine Hinzunahme keine Auswirkung auf die Höhe der Ausfallwahrscheinlichkeit der Bank ergibt.[661] Der jeweils zu allozierende Anteil an den Insolvenzkosten pro Geschäft ergibt sich dann aus der Multiplikation des inkrementellen ökonomischen Kapitalanteils mit den quantifizierten Insolvenzkosten der Gesamtbank. Damit sollen einem risikobehafteten Geschäft genau die Kosten zugeteilt werden, die seinem Beitrag zu den Insolvenzkosten auf Gesamtbankebene entsprechen.

Während die Berechnung des inkrementellen ökonomischen Kapitals unproblematisch ist – und im Status quo z.T. bereits im Rahmen der Kapitalallokation erfolgt[662] –, gestaltet sich die Quantifizierung der (gesamten) Insolvenz- und Financial Distress-Kosten schwieriger. Exakte Vorschläge zur Quantifizierung lassen alle Ansätze vermissen, jedoch werden z.T. grundsätzliche Möglichkeiten genannt, die aber lediglich auf die Insolvenzkosten abstellen und deren Höhe (indirekt) an den Kosten einer Ab- bzw. Versicherung des eigenen Ausfalls festmachen.[663]

Diese Vorschläge beinhalten allerdings lediglich eine undifferenzierte und unzureichende Erfassung der Insolvenz- und Financial Distress-Kosten. Dies liegt zum einen an der ausschließlichen Berücksichtigung der Wahrscheinlichkeit über die Insolvenzschwelle (Default Point [DP]), die einer Differenzierung in Insolvenz- sowie Financial Distress-Kosten nicht gerecht wird. Zudem werden über die indirekte Quantifizierung der absoluten Insolvenzkosten anhand von Ab- bzw. Versicherungsinstrumenten die im Vorfeld entstehenden Finan-

---

660 Merton/Perold (1993) sowie Turnbull (2000) sprechen dabei bspw. von einem marginalen Kapitalerfordernis, wählen in ihren technischen Ausführungen jedoch eine inkrementelle Vorgehensweise. Vgl. dazu auch Albrecht/Koryciorz (2003): S. 15.

661 Allerdings kann sich im Falle der inkrementellen Zuweisung von ökonomischem Kapital ergeben, dass die Summe der Einzelbeiträge geringer ist als das gesamte ökonomische Kapital (Subadditivität). Vgl. dazu auch Abschnitt 3.2.3.1.2.

662 Vgl. Abschnitt 3.2.3.1.2.

663 Auch hier sind unter den Insolvenzkosten lediglich Dead Weight Costs zu subsumieren, d.h. Transaktions- und Agency-Kosten, die über eine theoretische Ab- bzw. Versicherungsprämie bei Nichtexistenz von Marktimperfektionen hinausgehen. Guthoff (2001) hingegen bezieht sich ausschließlich auf die Financial Distress-Kosten und skizziert auch deren Funktionsverlauf. Ein Vorschlag oder ein Konzept zur möglichen Quantifizierung wird jedoch nicht geliefert.

cial Distress-Kosten nur unzureichend erfasst. Schließlich ergibt sich in der praktischen Umsetzung das Problem der Ermittlung des Marktpreises von Ab- bzw. Versicherungsinstrumenten für den „eigenen" Ausfall, auf dessen Basis die Dead Weight Costs quantifiziert werden können.[664] Aus diesen Gründen soll hier eine Alternative entwickelt werden, die eine Quantifizierung getrennt nach Insolvenz- und Financial Distress-Kosten ermöglicht. Anstelle der grundsätzlich möglichen Verwendung der oben genannten Ab- bzw. Versicherungsinstrumente zur indirekten Quantifizierung der Insolvenzkosten soll hier zudem ein Ansatz zur direkten, dezidierten Quantifizierung der Insolvenzkosten dargestellt werden, der Ansatzpunkte und Wertlücken für Risikomanagementmaßnahmen transparenter macht. Die zusätzliche Differenzierung und das Erfordernis einer dezidierten Quantifizierung der Insolvenz- und Financial Distress-Kosten sind allerdings mit einer höheren Komplexität und höherem Aufwand verbunden, der jedoch im Hinblick auf den betriebenen Aufwand und Sophistizierungsgrad der Modelle innerhalb der Risikomessung wieder relativiert werden kann.

#### 5.1.2.1 Quantifizierung der Insolvenzkosten

Die erwartete Höhe der Insolvenzkosten ergibt sich als Produkt aus Ausfallwahrscheinlichkeit und Kosten im Falle eines Ausfalls. Unter der vereinfachten Annahme, dass das Eigenkapital im Insolvenzfall komplett aufgezehrt ist (Überschuldung), werden i.d.R. sowohl die Organisationskosten des Insolvenzverfahrens als auch der über den Eigenkapitalverlust hinausgehende Fehlbetrag durch die Gläubiger zu tragen sein. Der Erwartungswert der Kosten wird jedoch bereits bei Abschluss bzw. Konditionenanpassung der entsprechenden Verträge als Risikoprämie durch die Gläubiger in Rechnung gestellt und reduziert somit bereits zum Betrachtungszeitpunkt unabhängig vom konkreten Eintritt der Insolvenz das Residualeinkommen der Eigentümer.

Die Risikoprämie ließe sich – wie bereits erwähnt – auch auf versicherungs- oder optionspreistheoretischer Basis ermitteln. Darüber hinaus soll jedoch hier

---

[664] Vgl. auch Schröck (2002): S. 272.

eine Möglichkeit zur dezidierten Ermittlung vorgestellt werden, die konkrete Ansatzpunkte für das Risikomanagement offenlegt. Im Rahmen dieser Quantifizierung ist zunächst die Ausfallwahrscheinlichkeit zu bestimmen. Dazu ließe sich vereinfacht die extern ermittelte bzw. geschätzte Wahrscheinlichkeit aus der betreffenden Ratingstufe übernehmen.[665] Daneben besteht jedoch auch die Möglichkeit der internen Ermittlung mithilfe des VaR-Modells.[666] Da Banken in der Praxis typischerweise einen signifikanten Puffer über das ökonomische Kapital hinaus halten[667], wäre die Übernahme des dem Modell zugrundeliegenden Konfidenzniveaus allerdings unzureichend. Vielmehr müsste auf Basis der Verteilungsfunktion ermittelt werden, mit welcher Wahrscheinlichkeit das vorhandene Eigenkapital (Substanzwert) aufgezehrt wäre.[668]

Im Hinblick auf die Kosten, die im Falle der Insolvenz anfallen, ist zwischen Organisationskosten des Insolvenzverfahrens und Liquidationskosten zu unterscheiden. Die Organisationskosten haben sowohl fixe als auch variable Komponenten in Abhängigkeit der Bankengröße sowie des Ausmaßes der Insolvenz. Entsprechende Werte können aus Erfahrungswerten oder Expertenschätzungen gewonnen werden.[669] Ein ähnliches Vorgehen kann für die Be-

---

665 „Credit Ratings are often not the most reliable estimates of a firm's probability of default. For example, a company might feel confident that the underlying economics of its risk management and capital structure give it a probability of default that warrants an A rating, but finds itself assigned a Baa rating – perhaps because of a mechanical application of misleading accounting-based criteria – by the agencies. In such cases, management should rely on its own economic-based analysis, while making every effort to share its thinking with the agencies." Nocco/Stulz (2006): S. 15.

666 Einschränkungen im Hinblick auf die Eignung der Eigenkapitalhöhe als maßgebliche Größe für die Berechnung der Ausfallwahrscheinlichkeit sollen an dieser Stelle nicht weiter vertieft werden: „Default is normally caused by an inability to roll over funding. It almost always occurs while the company still has positive equity, which makes a model of extreme-loss downsides inappropriate for this industry." Foster (2005). So basieren auch die für die Höhe der Risikoprämie des Fremdkapitals signifikant verantwortlichen Beurteilungen der Rating-agenturen auf zusätzlichen Kriterien. Vgl. dazu die Ausführungen in FN 546.

667 Der zusätzliche Risikopuffer resultiert aus Going Concern-Überlegungen, die jedoch in der Quantifizierung der Insolvenzkosten zunächst keine Rolle spielen, sondern erst im Rahmen der Financial Distress-Kosten in Bezug auf den Fortführungswert relevant werden.

668 An dieser Stelle sei einschränkend erwähnt, dass die letztliche Abwicklung einer Bank i.d.R. als Ausnahme zu betrachten ist. Vielmehr werden im Vorfeld Maßnahmen durch die Regulatoren getroffen, die eine entsprechende Situation verhindern sollen. Außerdem finden häufig einzelne „Rettungsaktionen" durch Übernahmen des betroffenen Instituts oder aber konzertierte Aktionen zur Unterstützung in Schwierigkeiten geratener Banken zur Stabilitätssicherung des Finanzsystems statt, so wie im jüngsten Beispiel der IKB.

669 Diese Kosten werden allgemein auf 3 bis 5% bzw. speziell für Banken auf 10% der Assets zum Ausfallzeitpunkt quantifiziert. Vgl. Warner (1977), Weiss (1990), James (1991).

stimmung des Liquidationsabschlags als Differenz aus dem Marktpreis der Vermögenswerte vor Insolvenz und dem Verwertungserlös gewählt werden.[670]

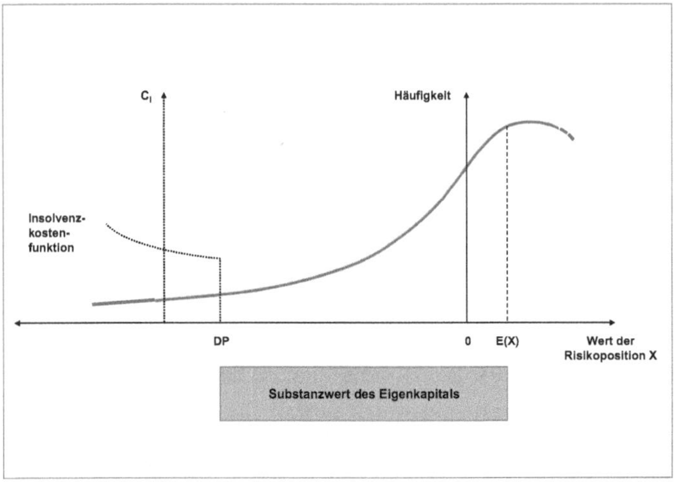


**Abbildung 9:** Insolvenzkostenfunktion[671]

Der Erwartungswert der Insolvenzkosten (*$E(C_I)$*) ergibt sich danach als Produkt aus der Ausfallwahrscheinlichkeit (*PD*) und der Summe der bedingten Organisationskosten des Insolvenzverfahrens sowie der bedingten Liquidationskosten (*$C_I$*):

$$E(C_I) = PD \cdot C_I \,. \tag{5.1}$$

Die Organisationskosten des Insolvenzverfahrens sind zwar z.T. größenabhängig, aber i.d.R. in ihrer absoluten Höhe nicht durch die Bank beeinflussbar. Der Liquidationsabschlag hingegen stellt zumindest ansatzweise eine variable Größe dar, die von der konkreten Liquidierbarkeit der Assets abhängt. Die Ausfallwahrscheinlichkeit ist grundsätzlich variabel und lässt sich durch Veränderungen des VaR beeinflussen.

---

[670] In einer Studie in Bezug auf US-amerikanische Banken wird dieser Abschlag auf ca. 30% beziffert. Vgl. James (1991). Bei Ong (1999): S. 56 wird in der Gesamtbetrachtung von ca. 27% berichtet.

[671] Quelle: Eigene Darstellung. Vgl. auch Guthoff (2001): S. 79ff.

Zusätzlich zu diesem aus der Sicht der Bank ermittelten Erwartungswert (Transaktionskosten) sind Agency-Kosten zu berücksichtigen, die durch die Fremdkapitalgeber aus Gründen der Informationsunsicherheit bzw. -asymmetrie v.a. im Hinblick auf potentielle Änderungen des Risikoprofils zu ihren Lasten nach Vertragsabschluss (Asset Substitution) bereits bei Vertragsabschluss antizipierend auf die oben ermittelte Risikoprämie $E(C_I)$ aufgeschlagen werden.[672] In der konkreten Anwendung werden sich die Agency-Kosten ($C_{Agency}$) als Differenz aus der tatsächlich zu zahlenden Risikoprämie auf das Fremdkapital[673] und dem theoretisch ermittelten Erwartungswert ergeben:[674]

$$C_{Agency} = FK \cdot (k_{FK} - r_f) - E(C_I) \qquad (5.2)$$

Die insgesamt im Rahmen der Steuerung zu allozierenden Insolvenzkosten ergeben sich folglich aus dem ermittelten Erwartungswert der Insolvenzkosten und den Agency-Kosten aus dem Eigentümer-Gläubiger-Verhältnis.

Auf Geschäftsbereichs- bzw. Einzelgeschäftsebene werden jeweils die inkrementellen Insolvenzkosten in Abhängigkeit des inkrementellen VaR der Risikopositionen alloziert.[675] Dabei ist jedoch zusätzlich die unterschiedliche Liquidierbarkeit der einzelnen Risikopositionen zu beachten, da diese die Höhe der Insolvenzkosten – in Form des Liquidationsabschlags – maßgeblich bestimmen. Dies kann bspw. über einen Korrekturfaktor erfolgen.

---

672 „It is well known that the spread between corporate and government bonds is too high to be explained only by expected default and that it reflects in part a large risk premium." Almeida/Philippon (2006): S. 2. Vgl. zudem die dort angegebene Literatur sowie Leland (1998), Bitz (2000): S. 28.

673 Vgl. dazu auch die Ausführungen in FN 533.

674 Von Risikoprämien anderer Stakeholder, die hier im Vergleich zum Credit Spread eine deutlich geringere Relevanz aufweisen, soll in diesem Zusammenhang aus Vereinfachungsgründen abstrahiert werden.

675 Ggf. muss aufgrund von Subadditivität eine Skalierung an das Gesamtbankrisiko erfolgen.

### 5.1.2.2 Quantifizierung der Financial Distress-Kosten

Im Gegensatz zu den Insolvenzkosten stellen die Financial Distress-Kosten keine bereits heute in Rechnung gestellte Risikoprämie dar, sondern fallen zusätzlich zum heutigen Erwartungswert der Insolvenzkosten an, wenn die Bank in eine finanzielle Anspannung gerät. Wie in Abschnitt 4.2.2.3 aufgezeigt, sind dies im Wesentlichen Kosten, die aus einem Vertrauensverlust in die Bank resultieren.[676] Zwar sind diese Kosten letztlich von der Ausfallgefahr der Bank beeinflusst, fallen aber bereits zu einem früheren Zeitpunkt, d.h. mit einer höheren Wahrscheinlichkeit vor Eintritt der Insolvenz, an.

Mit einer finanziellen Anspannung ist zudem nicht notwendigerweise eine folgende Insolvenz verbunden. Die Gefahr einer finanziellen Anspannung und die damit verbundenen Kosten, die einen bestimmten Erwartungswert in der hier dargestellten Bewertungsfunktion einnehmen, werden in den gegenwärtig verwendeten RAPM-Ansätzen komplett ausgeklammert und finden auch weder im „Standard-Bewertungsmodell" noch innerhalb der im letzten Abschnitt dargestellten Insolvenzkosten Berücksichtigung. Sie fallen in einem Bereich der Wahrscheinlichkeitsverteilung zwischen Insolvenzschwelle und einer bestimmten Verlustgröße/-schwelle zusätzlich zu diesem erlittenen Verlust an, d.h., sie werden erst durch diesen Verlust induziert.

Da die Eintrittswahrscheinlichkeit einer finanziellen Anspannung höher ist als die der Insolvenz, ist für die Quantifizierung der Financial Distress-Kosten auch eine abweichende Berücksichtigung dieser Wahrscheinlichkeitsgröße notwendig.[677] Dabei muss zudem berücksichtigt werden, dass es unterschiedliche Stufen des Financial Distress gibt, die verschiedene Kosten auslösen, sodass zur Berücksichtigung aller potentiellen Kosten einer finanziellen Anspannung diese Stufen der Wahrscheinlichkeitsverteilung betrachtet werden müssen.[678] Der bisher zugrunde gelegte VaR hingegen erfüllt als einzelner

---

676 Inkl. dann (temporär) höherer erwarteter Insolvenzkosten.

677 Wie bereits in Abschnitt 5.1.2 erwähnt, ist die gängige Auffassung in den Ansätzen zur Quantifizierung der Insolvenz- und Financial Distress-Kosten sehr stark auf die Ausfallschwelle ausgerichtet, sodass impliziert wird, dass keine (indirekten) Kosten anfallen, solange ausreichend Kapital zur Abfederung des Ausfallquantils vorgehalten wird. Dabei wird den Risikopositionen ihr jeweils inkrementelles Kapital zur Aufrechterhaltung dieser Stabilitätsbedingung zugewiesen.

678 Vgl. Nocco/Stulz (2006): S. 18.

Punkt der Wahrscheinlichkeitsverteilung diese Voraussetzungen nicht, da er keine Sensitivität gegenüber vielen Veränderungen der Verteilung aufweist.[679]

Zur Einbettung der Financial Distress-Kosten in die Steuerungslogik und -größe von Banken muss deshalb die Frage beantwortet werden, wie sich derartige Kosten quantifizieren lassen und ab welcher Schwelle diese Kosten relevant werden. Die Financial Distress-Kosten stellen zusätzliche Kosten für die Vertragsgestaltung mit den Stakeholdern der Bank im Falle einer finanziellen Anspannung dar und fallen umso höher aus, je stärker sich die Bank durch einen Verlust bzw. eine Verringerung des Eigenkapitals der Insolvenzschwelle nähert. Für die folgende Darstellung wird dabei der Bereich rechts der Insolvenzschwelle betrachtet. Die Financial Distress-Kosten weisen in diesem Bereich einen konvexen Verlauf auf und reduzieren dementsprechend die erwarteten Rückflüsse, sodass der erwartete Cash Flow an die Aktionäre nach diesen Kosten einen konkaven Verlauf annimmt. Die Differenz zum sich ohne Financial Distress-Kosten ergebenden linearen Verlauf sind Dead Weight Costs.

Der konvexe Kostenverlauf in diesem Bereich setzt sich aus den verschiedenen Positionen der in Abschnitt 4.2.2.3 dargestellten Argumente im Hinblick auf Absatz-, Beschaffungs-, Arbeits- und Fremdkapitalmärkte zusammen, die wiederum an unterschiedlichen Stellen relevant werden und jeweils in Abhängigkeit der Signifikanz des (Kapital-)Verlusts einen unterschiedlich starken Verlauf aufweisen.[680] Zudem ergibt sich ggf. durch den Verlust der Bankzulassung an einer bestimmten Schwelle eine Sprungstelle.[681]

Da die Kostentreiber bzw. die verschiedenen „Märkte" mit unterschiedlicher Sensitivität auf eine finanzielle Anspannung reagieren und auch der jeweils auslösende Schwellenwert differiert – d.h., die Fremdkapitalzinsen werden bereits bei einer (temporären) Rating-Herabstufung reagieren, während sich eine Sensitivität des Absatzmarktes erst bei einem signifikanten Verlust ergeben

---

[679] Vgl. Hartmann-Wendels et al. (2007): S. 331.

[680] Vgl. dazu auch Cornell/Shapiro (1987): S. 10ff., Pfennig (1998): S. 88, Guthoff (2001): S. 82f. im Hinblick auf die Begründungen zur Konvexität der Financial Distress-Kosten, die von der hier dargestellten jedoch differieren.

[681] Vgl. auch Baule (2002): S. 120.

dürfte[682] –, muss diesen Charakteristika im Rahmen der Quantifizierung Rechnung getragen werden.

Aus theoretischer Sicht müsste folglich separat für Absatz,- Arbeits-, Beschaffungs- und Fremdkapitalmarkt berechnet werden, ab welcher Verlustschwelle und mit welcher Sensitivität Reaktionen erfolgen, die zu Kosten oder entgangenen Erträgen führen. So wären für den Absatzmarkt das Kundenverhalten, für den Arbeitsmarkt das Mitarbeiterverhalten, für den Beschaffungsmarkt das Verhalten der jeweiligen Vertragspartner und für die Refinanzierung die Sensitivität im Hinblick auf Ratingänderungen zu analysieren. Zur Quantifizierung müssten ferner Annahmen über Rekapitalisierungsmöglichkeit und -zeitrahmen getroffen werden[683], d.h. darüber, wie lange die finanzielle Anspannung letztlich anhält. Ferner müssten für jede Stufe pro Kostentreiber die Effekte barwertig quantifiziert werden. Dabei wäre zu berücksichtigen, dass Financial Distress-Kosten nur für solche Positionen anfallen, deren Konditionen (und damit v.a. die Risikoprämien der Stakeholder) entweder angepasst werden können bzw. neu aufgenommen werden (müssen), so z.B. im Rahmen der Refinanzierung nur Prolongationen oder Neuaufnahmen/-emissionen von Fremdkapital. Außerdem wären Ertragseinbußen und entgangene Geschäfte zu berücksichtigen. Beispielhaft müsste für den Absatzmarkt kalkuliert werden, wie viel Kundengeschäft in diesem Zeitraum mit der finanziellen Anspannung kausal verknüpft wegfallen bzw. nicht abgeschlossen würde und welcher Wertverlust sich dadurch barwertig ergeben würde. Außerdem sind dabei negative Auswirkungen auf den Markenwert zu berücksichtigen. Die Aufstellung einer entsprechenden vollständigen Funktion, die alle dargestellten Kostentreiber simultan berücksichtigt, scheint jedoch praktisch kaum möglich.

Da sich der hier diskutierte theoretische Lösungsansatz in der Praxis also kaum operationalisieren lassen dürfte, soll zudem eine praktische Näherungslösung präsentiert werden. Die hier dargestellten indirekten Kosten führen im Wesentlichen dazu, dass zukünftige Erträge wegfallen und sich somit der Fort-

---

[682] Vgl. dazu auch Deutsche Bundesbank (2005): S. 75.

[683] Bei der Rekapitalisierung muss unterschieden werden, ob eine Stützungsmaßnahme durch (eine) andere Bank(en) erfolgt oder eine Kapitalerhöhung über den Kapitalmarkt vollzogen werden kann. Im Hinblick auf die dabei zusätzlich entstehenden Agency- und Transaktionskosten vgl. den Erklärungsansatz in Abschnitt 4.2.2.2. Zudem müssten mögliche Liquiditätsengpässe und daraus resultierende Zusatzkosten mit ins Kalkül gezogen werden.

führungswert als Differenz aus Marktwert und Substanzwert des Eigenkapitals[684] entsprechend reduziert. Als praktische Näherungslösung zur Berücksichtigung der Financial Distress-Kosten vor dem eigentlichen Eintritt der Insolvenz ließe sich der Verlust des Fortführungswerts als Funktion (*g(y)*) in Abhängigkeit des Substanzwertverzehrs modellieren. Für die Abbildung der Risikodeckungsmasse ließe sich die in Abschnitt 3.2.3.1.1 dargestellte Stufenlogik der Kapitaldeckung verwenden.

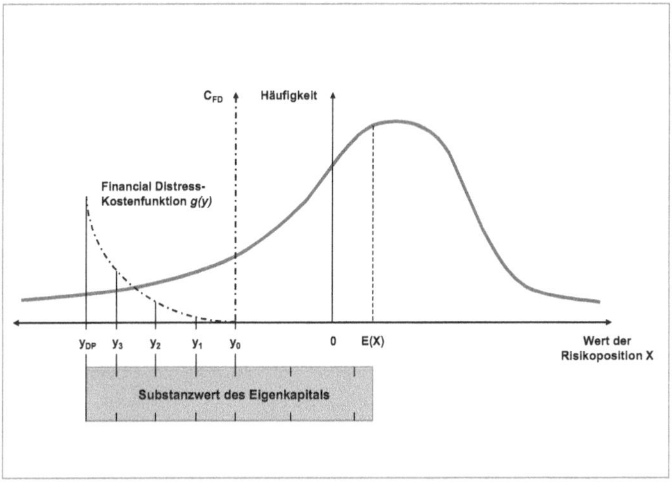


**Abbildung 10:** Financial Distress-Kostenfunktion[685]

Dabei ist zu bestimmen, ab welchem Punkt ($y_1$) als Verlust bzw. Kapitalaufzehrung erstmalig Financial Distress-Kosten induziert werden. Annahmegemäß wird sich der komplette Fortführungswert bei Insolvenzeintritt verflüchtigen[686], womit die Funktion bei ($y_{DP}$) schließlich ihr Maximum erreicht hätte.[687] Ferner gilt es zu bestimmen, an welchen und an wie vielen Schwellenwerten ($y_j$) eine Risikomessung erfolgen soll. Je mehr Stufen berücksichtigt werden, desto fei-

---

[684] Vgl. auch Wahrenburg (1997): S. 89f. sowie Keeley (1990). In der Darstellung als Quotient ist das Marktwert-/Substanzwertverhältnis als *Tobin's Q* bekannt.

[685] Quelle: Eigene Darstellung. Vgl. auch Guthoff (2001): S. 79ff.

[686] Vgl. auch Wahrenburg (1997): S. 89.

[687] Von der Möglichkeit des Verlusts der Banklizenz soll dabei abstrahiert werden. In der Konsequenz würde sich jedoch das Maximum der Funktion bereits an diesem Punkt ergeben.

ner gestaltet sich die Berechnung, ist aber auch mit höherer Komplexität, höherem Rechenaufwand sowie schwierigerer Akzeptanz verbunden. Als einfache Lösung können bspw. die Kapitalbestandteile als Stufen herangezogen werden. Für die festgelegten Schwellen ist anhand der Ergebnisverteilung die jeweilige Eintrittswahrscheinlichkeit ($\alpha^y$) zu bestimmen:

$$\alpha_j^y = p(X < y_j). \tag{5.3}$$

Die gesamten Financial Distress-Kosten an jedem Punkt ergeben sich damit aus der ermittelten Wahrscheinlichkeit und dem Wert der Financial Distress-Kostenfunktion. Dabei ist jeweils die Differenz zum Funktionswert der davor liegenden Schwelle relevant, damit sich die Risikowerte am Ende aufsummieren lassen:

$$C_{FD} = \sum_{j=1}^{DP} \alpha_j^y \cdot [g(y_j) - g(y_{j-1})]. \tag{5.4}$$

Auf Geschäftsbereichs- bzw. Einzelgeschäftsebene werden wiederum jeweils die inkrementellen Financial Distress-Kosten alloziert, wobei im Gegensatz zu den Insolvenzkosten mehrere Punkte betrachtet und aufsummiert werden müssen. Damit können jeder Risikoposition verursachungsgerecht die Kosten zugewiesen werden, die mit einer bestimmten positiven Wahrscheinlichkeit in Zukunft anfallen werden und deshalb den Wert zum heutigen Zeitpunkt entsprechend reduzieren. Implizit wird offenbar bereits gegenwärtig die Relevanz der Financial Distress-Gefahr für den Fortführungswert berücksichtigt, was durch die empirischen Ergebnisse im Hinblick auf zunehmendes Hedging in Abhängigkeit von der Höhe des Fortführungswerts unterstrichen wird.[688] Bei Banken wird dieser Fortführungswert aufgrund der Markteintrittsbarrieren der regulierten Branche zudem eine deutlich stärkere Relevanz haben als bei Industrie- und Handelsunternehmen.

Da durch die Berücksichtigung der weiteren Quantile nicht mehr ausschließlich die Ausfallschwelle das relevante Maß darstellt und zusätzlich die Financial Distress-Kosten explizit berücksichtigt werden, ergeben sich andere Steue-

---

688 Vgl. dazu Abschnitt 4.2.2.3 sowie die in FN 558 angegebene Literatur.

rungsimpulse, indem Risikopositionen auch jene Kosten verursachungsgerecht zugewiesen bekommen. Im Extremfall kann folglich eine Position keinen oder nur einen sehr geringen Beitrag zum Ausfallrisiko haben, jedoch einen signifikanten Anteil am Financial Distress-Risiko. In der RAPM-Steuerungslogik wurde entsprechend keine bzw. lediglich eine sehr geringe Belastung der Position mit Kapitalkosten für unerwartete Risiken vorgenommen. Im hier entwickelten Ansatz werden sich zwar ebenfalls keine bzw. geringe Insolvenzkosten ergeben, dafür aber verursachungsgerecht die zusätzlich wertrelevanten Financial Distress-Kosten ins Kalkül gezogen, was letztlich zu einer zielkonformeren Bewertung führt.

Eine exakte Quantifizierung der Schwellen, ab denen Financial Distress-Kosten relevant werden und mit welcher Sensitivität diese auf die Höhe des Verlusts reagieren, wird sich in der Praxis als äußerst schwierig erweisen. Dennoch ist zumindest eine Approximation zielführend, um die für den Wert der Bank sehr relevanten Financial Distress-Kosten nicht komplett außen vor zu lassen. Das heißt, es ist besser, eine Näherungslösung anzustreben als ganz auf eine Quantifizierung zu verzichten, v.a. vor dem Hintergrund, dass grundsätzlich die Ermittlung von VaR-Größen mit hohen Konfidenzintervallen ohnehin immer nur ein grobes Abbild der Realität darstellen kann und mit Unsicherheit behaftet ist.[689]

Beispielsweise könnten die Abschätzungen der Effekte aus beobachtbaren Kapitalmarktdaten (z.B. Kursänderungen nach Rating-Downgrades) oder empirischen Event-Studien (Ereignisstudien) ermittelt werden, in denen durch finanzielle Anspannungen ausgelöste Wertänderungen von Banken isoliert quantifiziert werden.[690] Daneben könnten Expertenschätzungen herangezogen werden.

---

689 Vgl. Nocco/Stulz (2006): S. 18. „Tail distributions are exceptionally difficult to estimate ... even more difficult to quantify tail correlations." Milne/Onorato (2004): S. 6.

690 Vgl. zum Aufbau von Event-Studien Ball/Brown (1968), MacKinlay (1997), Mölls/Strauß (2007b).

### 5.1.3 Total Risk-adjusted Performance Measures als Steuerungsgröße

Wie bereits in Abschnitt 4.3.3 im Rahmen des Vergleichs der Status quo- und der hier theoretisch entwickelten Wertschaffungslogik anhand einer einfachen EVA-Gleichung illustriert, findet im neuen Ansatz das Risiko in zwei unterschiedlichen Komponenten der Bewertungsfunktion Berücksichtigung. Es wird separiert in systematisches Risiko, das den Aktionär direkt betrifft und die Höhe seiner Opportunitätskosten bestimmt, sowie eine Gesamtrisikogröße (Total Risk), die die Risikoprämien der übrigen Stakeholder bestimmt und damit indirekt auch für den Aktionär bewertungsrelevant ist. Die indirekten Kosten stellen dabei jedoch aus Sicht des Shareholders kein Risiko i.e.S. dar, sondern lediglich eine Kostenposition. Für die übrigen Stakeholder hingegen ist dieses Gesamtrisiko relevant, sodass im Rahmen der Separation der beiden Faktoren auch von Shareholder-Risiko (systematisches Risiko) und Stakeholder-Risiko (Gesamtrisiko) gesprochen werden kann.

Im vorliegenden Abschnitt sollen diese Überlegungen sowie die mögliche Quantifizierung der Insolvenz- und Financial Distress-Kosten in die Entwicklung einer konkreten Steuerungsgröße als Basis für ein wertmaximierendes Risikoma-nagement fließen.[691] Ausgehend vom rein neoklassischen Kapital-

---

[691] Guthoff (2001) setzt sich bei der Bestimmung von Risikoprämien für das Neugeschäft einer Bank mit einem Teilausschnitt des hier diskutierten Steuerungsthemas auseinander und modelliert darin Financial Distress-Kosten als zusätzliche Preiskomponente in Abhängigkeit des bestehenden Portfolios der Bank (jedoch ohne Insolvenzkosten zu berücksichtigen sowie ohne einen konkreten Quantifizierungsvorschlag für die Höhe der Risikoprämie zu liefern). Dabei wird die Kernannahme (S. 11ff.) getroffen, dass Risiken dichotom unterschieden werden können in (a) handelbare Risiken (systematische und unsystematische), die wie im vollkommenen Markt immer zum fairen Marktpreis gehedgt werden können und (b) nicht-handelbare Risiken, die insbesondere aufgrund von Informationsasymmetrien (S. 131) entstehen, nicht gehedgt werden können und lt. Guthoff per definitionem unsystematisches Risiko darstellen sowie eine Korrelation zu den handelbaren Risiken von Null aufweisen. Aufgrund dieser Annahme weicht das Ergebnis von Guthoff v.a. hinsichtlich der Charakteristik der zweiten Komponente der Risikoprämie vom in dieser Arbeit vorgestellten Ansatz ab. Guthoff nimmt zudem eine Fallunterscheidung vor. Im Fall 1 werden alle handelbaren Risiken zum fairen Marktpreis (wie im vollkommenen Markt) gehedgt und die Risikoprämie enthält neben dem systematischen Teil eine zweite Komponente, die aus der Kovarianz des nicht-handelbaren Risikos des Neugeschäfts mit dem nicht-handelbaren Risiko des Altportfolios resultiert. Im Fall 2 entsteht im Ergebnis aus der Übernahme handelbarer Risiken ein komplexer Ausdruck für die Risikoprämie, der sich wegen modellbedingter Wechselwirkungen nicht mehr in zwei additive Teilrisikoprämien zerlegen lässt. Aufgrund der innerhalb ihres Modellrahmens unterstellen Hedging-Möglichkeit handelbarer Risiken zum fairen Marktpreis wird der zweite Fall jedoch als „irrational“ bezeichnet. Das Modell von Guthoff sowie dessen Ergebnis sind aufgrund der kritischen Annahme der Dichotomie handelbarer und nicht-handelbarer Risiken unzureichend. Zum einen wird „Handelbarkeit“ auf die Möglichkeit reduziert, Risikofaktoren des Marktportfolios zu hedgen, und damit unterschlagen, dass auch von Informationsasymmetrien betroffene unsystematische – lt. Guthoff damit nicht-handelbare – Risiken transferiert werden können. So gehen bspw. bei Kreditverkäufen, CDS, Syndizierungen etc. auch die unsystematischen

wert (NPV)[692] wird unter zusätzlicher Berücksichtigung des die Insolvenz- und Financial Distress-Kosten treibenden Totalrisikos eine neue Steuerungsgröße entwickelt, die als Total Risk-adjusted Net Present Value (TRaNPV) bezeichnet werden soll:

$$TRaNPV = \sum_{t=1}^{n} \frac{\left[E(CF_t) - r_f FK_{t-1} - E(C_{IFD})_t\right] \cdot (1-s)}{(1+k_{EK})^t} - EK_0 . \tag{5.5}$$

Alternativ kann die Darstellung als periodisierte Residualgewinngröße Total Risk-adjusted Value Added (TRaVA) erfolgen:

$$TRaVA_t = \left[E(CF_t) - r_f FK_{t-1} - E(C_{IFD})_t\right] \cdot (1-s) - EK_0 k_{EK} . \tag{5.6}$$

Die beiden Größen sollen im Folgenden unter der Bezeichnung „Total Risk-adjusted Performance Measures" (TRaPM) subsumiert werden.

Die Bank bzw. ein Geschäftsbereich oder Einzelgeschäft schafft folglich Wert, wenn das TRaPM positiv ist. Dabei muss im Gegensatz zur Bewertungsformel in Abschnitt 4.2.1.4 in dieser Betrachtung berücksichtigt werden, dass bei der Berechnung der absoluten Fremdkapitalkosten nicht mehr der das Risiko berücksichtigende Fremdkapitalkostenzins ($k_{FK}$) die relevante Preiskomponente darstellt, sondern der risikofreie Zins ($r_f$) für die Kapitalüberlassung verwendet

---

Risiken auf den Risikokäufer über, sodass eine grundsätzliche Handelbarkeit gegeben ist. Vgl. dazu auch die Ausführungen in Abschnitt 3.2.3.2.3. Zum anderen ist eine ausschließliche Reduzierung von Informationsasymmetrien auf einen Teil der unsystematischen Risiken nicht angemessen, da auch die als handelbar bezeichneten Risiken in nicht vollkommenen Märkten von Informationsasymmetrien betroffen sein können und eine Handelbarkeit zum fairen Marktpreis nicht zwangsläufig gegeben sein muss. – Guthoff erkennt diesen Aspekt schließlich selbst (S. 144), nimmt ihn aber nicht in ihre Modellierung auf. Eine Aufspaltung in handel- vs. nicht-handelbare Risiken in Abhängigkeit von Informationsasymmetrien ist daher nicht adäquat. Letztlich ist der Grad der Informationsasymmetrie mitbestimmend für die Höhe der Risikoprämie beim Risikotransfer/-handel, sodass die dichotome Einteilung in handelbare vs. nicht-handelbare Risiken zugunsten eines Kontinuums hinsichtlich der Risikoprämie in Abhängigkeit der Informationsasymmetrie aufzugeben ist. Letztlich ermöglicht die in dieser Arbeit entwickelte Steuerungslogik eine konsequente Beurteilung, ob es wertschaffender ist, ein Risiko (unabhängig von der Klassifizierung in systematisch oder unsystematisch) einzugehen oder zu transferieren bzw. zu vermeiden. Das Modell von Guthoff hingegen gelangt aufgrund der kritischen Annahme zu der im unvollkommenen Markt realitätsfernen Handlungsempfehlung, generell alle systematischen Risiken (stets zum fairen Marktpreis) zu hedgen und bezeichnet eine Risikoübernahme systematischer Risiken als „irrational".

692 Vgl. dazu Abschnitt 2.2.2.

wird und die Risikoprämie ($k_{FK}$ - $r_f$) eine Teilmenge der Insolvenz- und Financial Distress-Kosten darstellt.

Damit ergeben sich insbesondere Implikationen für die Kalkulation von Einzelgeschäften. Im Rahmen der Marktzinsmethode werden momentan nur die Geschäfte mit dem (einheitlichen) Refinanzierungsspread der Bank belastet, die ein Funding benötigen. Damit ergibt sich jedoch keine verursachungsgerechte Zuordnung im Hinblick auf den Risikogehalt, den ein Geschäft aus Sicht der Fremdkapitalgeber trägt, denn der Refinanzierungsspread spiegelt das Gesamtrisiko im Verhältnis zur vorhandenen Risikodeckungsmasse wider. Das Gesamtrisiko wiederum wird durch den Verbund aller Risikopositionen bestimmt. Deshalb ist es konsequent, einem Geschäft zunächst den risikolosen Zins für die Refinanzierung in Rechnung zu stellen und additiv den verursachungsgerechten Beitrag zu den Insolvenz- und Financial Distress-Kosten als Risikoprämie. Die Quersubventionierung und potentielle adverse Selektion im Status quo[693] wird durch diesen Ansatz in zweierlei Hinsicht vermieden: Zum einen werden auch Geschäfte, die kein bzw. lediglich ein kurzfristiges[694] Funding erfordern, aber zum Gesamtrisiko beitragen, verursachungsgerecht belastet und zum zweiten erfolgt eine Differenzierung des „Refinanzierungsspreads" in Form des Insolvenz- und Financial Distress-Kostenbeitrags bei Geschäften, die ein Funding erfordern, sich dabei aber durch ihren Risikobeitrag zum Gesamtrisiko voneinander unterscheiden.

Im Hinblick auf aktive Maßnahmen zur Veränderung von Risikopositionen sollte jeweils eine Delta-Betrachtung des TRaPM erfolgen, d.h. welche Wertänderung aus der entsprechenden Maßnahme resultiert. Im Kern steht bei jeder Risikomanagementmaßnahme der Trade-off zwischen Transaktionskosten und eingesparten Insolvenz- und Financial Distress-Kosten im Fokus. Zusätzlich müssen eventuelle Preisauf- oder -abschläge sowie aus bestimmten Transferinstrumenten neu entstehende Kreditrisiken in Bezug auf die Gegenpartei berücksichtigt werden.

---

693 Vgl. zu einer ähnlichen Feststellung auch Reichardt (2006): S. 255.

694 Die kurzfristige Refinanzierung ist im Gegensatz zur langfristigen Refinanzierung i.d.R. mit keinem bzw. lediglich einem sehr geringen Spread verbunden.

Die Risikomanagementkosten, die in der Kalkulation jeweils auf Geschäftsbereiche bzw. Geschäfte heruntergebrochen werden sollten[695], resultieren zum einen aus Fixkosten für den Risikomanagementapparat (v.a. IT- und Personalkosten)[696] zum anderen aus variablen Kosten, die bei einzelnen Risikomanagementmaßnahmen, v.a. beim Risikotransfer, anfallen. Die Kosten bei Hedgingmaßnahmen ergeben sich im Wesentlichen aus liquiditätsbedingt höheren Bid/Ask-Spreads im Terminmarkt.[697] Differenzen zwischen Spot- und Future/Forward-Preisen, Optionsprämien gehören hingegen nicht zu den Kosten für Risikomanagement, da sie einen Marktpreis für Risiko darstellen.[698] Im Rahmen von Verbriefungen entstehen weitere Kosten, die sich v.a. aus dem erforderlichen Rating ergeben.

Neben den Insolvenz- und Financial Distress-Kosten ist schließlich noch das systematische Risiko, d.h. die Eigenkapitalkosten, zu allozieren. Dabei ergeben sich keine Anpassungserfordernisse gegenüber der Standardberechnung des klassischen Kapitalwerts. Die grundsätzlichen Probleme des Kapitalwertkriteriums auf Geschäftsbereichs- und Geschäftsebene bestehen jedoch nach wie vor und sollen auch hier nicht abschließend gelöst werden. Im Wesentlichen liegen die Schwierigkeiten in der Bestimmung der Beta-Faktoren, wenn auf Subebene nicht auf Marktdaten zurückgegriffen werden kann. In diesen Fällen sind die Kapitalkosten deshalb auf Basis von Analogie- oder Analyseansätzen[699] bzw. Berechnungen der Korrelationen von Cash Flows/Renditen mit Marktdaten[700] zu ermitteln.

Über die TRaPM-Steuerungsgröße werden Risikopositionen differenziert die durch sie verursachten wertrelevanten Opportunitäts- und realen Kosten zu-

---

[695] Hierbei werden sich in der Praxis mitunter ähnliche Probleme wie bei der Allokation von Gemein- bzw. Overheadkosten ergeben, die bspw. über die Verwendung von Standardstückkosten (approximativ) gelöst werden können.

[696] Dabei ist die Frage zu beantworten, inwieweit Kosten berücksichtigt werden, die zwangsläufig aus regulatorischen Gesichtspunkten resultieren bzw. im Rahmen von Risikoprüfung, -überwachung und -workout anfallen.

[697] Vgl. Fite/Pfleiderer (1995): S. 151, Bartram (2001): S. 38f. Vgl. bezüglich der Kosten auch Ammon (1998): S. 35.

[698] Vgl. Bartram (2001): S. 38f.

[699] Vgl. dazu auch die Ausführungen in Abschnitt 4.2.1.3.

[700] Vgl. Turnbull (2002): S. 227f.

gewiesen. Während im „Standard-Kapitalwertansatz" keine Berücksichtigung des Gesamtrisikos bzw. der Dead Weight Costs aus Marktunvollkommenheiten erfolgt und damit das Risiko unterschätzt wird, ist die RAPM-Steuerungslogik dadurch gekennzeichnet, dass eine Gesamtrisikogröße mit einem pauschalen Kostensatz (Eigenkapitalkostensatz der Bank) multipliziert wird und damit jegliche Differenzierung sowohl zwischen systematischem und unsystematischem Risiko als auch in Bezug auf die Höhe des systematischen Risikos sowie im Hinblick auf die erwarteten Kosten, die sich aus dem Gesamtrisiko in Form einer potentiellen Insolvenz oder finanziellen Anspannung ergeben, unterbleibt. Beide Ansätze führen innerhalb einer wertorientierten Steuerung folglich i.d.R. zu suboptimalen Ergebnissen. Die dargelegten Unzulänglichkeiten können durch eine Steuerung auf Basis des TRaPM vermieden werden. Die nachfolgenden Ausführungen sollen konkrete Handlungsempfehlungen für einen entsprechenden, d.h. wertorientierten Risikomanagementprozess auf Basis dieser hier entwickelten Steuerungsgröße liefern.

## 5.2 Konkrete Handlungsempfehlungen

Die angepasste Steuerungslogik hat weit reichende Folgen auf das wertorientierte Risikomanagement, die sich v.a. im Hinblick auf die Rendite-/Risikosteuerung ergeben und zwangsläufig vorgelagert entsprechende Anpassungen innerhalb der Risikostrategie als auch in der Risikomessung erfordern. Zudem sind ebenfalls Anpassungen in den nachgelagerten Prozessschritten notwendig. Schließlich werden innerhalb der Risikosteuerung auch die im letzten Kapitel als wertrelevant identifizierten Ansätze bezüglich der Ist-Risikokosten und der Arbitrage wieder aufgenommen. In der Folge dieses Abschnitts soll deshalb der im zweiten Kapitel aufgezeichnete wertorientierte Risikomanagementprozess in seiner Struktur als Grundlage dienen und die sich aus der veränderten Steuerungslogik ergebenden konkreten Handlungsempfehlungen im Rahmen dieses Prozesses betont werden.

### 5.2.1 Risikostrategie

Innerhalb der Risikostrategie ergeben sich durch die veränderte Steuerungslogik einige grundsätzliche Konsequenzen in Bezug auf die Übernahme von Risiken und darauf, welche Kompensation diese erfahren sollten. Im Fokus steht dabei zum einen die „Wiedereinführung“ des systematischen Risikos und daraus folgend eine stärkere Orientierung am Marktwertkriterium, aber auch die explizite Berücksichtigung von Insolvenz- und Financial Distress-Kosten.[701]

Aus wertorientierter Sicht liefern neben der Verringerung von Ist-Risikokosten und Arbitragemöglichkeiten insbesondere die Insolvenz- und Financial Distress-Kosten einen Ansatzpunkt für Risikomanagement. Diese „Stakeholder-Risiken“ und die damit verbundenen Kosten sind maßgeblich durch das Risikopotential der Bank und dessen Struktur geprägt und werden sich typischerweise von Marktteilnehmer zu Marktteilnehmer unterscheiden. Im Wettbewerb werden folglich genau diese Kosten für Banken zum entscheidenden Faktor, d.h. diejenigen Banken, die einen komparativen Wettbewerbsvorteil im Management bestimmter Risiken aufweisen bzw. generieren können, sehen sich im Kunden- und Produktwettbewerb im Vorteil.[702]

Das bedeutet in der Konsequenz und folglich auch als Maßgabe innerhalb der Risikostrategie, dass diejenigen Risiken, deren am Markt durchsetzbarer Preis nicht zur vollständigen Kompensation des damit verbundenen systematischen und Totalrisikos aus Sicht der Bank ausreicht, vermieden bzw. – sofern dadurch im Endeffekt ein Überschuss erzielt wird – übernommen und umgehend

---

[701] Um sich für die fortgeschrittenen Methoden zur Ermittlung der Kapitalunterlegung zu qualifizieren, wird in der Säule 2 von Basel II ein sog. „use test“ beschrieben, der sicherstellen soll, dass die ermittelten Größen nicht nur den Zweck der Risikobegrenzung aus regulatorischer Sicht erfüllen, sondern auch als geschäftliche Entscheidungsgrundlage dienen. Eine weitergehende Präzisierung wird dabei jedoch nicht vorgenommen. Insgesamt sollte allerdings auch zukünftig davon ausgegangen werden können, dass Geschäftsentscheidungen letztlich – außer im Fall einer Notsituation – rein auf ökonomischer Basis getroffen werden können und die regulatorischen Anforderungen eine stets zu erfüllende Nebenbedingung darstellen. Vgl. dazu auch Milne/Onorato (2006): S. 3 und S. 37f.

[702] Für die Wettbewerbsfähigkeit sind letztlich mehrere Faktoren relevant, aus Kostengesichtspunkten v.a. auch die sonstige operative Effizienz. Im Fokus dieser Arbeit soll jedoch die Risikothematik stehen, d.h., von anderen operativen Kostenunterschieden wird dabei abstrahiert. Letztlich ist die operative Effizienz aber auch innerhalb des Risikomanagements relevant und kann insbesondere durch Spezialisierungen zu einem komparativen Wettbewerbsvorteil führen, so z.B. im Workout von Non-Performing Loans. Vgl. dazu Froitzheim et al. (2006): S. 161f.

transferiert werden sollten. Letztlich dürfte daraus für die risikostrategische Ausrichtung folgen:[703]

- Alle Risiken, für die ein liquider Handel an einem (effizienten) Markt besteht, können i.d.R. durch (End-)Anleger günstiger gehalten werden als durch die Bank. Da an einem solchen Markt alle Anlagen „fair" gepreist sind[704], führen die zusätzlich auf Ebene der Bank zu berücksichtigenden Insolvenz- und Financial Distress-Kosten zu einem Wettbewerbsnachteil und beim Tragen dieser Risiken auf Bankebene zu entsprechenden Wertverlusten. Für Banken ist es in diesem Fall rational, die Risiken zu vermeiden bzw., sofern diese bereits vorhanden sind, vollständig zu hedgen, sofern die Transaktionskosten die Insolvenz- und Financial Distress-Kosten nicht übersteigen. Das bewusste Eingehen dieser liquiden Risiken stellt eine Spekulation dar und ist nur dann rational bzw. wertorientiert, wenn die Bank „Informationen besitzt, die eine vom Markt abweichende Erwartungsbildung rechtfertigen."[705] Auf effizienten Märkten sollten jedoch eigentlich keine Informationsvorsprünge im Hinblick auf die zukünftige Preisentwicklung bestehen[706], die eine Übernahme dieser Risiken durch die Bank aus Sicht der Aktionäre rechtfertigen.[707] Dazu müsste der Informationsvorsprung nicht nur eine Überrendite generieren, sondern auch noch die Friktionskosten kompensieren. Zudem muss in diesem Kontext auch eine u.U. entstehende „Doppelbesteuerung" berücksichtigt werden, die vorliegt, wenn sowohl auf der Ebene des Risiko haltenden Intermediärs als auch auf der Eigentümerebene mittelbar aus dieser Anlage Steuern anfallen. In der Praxis beobachtbare Ausnahmen in Bezug auf die wertschaffende Übernahme liquider Risiken, wie die erfolgreichen Eigenhandelsaktivitäten einiger weniger Banken, bestätigen die Regel. Letztlich gelten diese Maßgaben auch für das bewusste (spekulative) Eingehen von Zinsänderungsrisiken im

---

[703] Vgl. dazu auch Froot/Stein (1998a): S. 66ff., Froot/Stein (1998b): S. 71ff., Guthoff (2001): S. 197, Oehler/Unser (2002): S. 36, Schröck (2002): S. 276ff., Schröck/Steiner (2005): S. 69f.

[704] Die Liquidität wird schließlich erst dadurch begründet, dass die Marktteilnehmer homogene Erwartungen und keine Informationsvorteile/-vorsprünge haben.

[705] Oehler/Unser (2002): S. 36.

[706] Vgl. z.B. Hachmeister (2005): S. 137.

[707] Vgl. auch Stulz (1996): S. 15.

Rahmen der Fristentransformation sowie liquide Anlagen im Beteiligungsportfolio der Bank.

- Die Erkenntnisse im Hinblick auf liquide Anlagen bedeuten im Gegensatz dazu jedoch auch, dass alle Risiken, für die kein liquider Handel und folglich im Regelfall kein objektiv beobachtbarer Marktpreis existiert, d.h. in erster Linie, Risiken deren Übernahme aufgrund von asymmetrischer Informationsverteilung mit besonderen Kosten in der Informationsgewinnung sowie der Überwachung verbunden sind, hauptsächlich aufgrund von Skalen- und Spezialisierungsvorteilen in der Informationsverarbeitung[708], weiteren komparativen Vorteilen[709] sowie der Produktion anreizkompatibler Vertragskonstruktionen i.d.R. günstiger durch einen Intermediär gehalten werden können als jeweils auf privater Ebene.[710] Mitunter findet ohne die Zwischenschaltung einer Bank gar keine Zusammenführung von Kapitalangebot und -nachfrage statt. Diese Art von Marktversagen stellt letztlich eine Existenzberechtigung für Banken dar und eröffnet Möglichkeiten zur Gewinnerzielung. Dies ist v.a. für Kredite der Fall, d.h., hier ist es günstiger, die Risiken auf Ebene der Bank zu managen, bzw. ist das Entstehen einer Position überhaupt erst durch die Bank möglich. Letztlich führen die Implikationen der hier durchgeführten Analyse der Wertrelevanz des Risikomanagements somit zu einem vergleichbaren Ergebnis wie die informationsökonomischen Existenzerklärungen von Finanzintermediären.[711] Da eine aus-

---

708 Vgl. auch Rudolph et al. (2007): S. 2ff.

709 Z.B. langfristige Kundenbeziehungen, Überblick über die Vermögensposition aus den Einlagen bei der betreffenden Bank etc.

710 Schrand/Unal (1998): S. 980 verwenden in diesem grundsätzlichen Kontext den Begriff „core-business risk“, während das auf einem effizienten Markt gehandelte Risiko als „homogeneous risk“ betitelt wird. Vgl. auch Guthoff (2001): S. 21f.

711 Vgl. grundlegend zum sog. „Delegated Monitoring“ Diamond (1984). Vgl. außerdem Cebenoyan/Strahan (2001): S. 2., Pagano (2001): S. 300f., Hartmann-Wendels et al. (2007): S. 110ff. Vgl. außerdem zu einem Überblick weiterer Erklärungsansätze für die Existenz von Finanzintermediären Hartmann-Wendels et al. (2007): S. 133f. Die Zwischenschaltung des Finanzintermediärs führt jedoch zu einer zusätzlichen Vertragsbeziehung zwischen Bank und Kapitalgeber und damit zu einem zweistufigen Koordinationsproblem in Bezug auf die Informationsbeschaffungs- und Anreizproblematik. Die daraus entstehenden Vertragskosten (Delegationskosten) fallen aber dann gering aus, wenn die Bank mehrere Finanzierungen tätigt und über eine Diversifikation die Ausfallrisiken bzw. konkreter die Insolvenz- und Financial Distress-Kosten senkt. Die Intermediationslösung ist folglich genau dann günstiger, wenn die Insolvenz- und Financial

schließlich direkte Interaktion zwischen Kapitalangebot und -nachfrage in diesem Fall nur zu höheren Preisen bzw. evtl. gar nicht zustande käme, können Banken durch die Bereitstellung der Transformationsfunktion als Marktteilnehmer existieren und ökonomische Renten abschöpfen, indem sie ihre Kosten über den (mehrfachen) Verkauf der Informationen an die Kapitalgeber (über-)kompensieren. Die Kompensation für diese Leistung erfolgt schließlich durch die Kapitalnehmer, die bei einer direkten Lösung nicht oder ungünstiger zum Zuge kommen würden. Die Höhe der dadurch erzielten Renten bzw. ob eine Bank im Bankenwettbewerb als Intermediär überhaupt zum Zuge kommen kann, d.h. welche Preise gestellt werden können, hängt schließlich von der Wettbewerbsfähigkeit ab, die neben anderen Komponenten v.a. durch die Insolvenz- und Financial Distress-Kosten aus der Risikoübernahme beeinflusst wird, womit Risikomanagement zum Wettbewerbsfaktor und Wertschaffungsinstrument wird.

Aus risikostrategischer Sicht sind für Banken deshalb zunächst grundsätzliche Überlegungen im Hinblick auf das Gesamt- bzw. Geschäftsbereichsportfolio notwendig. Dabei muss bspw. die Frage beantwortet werden, ob und in welchem Umfang etwa Eigenhandelsaktivitäten sinnvoll sind bzw. eine Wertsteigerung versprechen, weil entsprechende Fähigkeiten vorhanden sind – oder zumindest davon ausgegangen wird. Den Eigenhandel als Instrument zur Ertragsgenerierung zu nutzen wird sich zwar in den meisten Jahren positiv in der Gewinn- und Verlustrechnung niederschlagen. Aus den oben beschriebenen Gründen kann dieser Gewinn jedoch typischerweise nicht ausreichen, um die mit den Risiken verbundenen (systematischen) Eigenkapitalkosten sowie die Insolvenz- und Financial Distress-Kosten zu kompensieren; folglich wird sich eine Wertvernichtung ergeben. In einer Makrosteuerung können so aus strategischer Sicht Investitions- und Desinvestitionsrichtlinien vorgegeben werden. Die Bewertung und der Vergleich von Geschäftsbereichen auf Basis des TRaPM werden sich dabei von der bisher angestellten RORAC-Betrachtungsweise deutlich unterscheiden und zu ggf. divergierenden Impulsen führen.

---

Distress-Kosten geringer ausfallen als die Kostenvorteile der Transformation gegenüber der direkten Lösung.

Darüber hinaus ist die oben beschriebene Steuerungsgröße systematisch auf Einzelgeschäftsebene zu verankern. In einer Mikrosteuerung wird so bestimmt, wie Preisunter- und -obergrenzen für Produkte zu kalkulieren sind.[712] Auch hier werden sich bei Anwendung des TRaPM im Vergleich zum Status quo durch die Berücksichtigung des systematischen Risikos und des relativen Bedeutungsverlusts des extremen Downside-Risikos signifikante Änderungen ergeben. Die so ermittelten Preise werden eine stärkere Orientierung an Marktpreisen erfahren und die – im Status quo ausschließlich maßgebliche – interne Portfolioperspektive wird über die Insolvenz- und Financial Distress-Kosten erfasst.[713]

Außerdem wird sich durch die veränderte Steuerungsgröße auch eine Differenzierung des Effekts, der von Risikomanagement ausgeht, ergeben. Während im Status quo (relativ) unabhängig von der Ausfallwahrscheinlichkeit der Bank jeweils die Höhe des Risikobeitrags in Form des mit dem Eigenkapitalkostensatz der Bank bewerteten ökonomischen Kapitals maßgeblich ist, wird der Effekt auf TRaPM-Basis sehr stark durch die Ausfallwahrscheinlichkeit der Bank und die Eintrittswahrscheinlichkeit einer finanziellen Anspannung beeinflusst. Da im neu entwickelten Ansatz ausschließlich die Insolvenz- und Financial Distress-Kosten für (wertorientiertes) Risikomanagement relevant sind und sich diese aus der jeweiligen Eintrittswahrscheinlichkeit und der absoluten Höhe der Kosten im Falle des Eintritts ergeben, gewinnt Risikomanagement – vereinfacht ausgedrückt[714] – für Banken mit einem relativ schlechteren Rating, d.h. einer höheren Ausfallwahrscheinlichkeit und damit relativ höheren Insolvenz- und Financial Distress-Kosten, mehr an Gewicht: Risikomanagement hat in Bezug auf das Rating somit einen abnehmenden Grenznutzen.[715] Dies lässt sich verkürzt auf die Insolvenzkosten exemplarisch verdeutlichen. Unter der Annahme gleich hoher absoluter Insolvenzkosten im Falle der Insolvenz

---

712 Vgl. Foster (2005).

713 Aus der hier dargestellten Logik folgt im Übrigen, dass die „Marktpreise" weniger liquider Anlagen, wie z.B. Kredite, auch eine Insolvenz- und Financial Distress-Kostenkomponente enthalten werden, die durch die risikotragenden Institute hervorgerufen wird und sich auch im Wettbewerb durch Risikomanagement nicht vollständig eliminieren lässt. Die Preise werden somit von einem rein neoklassisch ermittelten Wert ohne Friktionskosten divergieren.

714 Unter Vernachlässigung der differenzierten Eintrittswahrscheinlichkeiten in Bezug auf die Financial Distress-Kosten.

715 Vgl. dazu auch Stulz (1996): S. 16f.

werden die erwarteten Insolvenzkosten bei einer Bank mit einem A-Rating und einer Ausfallwahrscheinlichkeit von 0,07% mehr als doppelt so hoch ausfallen wie bei einer AA-gerateten Bank mit einer PD von 0,03%.[716] Da die Transaktionskosten für Risikomanagement insgesamt vergleichbar sein sollten, führen in der Folge Risikomanagementmaßnahmen bei der bonitätsmäßig schlechteren Bank zu einer relativ stärkeren Senkung der Insolvenzkosten, da der marginale Effekt einer Verbesserung von 0,07% ausgehend höher ist. Risikostrategisch sollte dieser Aspekt jeweils Berücksichtung finden, d.h., bei gut gerateten Banken fallen Transaktionskosten relativ stärker ins Gewicht, während bei relativ schlechter gerateten Banken Risikomanagement ein höheres Wertpotential verspricht.

Letztlich führt damit die Steuerungslogik im Hinblick auf das eigene Rating zu einem Trade-off und zu einem Punkt, an dem die marginalen Risikomanagement-Transaktionskosten und die marginale Verringerung der Insolvenz- und Financial Distress-Kosten einander immunisieren.[717] Dies hat zur Konsequenz, dass es aus Wertgesichtspunkten nicht optimal sein kann, wie im Status quo praktiziert, ein bestimmtes Zielrating vorzugeben. Zwar ist ein Mindestrating notwendig, um bspw. im OTC-Markt oder als Underwriter agieren zu können, darüber sollte jedoch kein Zielwert, sondern eine (laufende) Optimierungsentscheidung stehen.[718]

### 5.2.2 Risikoanalyse

In den letzten Jahren ist eine Tendenz zur Perfektionierung der internen Risikoanalyse und -messung in Banken zu beobachten. Diese ist jedoch, wie gezeigt, (partiell) aus dem relevanten Kapitalmarktzusammenhang herausgelöst worden, was in der Konsequenz dazu führt, dass Entscheidungen im Status

[716] Vgl. z.B. KPMG (2003): S. 19.

[717] Damit schließt sich der Kreis zum Trade-off zwischen Kapitalstruktur und Insolvenz- und Financial Distress-Kosten. In einer umfassenden Optimierung ist somit die Frage zu beantworten, ob die Zielerreichung letztlich günstiger durch Kapital- oder Risikomanagementmaßnahmen erfolgen kann, die im Rahmen dieser Arbeit jedoch nicht gelöst werden soll.

[718] Diese Optimierungsentscheidung bleibt im Status quo jedoch aus. Vgl. auch Pfaff/Kühn (2005): S. 195.

quo auf Basis dieser Risikomessung nur unzureichend die wertrelevanten Faktoren berücksichtigen und sich somit keine optimale Wertschaffung einstellen kann. Dabei ist die gegenwärtige Ausgestaltung nicht als redundant zu betrachten, sondern bedarf vielmehr einiger Ergänzungen.

Zunächst ist es essentiell, das systematische Risiko aller Risikopositionen zu bestimmen, um risikoadäquate Eigenkapitalkosten zuweisen zu können. Dabei können Analogie- oder Analyseansätze bzw. einfache Berechnungen der Korrelationen von Cash Flows/Renditen mit einem approximativen Marktportfolio (Index) erfolgen. Daneben ist für die Quantifizierung der Financial Distress-Kosten die VaR-Messung auf weitere Konfidenzintervalle bzw. Wahrscheinlichkeiten, die sich aus den Schwellenwerten des Financial Distress ergeben, auszudehnen. Schließlich sind die Insolvenz- und Financial Distress-Kostenfunktionen zu ermitteln.

### 5.2.3 Wertorientierte Rendite-/Risikosteuerung

#### 5.2.3.1 Risikokapitalbudgetierung

Aus der veränderten Steuerungsgröße gegenüber dem Status quo ergibt sich auch Anpassungsbedarf für die Risikokapitalbudgetierung. Ergänzend zur zwingend zu erfüllenden (Risiko-)Kapitalunterlegung aus regulatorischen Anforderungen heraus sollte in der wertorientierten Perspektive im Gegensatz zum Status quo die Kapitalallokation nicht auf Basis eines Ausfallrisikomaßes (VaR bzw. ökonomisches Kapital), sondern im Rahmen eines Marktwertansatzes erfolgen, da die Mindestrenditeforderung der Aktionäre, wie dargestellt, eben nicht auf ein Ausfallrisikomaß, sondern auf den Marktwert des Eigenkapitals bemessen wird. Da aus dieser Opportunitätskostensicht das systematische Risiko maßgeblich ist, sollte dies auch in der internen Risikobudgetierung Berücksichtigung finden, d.h., jeder Risikoposition ist dabei das jeweilige systematische Risiko zum Marktportfolio zu allozieren.

Auf Geschäftsbereichsebene (bzw. weitergehenden Teileinheiten) ist damit jeweils der Marktwert zu berechnen und ein dem Geschäfts- und Kapitalstrukturrisiko entsprechender Eigenkapitalkostensatz als Hurdle Rate zu verwenden.[719] Wie auch beim klassischen Kapitalwertkriterium ergibt sich darüber hinaus auf Einzelgeschäftsebene jedoch die Problematik im Umgang mit neu abzuschließenden „Investitionsprojekten“, die keine anfängliche Auszahlung erfordern, z.B. bestimmte außerbilanzielle Positionen oder Passivgeschäfte, da sich durch das finanzierungstheoretische CAPM strenggenommen nur für solche Positionen Mindestrenditeforderungen berechnen lassen, die mit einer Investitionsauszahlung verbunden sind. Diese Problematik wird im Übrigen auch nicht durch das ökonomische Kapital im gegenwärtigen Ansatz geheilt, da die kalkulatorische Kapitalgröße keinen Auszahlungscharakter besitzt.[720] Folglich muss auf dieser Ebene auf heuristische Verfahren zurückgegriffen werden, indem bspw. die Kapitalstruktur der Bank oder des Geschäftsbereichs bzw. weiterer dezentraler Ebenen als maßgeblich unterstellt wird und sich das Gesamtrisiko eines Geschäfts somit aus dem individuellen Geschäftsrisiko (d.h. dem primären Investitionsrisiko)[721] sowie dem übergeordneten Kapitalstrukturrisiko ergibt.[722] Damit ließe sich das systematische Risiko auf Basis der Kapitalstruktur der Gesamtbank ermitteln als:

$$\beta_{IP}^{V} = \beta_{IP}^{U} \cdot \left[1 + (1 - s) \cdot \frac{FK_i}{EK_i}\right]. \tag{5.7}$$

bzw. auf Basis der Kapitalstruktur des Geschäftsbereichs (*GB*):

$$\beta_{IP}^{V} = \beta_{IP}^{U} \cdot \left[1 + (1 - s) \cdot \frac{FK_{GB}}{EK_{GB}}\right]. \tag{5.8}$$

Über die individuelle Zuweisung des systematischen Risikos und der entsprechenden Eigenkapitalkosten wird wie auf Ebene der Gesamtbank auch auf Geschäftsbereichs- und Einzelinvestitionsebene eine kalkulatorische Marktwertbetrachtung des Eigenkapitals vollzogen. Das physische Eigenkapital wird dabei – wie bereits gegenwärtig praktiziert – zentral in risikolose Anlagen in-

---

[719] Vgl. ausführlich Faust (2002): S. 143ff.

[720] „When industry professionals refer to the allocation of ... 'capital', they really mean the allocation of 'risk contributions' from various business units.“ Wang (2005): S. 47

[721] Vgl. Satzger/Reitwiesner (1999): S. 7.

[722] Vgl. dazu auch Behm (1994): S. 165ff. m.w.N.

vestiert, deren Erträge (Anlagenutzen) wiederum die allozierten Kapitalkosten reduzieren.

Auch für den zweiten das Gesamtrisiko berücksichtigenden Faktor ist keine physische Kapitalallokation erforderlich, da die Insolvenz- und Financial Distress-Gefahr eine Kostenposition darstellt. Eine ökonomische Kapitalallokation mit Fokus auf die Sicherung der Solvenz, wie im Status quo angewandt, ist aus der Wertperspektive redundant. Hier ist lediglich das Verhältnis von Risikopotential und Risikodeckungsmasse auf Gesamtbankebene entscheidend und nicht auf Subebenen, da die Bank als Ganzes, d.h. die juristische Person, insolvent werden kann und nicht rechtlich unselbständige Geschäftseinheiten.[723] Die interne Risikobegrenzung v.a. in Form von VaR-Limiten zur Sicherstellung einer ausreichenden Risikotragfähigkeit bleibt durch diesen Ansatz indes unberührt. Damit erfolgt jedoch eine relativ strikte Trennung der Risikobegrenzungs- und Wertperspektive in dem hier vorgestellten Ansatz im Gegensatz zur Vermischung der beiden im Status quo.[724]

Für das zentrale Kapitalmanagement ergibt sich damit v.a. die Aufgabe, die optimale Kapitalhöhe in Abhängigkeit des geplanten Risikoprofils sicherzustellen, bei dem sich Steuervorteil sowie Insolvenz- und Financial Distress-Kosten in der Marginalbetrachtung egalisieren.[725] Da das Risikoprofil und somit mittelbar die optimale Kapitalstruktur jedoch durch Risikomanagementmaßnahmen beeinflusst wird[726], ist eine Koordination der beiden Funktionen Risiko- und

---

[723] Vgl. Albrecht/Koryciorz (2003): S. 2 m.w.N.

[724] *Milne* und *Onorato* kommen in ihrem abweichend konzipierten Ansatz in diesem Kontext zu einem grundsätzlich vergleichbaren Ergebnis im Hinblick auf die Kapitalallokation und die Funktionen, die die unterschiedlichen Kapitalgrößen zu erfüllen haben: „Economic capital modeling is used to achieve two different objectives: assessing the prudential safety (ie probability of default) of the bank, for which capital-at-risk is the better measure since it takes account of the non-normal downside tail of future cash flows; and its use as a performance measure, as we will demonstrate systematic risk can be better. We conclude from this that in order to meet both objectives of economic capital modeling it is likely to be appropriate to use two parallel measures of economic capital, one capturing contribution to systematic risk and the other a supplementary measure of capital-at-risk against default." Milne/Onorato (2004): S. 9f.

[725] Die dargestellte Quantifizierung der Insolvenz- und Financial Distress-Kosten leistet damit auch gleichzeitig einen Forschungsbeitrag im Hinblick auf die theoretische Diskussion zur optimalen Kapitalstruktur und liefert diesbezüglich einen Quantifizierungsvorschlag für die in Abschnitt 4.2.1.4 beschriebene Trade-off-Theorie.

[726] Dabei steht insbesondere die Möglichkeit der Leverage-Erhöhung bei konstanten Insolvenz- und Financial Distress-Kosten aufgrund von Risikomanagementmaßnahmen im Fokus. Vgl. dazu auch Stulz (1996): S. 9 und S. 16.

Kapitalmanagement erforderlich. Ein Vorteilhaftigkeitsvergleich der beiden als substitutiv zu betrachtenden Funktionen soll hier jedoch nicht erfolgen.

### 5.2.3.2 Risikosteuerung

Die grundsätzliche Ausrichtung in den verschiedenen Risikosteuerungsansätzen wird maßgeblich durch die zugrundegelegte Steuerungsgröße geprägt. Da diese gegenüber dem Status quo signifikant verändert worden ist, ergeben sich in der Folge auch deutliche Anpassungen in der Risikosteuerungslogik, die im Wesentlichen daraus resultieren, dass an die Stelle der ausschließlich das Bankportfolio einbeziehenden Extremrisikobetrachtung eine marktorientierte Risikoberücksichtigung tritt und die Kosten, die in Extremsituationen anfallen, zusätzlich quantifiziert und berücksichtigt werden. Letztlich sind damit, wie bereits allgemein in Abschnitt 4.3 diskutiert, auch bei der speziellen Anwendung einzelner Risikosteuerungsinstrumente andere Größen maßgeblich, was i.d.R. zu abweichenden Vorteilhaftigkeitsbeurteilungen führen wird. Diese Vorteilhaftigkeitsbeurteilungen sollten im Ergebnis das Risiko so steuern, dass eine maximale Wertschaffung erzielt wird, d.h., bei neu abzuschließenden Geschäften ist auf TRaPM-Basis ein Vorteilhaftigkeitsvergleich zwischen Risikoakzeptanz und -transfer, d.h. der direkten Weitergabe an den Kapitalmarkt, vorzunehmen. Führen dabei jedoch beide Optionen zu einer TRaPM-Größe, die eine Wertvernichtung signalisiert, ist das Risiko zu vermeiden. Für bereits bestehende Geschäfte scheidet die Risikovermeidung als Steuerungsansatz zwangsläufig aus. Hier ist jeweils zu beurteilen, ob das Risiko im Bankportfolio oder durch den Transfer an den Kapitalmarkt einen höheren (Delta-)TRaPM generiert („hold or sell").

#### *5.2.3.2.1 Risikovermeidung*

Im Hinblick auf Risiken, die rechtlich oder politisch nicht gewollt bzw. aus Reputationsgesichtspunkten nicht vertretbar sind, ergeben sich gegenüber dem Risikovermeidungsansatz im Status quo keine Anpassungen. Zusätzlich sollten in diesem Kontext jedoch vielmehr solche Risiken Beachtung finden und u.U. vermieden werden, die nicht aus einer direkten Kundenbeziehung stammen und dabei eine nicht ausreichende Transparenz aufweisen.[727] Dies ist z.B. der Fall bei kreditbesicherten Wertpapieren, die zu Zwecken der Ertragsgenerierung im Portfolio gehalten werden. Zwar liegen i.d.R. Bonitätsinformationen in Form eines externen Ratings vor, jedoch muss die Frage beantwortet werden, ob die Bank letztlich die aus dem originären Geschäft entstehenden Risiken am günstigsten tragen kann und ob zusätzliche Sicherheitsaufschläge aus der erhöhten Informationsasymmetrie der mittelbaren Kreditbeziehung kalkuliert werden sollten, womit sich im Endeffekt auf TRaPM-Basis nur noch sehr eingeschränkt Wertschaffungspotentiale offenbaren dürften. Ebenfalls fraglich ist, wie im Rahmen der Risikostrategie bereits angeführt, ob der Eigenhandel aus Spekulationszwecken grundsätzlich dazu in der Lage ist, den „Markt zu schlagen" und zusätzlich die Insolvenz- und Financial Distress-Kosten zu kompensieren. Grundsätzlich sollten solche Geschäfte vermieden werden, die auf Basis des TRaPM keine risikoadäquate Kompensation erzielen. Eine entsprechende Risikovermeidung ist zwar damit verbunden, dass lediglich geringere Erträge erwirtschaftet werden und dementsprechend auch der Gewinn reduziert wird; dennoch wird sich ein positiver Werteffekt durch die Vermeidung nicht Kapitalkosten deckender Geschäfte einstellen. Der Verzicht auf positive Erträge und Volumenerhöhungen zugunsten einer wertorientierten Sichtweise stellt dabei einen gewissen Paradigmenwechsel dar und scheint sich ohnehin z.T. nur schleppend zu entwickeln.

##### *5.2.3.2.2 Risikoakzeptanz*

Auch bei der Risikoakzeptanz ergeben sich durch die neue Steuerungslogik wesentliche Änderungen gegenüber dem Status quo. Wie bereits in der grundsätzlichen Risikostrategie angeklungen, ändert sich das Vorteilhaftigkeitskriterium dahingehend, dass jeweils ein Marktpreis bzw. modellgestützter Marktpreis relevant ist und für das Halten im Bankportfolio zusätzlich der quantifizierte Beitrag zu Insolvenz- und Financial Distress-Kosten kalkuliert wird. Dies bedeutet in der Konsequenz, dass Risiken nur dann einen Wertbeitrag versprechen, wenn das Halten dieser Risiken mit einem komparativen

---

[727] Vgl. dazu auch Godbillon-Camus/Godlewski (2005).

Wettbewerbsvorteil einhergeht. Dies wird sich, wie dargestellt, v.a. für solche Risiken ergeben, die keine hohe Liquidität und entsprechend „objektive“ Marktpreise aufweisen, sondern sich durch einen beschränkten Zugang und erhöhte Informationssensitivität bzw. -kosten auszeichnen. Als Entscheidungskriterium ist dabei maßgeblich, ob die erzielbare Rendite eines Geschäfts die Mindestvorgabe auf TRaPM-Basis erfüllt.

Beim Kreditrisiko ist insbesondere die Mindestmargenkalkulation für Neugeschäfte und Prolongationen an die oben beschriebene TRaPM-Methodik anzupassen. Da hier die Korrelation zum bestehenden Portfolio weit weniger Gewicht hat als im Status quo, dafür aber das systematische Risiko zunehmende Relevanz erhält, werden sich folglich regelmäßig andere Konditionen sowie u.U. divergierende Entscheidungen in Bezug auf die Akzeptanz des Risikos gegenüber dem Status quo ergeben. Auch die risikoadäquate Zuweisung des individuellen Beitrags zum Refinanzierungsspread über die Insolvenz- und Financial Distress-Kosten wird gegenüber der risikoinsensitiven Allokation des bankeinheitlichen Funding Spread zu Änderungen führen.

Beim Marktrisiko sind v.a. Handelsbuch- und Zinsänderungsrisiken aus der Fristentransformation zu beachten. Als Implikation der theoretischen Ergebnisse folgt, dass spekulativer Eigenhandel[728] nur dann sinnvoll ist, wenn gegenüber anderen Marktteilnehmern, die nicht bzw. nicht gleichwertig von Friktionskosten betroffen sind (z.B. Privatanleger und Investmentfonds), Informationsvorsprünge existieren, die das Erzielen einer relativen Überrendite ermöglichen und damit auch noch die Insolvenz- und Financial Distress-Kosten kompensieren. Zwar ist die Möglichkeit des profitablen Eigenhandels grundsätzlich gegeben und v.a. in unvollkommenen Märkten sind grundsätzlich relative Überrenditen gegenüber dem Markt realisierbar[729], die relevante Entscheidungsgröße in diesem Kontext sollte sich jedoch weg von einer absoluten Betrachtungsweise erzielter Erträge zu einer marktorientierten Bewertung dieser Erträge bewegen. Über die Anwendung des TRaPM als Steuerungsgröße erfolgt implizit ein Benchmarking gegen die Marktrendite, wobei für diesen Vergleich zum einen eine Relativierung des ungehebelten Beta-

---

[728] Die Ausführungen beziehen sich nicht auf Positionen, die aus Liquiditäts- oder Hedginggesichtspunkten eingegangen werden.

[729] Vgl. Hartmann-Wendels et al. (2007): S. 644.

Faktors der zu bewertenden Position bzw. des zu bewertenden Handelsportfolios gegenüber dem Marktportfolio sowie zum anderen die Berücksichtigung der Kapitalstruktur aus der Refinanzierung der Eigenhandelspositionen erfolgt. Außerdem sind neben diesem systematischen Risiko die aus dem Eingehen von Positionen resultierenden Insolvenz- und Financial Distress-Kosten zu berücksichtigen.

Insbesondere in liquiden, (informations-)effizienten Märkten scheint es für die Mehrzahl der Banken aus diesen Gründen schwierig, Überrenditen zu erzielen. Überrenditen sind häufig nur dann (temporär) möglich, wenn „unfamiliar risks" eingegangen werden, die oft nur unzureichend gemessen und berücksichtigt werden und schließlich zu hohen Verlusten führen können, die in keinem Verhältnis zum potentiellen Upside (Wertpotential) stehen.[730]

Auch im Hinblick auf das bewusste Eingehen von Zinsänderungsrisiken durch Fristentransformation sollte berücksichtigt werden, dass dieses Risiko höchstliquide ist und kaum Informationsvorsprünge hinsichtlich zukünftiger Zinsentwicklungen bestehen dürften.[731] *Sonntag (2001)* zeigt, dass bei Vorliegen eines vollkommenen Kapitalmarktes die Fristentransformation aus Risiko-/ Renditegesichtspunkten keinen zusätzlichen Wert schaffen kann, da auch hier die grundsätzliche Möglichkeit für den Aktionär besteht, jegliche Positionen zu replizieren. Dies gilt auch für positive Laufzeitprämien innerhalb der Zinsstrukturkurve.[732] Bei Vorliegen von Marktunvollkommenheiten sieht sich die Bank jedoch Vorteilen gegenüber, die sich insbesondere aus dem besseren Zugang zum Geld- und Kapitalmarkt, dem Einsparen der Geld-Brief-Spanne und bonitätsbedingt günstigeren Konditionen bei der Kreditaufnahme ergeben.[733] Diesen Kostenvorteilen aus Marktunvollkommenheiten heraus muss jedoch auch der diesbezügliche Kostennachteil hinsichtlich der auf Ebene der Bank entstehenden indirekten Kosten aus der Gefahr einer Insolvenz bzw. finanziellen Anspannung gegenübergestellt werden. Folglich sollten aus Wertgesichts-

---

[730] Vgl. Stulz (1996): S. 11f.

[731] So zeigt bspw. eine *McKinsey*-Untersuchung, dass die Mehrzahl der Banken kein positives Fristentransformationsergebnis erzielen konnte. Vgl. dazu Adamus/Koch (2006): S. 148.

[732] Vgl. auch Jaeger/Staub (1993), Behm (1994): S. 194ff.

[733] Vgl. Sonntag (2001).

punkten in einer Kalkulation die Kosten aus den Friktionen mit dem Transaktionskostenvorteil gegenüber der Anteilseignerebene verglichen werden. Aus einer strikten Wertlogik heraus könnten sich damit ggf. Implikationen für die Fristentransformation ergeben, wenn diese zwar als „Ertragsquelle" dient, aus TRaPM-Sicht jedoch als Wertvernichter entlarvt wird. Zinsänderungsrisiken aus Fristeninkongruenzen im operativen Geschäft sollten in diesem Fall idealerweise vollständig gehedgt werden, wobei auch hier der Trade-off zwischen entsprechenden Transaktionskosten und der quantifizierten Einsparung der Insolvenz- und Financial Distress-Kosten zu erfolgen hat.

Durch die Verwendung der hier entwickelten Steuerungsgröße werden im Rahmen der Risikoakzeptanz jedem Geschäft auch die aus operationellen Risiken resultierenden Insolvenz- und Financial Distress-Kosten zugewiesen, die somit in die Kalkulation von Preisuntergrenzen eingehen. Das Management operationeller Risiken stellt damit auch einen Faktor für die Wettbewerbsfähigkeit dar.

Wie sich bereits in der Nichtberücksichtigung innerhalb der bestehenden positiven Erklärungsansätze zum Risikomanagement in Abschnitt 4.2 zeigte, wird der Wertschaffungsbeitrag „traditioneller" Risikosteuerungsinstrumente häufig vernachlässigt. Aus diesem Grunde wurde das Erklärungsspektrum auch durch den Ansatz der Ist-Risikokosten (Abschnitt 4.2.2.5) ergänzt. Der Fokus im Hinblick auf zusätzliches Wertschaffungspotential sollte dabei insbesondere auf der Risikoprüfung, Vertragsgestaltung, Monitoring sowie Behandlung problembehafteter Kreditengagements liegen, um Abschreibungen bzw. Wertberichtigungen zu minimieren.

#### *5.2.3.2.3 Risikotransfer*

Der Risikotransfer stellt jeweils eine Alternative zur Risikoakzeptanz dar und sollte im Hinblick auf eine maximale Wertschaffung mit dem TRaPM bei Akzeptanz des Risikos verglichen bzw. das sich ergebende Delta herangezogen werden.[734] Der Transfer von Risiken ist für Banken immer dann vorteilhaft, wenn die Transaktionskosten (inkl. eines potentiellen Abschlags auf den „fairen“ Wert) geringer ausfallen als die eingesparten Insolvenz- und Financial Distress-Kosten. Diese Betrachtung weicht signifikant von der Vorteilhaftigkeitsbeurteilung von Risikotransfers im Status quo ab. Gegenwärtig führt die ausschließlich interne Risikoberücksichtigung (Preis aus bankinterner Sicht) mit der Fokussierung auf die Solvenzsicherung dazu, dass bspw. eine Risikoposition, die dort einen entsprechend hohen Risikobeitrag aufweist und so auf RORAC-Basis nur niedrig rentiert, ggf. unter ihrem (tatsächlichen) Wert transferiert wird, auf RAPM-Basis aber eine Wertschaffung suggeriert. In der hier entwickelten Steuerungslogik wird die Solvenzbetrachtung (wenn auch anders quantifiziert) ebenfalls mit ins Kalkül gezogen, primär relevant ist jedoch zunächst der Marktpreis, der im RAPM-Ansatz des Status quo überhaupt keine Rolle spielt. Dies führt letztlich zu abweichenden Steuerungsimpulsen im Hinblick auf den Transfer von Risiken.

Die Kosten des Risikotransfers sind dabei insbesondere durch die Liquidität bestimmt. Während sehr liquide Risiken durch einfaches Hedging kaum Transaktionskosten aufweisen dürften (v.a. Marktrisiken), ist der Transfer von grundsätzlich handelbaren, aber relativ illiquiden Risiken typischerweise mit höheren Kosten verbunden, die sich z.B. aus den Kosten eines Verkaufs oder einer Verbriefung ergeben (v.a. Kreditrisiken). Bei der Übertragung von Kreditrisiken entstehen i.d.R. zudem weitere Kosten, die aus der Informationsasymmetrie zwischen Käufer und Verkäufer resultieren.

Im Gegensatz zur puristischen Kapitalmarkttheorie kann aufgrund der Relevanz der Kosten aus Marktunvollkommenheiten auch durch das Hedgen von systematischen Risiken eine zusätzliche Wertschaffung generiert werden. Aus der TRaPM-Steuerungslogik heraus ergibt sich damit als Konsequenz, das systematische Risiko weitgehend zu eliminieren, sofern der erzielte Effekt die damit verbundenen Transaktionskosten übersteigt. Während sich aus Eigenkapitalkostensicht damit eine wertneutrale Verschiebung auf der Wertpapier-

[734] Werden Risiken mit der Intention des sofortigen Transfers akquiriert, kann auf die Allokation der Insolvenz- und Financial Distress-Kosten verzichtet werden, sodass sich im Pricing ausschließlich der Marktpreis des systematischen Risikos ergibt.

marktlinie ergibt, können die Insolvenz- und Financial Distress-Kosten gesenkt werden.[735] Im Hinblick auf vergleichsweise illiquide Anlagen, wie Kredite, wird die Entscheidung aufgrund der Transaktionskosten jedoch wahrscheinlich häufiger als im Status quo zugunsten der Akzeptanz anstelle des Transfers ausfallen. Da offenbar der überwiegende Teil des Kreditrisikos von makroökonomischen Faktoren abhängig ist – hier werden Werte von ca. 90% genannt[736] –, können jedoch ggf. effizient sog. Makroderivate zum Transfer des Kreditrisikos genutzt werden.[737]

Gerade im Hinblick auf weniger liquide Risiken, wie Kreditforderungen, können die aus dem Transfer anfallenden Transaktionskosten weniger ins Gewicht fallen, wenn beide Parteien durch den Transfer einen Vorteil erzielen. Dies ist besonders dann der Fall, wenn Banken jeweils über in sich sehr homogene Kreditportfolios verfügen, die sich aber von dem der anderen Bank (in Bezug auf die Korreliertheit) sehr stark unterscheiden. In diesem Fall führt der Transfer oder Tausch von Risiken dazu, dass beide Parteien einen Vorteil aus einer jeweiligen Verringerung der Insolvenz- und Financial Distress-Kosten ziehen können, die höher ausfallen können als die damit verbundenen Transaktionskosten.[738] Der potentielle Vorteil wird sich dabei jedoch deutlich von der auf Basis der RAPM-Ansätze angenommenen Freisetzung ökonomischen Kapitals, bewertet mit dem Eigenkapitalkostensatz, unterscheiden.[739]

Des Weiteren spielen im Rahmen des Risikotransfers auch die Ergebnisse aus dem Erklärungsansatz zur Ausnutzung von Arbitragemöglichkeiten (Abschnitt 4.2.2.6) eine Rolle. Dabei entstehen v.a. Arbitrageopportunitäten aus abweichenden Einschätzungen zu zukünftigen Marktentwicklungen. Werden Risiken aufgrund von proprietären Informationen transferiert (v.a. Antizipation

---

735 Vgl. zum Hedging des eigenen Betas auch Gold (2006), der dabei am Ende seiner Ausführungen folgenden Aspekt darlegt: „Hedging beta raises the question: what if every firm wanted to do this? Who will hold systematic risk if the corporations that generate it will not?"

736 Vgl. Wilson (1997a), Wilson (1997b), Hartmann-Wendels et al. (2007): S. 297.

737 Vgl. dazu bspw. Bär (2002), Broll et al. (2004).

738 Vgl. dazu ähnlich Franke (2000): S. 274f.

739 Vgl. zu einer Beispielrechnung auf Basis des Status quo-Ansatzes Gann/Hofmann (2004).

von Ausfällen), ist dies jedoch u.U. mit einer negativen Signalwirkung und dem Ausschluss möglicher Folgetransaktionen verbunden.[740]

Außerdem ergeben sich zwangsläufig Arbitragemöglichkeiten durch die Anwendung der (marktorientierten) TRaPM-Steuerungslogik gegenüber Banken, die auf der (insolvenzorientierten) RAPM-Basis Entscheidungen treffen. Konkret können hier zusätzliche Wertpotentiale zu Lasten anderer Banken ausgeschöpft werden, wenn sich Risiken mit einem Preisaufschlag auf den „fairen" Wert transferieren lassen, dies jedoch bei der Risiko-aufnehmenden Bank aufgrund der RAROC/RORAC-Logik (fälschlicherweise) ebenfalls eine Wertschaffung suggeriert. Das Gleiche gilt beim Transfer in die entgegengesetzte Richtung im Hinblick auf entsprechende Preisabschläge.

#### *5.2.3.2.4 Risikodiversifikation*

Als Zielsetzung für Diversifikationsmaßnahmen ergibt sich anstelle der Verringerung des ökonomischen Kapitalbedarfs primär die Senkung der Insolvenz- und Financial Distress-Kosten. Dabei ist zu berücksichtigen, dass die Diversifikationsbemühungen die Wahrscheinlichkeitsverteilung an den die Kosten auslösenden Schwellen verbessern, d.h., gegenüber dem RAPM-Ansatz ist nicht mehr ein Punkt der Verteilung relevant (bspw. das 0,03%-Quantil), sondern ein bestimmter größerer Bereich. Zudem ergeben sich gegenüber dem Status quo Veränderungen im Ergebnis des Kosten-Nutzen-Trade-offs von mit Kosten verbundenen Diversifikationsmaßnahmen. Der Nutzen wird nicht mehr als Produkt aus freigesetztem ökonomischen Kapital und dem Eigenkapitalkostensatz berechnet, sondern ergibt sich ausschließlich aus der Höhe der verringerten Insolvenz- und Financial Distress-Kosten. Daraus können jedoch divergierende Entscheidungen zum Status quo resultieren.

---

740 Vgl. dazu auch die empirische Studie von Dahiya et al. (2000), die prüfen, ob Ankündigungen von Kreditverkäufen ein negatives Signal über die Zukunftsaussichten des betreffenden Kreditnehmers vermitteln, und zu dem Ergebnis gelangen, dass zahlreiche Unternehmen, deren Kredite verkauft worden waren, später insolvent wurden. Diese Resultate werden als Beweis dafür angesehen, dass Banken über spezielle Informationen hinsichtlich ihrer Kreditnehmer verfügen, die Kreditverkäufe aufgrund von adverser Selektion erschweren. Vgl. außerdem Cebenoyan/Strahan (2001): S. 5f.

Die geringsten Transaktionskosten dürften im Rahmen der operativen Diversifikation anfallen. Dabei wird durch die Anwendung der TRaPM-Steuerungsgröße automatisch (und ohne Zusatzkosten) eine höhere Diversifikation begünstigt bzw. andernfalls entsprechend kompensiert. Dies ergibt sich z.B. im Pricing von Krediten, wobei hoch mit dem bisherigen Portfolio korrelierte Kredite „bestraft" und zur Diversifikation beitragende Ausleihungen entsprechend begünstigt werden. Diese grundsätzliche Ausrichtung stellt sich auch im Status quo ein, wird dabei jedoch anders bemessen und ist deshalb u.U. mit Fehlsteuerungen verbunden.

Eine zusätzliche Diversifikation kann darüber hinaus durch Risikotransferinstrumente erzielt werden, wobei jedoch relativ höhere Transaktionskosten anfallen.[741] Eine in letzter Zeit zunehmend zu beobachtende Tendenz geht dahin, v.a. Kreditrisiken zur Verbesserung der Diversifikation „einzukaufen". Dies wird insbesondere für Banken mit beschränkten Vertriebsmöglichkeiten und regional/national konzentrierten Portfolios als vorteilhaft herausgestellt.[742] Zwar werden diese Transaktionen rein rechnerisch zu einer erhöhten Diversifikation beitragen, allerdings muss dabei berücksichtigt werden, dass entsprechende Investments nicht der eigentlichen Kernkompetenz der betreffenden Bank entsprechen und i.d.R. mit Informationsnachteilen verbunden sind. Die daraus resultierende relativ größere Intransparenz im Vergleich zu Kreditvergaben im Kerngeschäft und -markt sowie die mitunter unvollständige und unzureichende Risikoerfassung bergen die Gefahr hoher Kreditverluste, die den Diversifikationsvorteil überkompensieren können.[743] Vor dem Hintergrund, dass sich die Effekte aus der Diversifikation auf TRaPM-Basis gegenüber dem Status quo i.d.R. geringer bemessen, ergeben sich hier Auswirkungen auf den beschriebenen Trend.[744] Letztlich kommt es in diesem Kontext somit auch zu

---

741 Vgl. dazu auch Abschnitt 5.2.3.2.4.

742 Vgl. z.B. Gann/Hofmann (2004).

743 Das jüngste Beispiel in diesem Kontext stellen die mittelbaren Investments u.a. deutscher (Regional-)Banken in US-amerikanische Hypothekenkredite dar.

744 In diesem Zusammenhang muss jedoch berücksichtigt werden, dass die Diversifikation zukünftig maßgeblichen Einfluss auf die Volatilität der Kernkapitalquote nach Basel II ausüben wird. Da Ratingagenturen ihre Bewertungen nach wie vor sehr stark von der aufsichtlichen Kapitaldimension abhängig machen, wird sich folglich auch ein Effekt auf die Fremdkapitalkosten ergeben, der in der Praxis Berücksichtigung finden sollte. Dass diese Berechnung und damit auch die Vorgehensweise der Ratingagenturen jedoch letztlich nicht auf einem ökonomischen Fundament fußen und die Abhängigkeit des regulatorischen Kernkapitals vom Diversifikationsgrad auch dazu verlei-

einem Trade-off zwischen Spezialisierungsvorteilen in der unmittelbaren Prüfung und Überwachung von Krediten und einer ggf. höheren Risikokonzentration.[745]

Auch für das aktive Kreditportfoliomanagement ergeben sich aus der TRaPM-Steuerungslogik Auswirkungen: Transferpreise für die zentrale Risikoübernahme sollten sich primär an systematischen Risiken/Marktpreisen orientieren und die Insolvenz- und Financial Distress-Kosten zusätzlich berücksichtigen. Die primäre Zielsetzung des zentralen Kreditportfoliomanagements besteht dann in der Senkung dieser Kosten aus Marktunvollkommenheiten. Dies wird einige Anpassungen gegenüber der Handhabung im Status quo erforderlich machen.

Im Rahmen der strategischen Diversifikation steht die Geschäftsfeldperspektive im Vordergrund. Aufgrund der i.d.R. nicht perfekt korrelierten Renditen zwischen verschiedenen Geschäftsfeldern können je nach Zusammensetzung des Geschäftsfeldportfolios Insolvenz- und Financial Distress-Kosten minimiert werden. Dabei sind insbesondere die Ausweitung bestehender Geschäftsfelder sowie der Eintritt in neue Märkte relevant. Um eine kritische Masse und damit ausreichende Korrelationswirkungen im Portfolio zu erreichen, sind beide Möglichkeiten jedoch mit (Anfangs-)Investitionen verbunden, die mit ins Kalkül gezogen werden müssen. Zusätzlich ist in diesem Zusammenhang ein potentieller Konglomerats-/Diversifikationsabschlag in der Bewertung zu beachten. Schließlich sind Markteintritte in bisher nicht bearbeitete Produkte oder Märkte ggf. mit Wettbewerbsnachteilen gegenüber dort etablierten Marktteilnehmern verbunden.

Gegenüber dem Status quo ergeben sich aus der abweichenden Risikobetrachtung in diesem Zusammenhang jedoch andere Impulse. So ist im Status quo v.a. eine Ausweitung des Retailgeschäfts zu beobachten, da mit diesem aufgrund der hohen Granularität ein positiver Portfolioeffekt und eine Ertragsstabilisierung verbunden werden. Die relativ höheren Renditen des Retailge-

---

tet, in „fremde" Anlageklassen mit entsprechend geringerer Risikokompetenz zu investieren, was schließlich einen konterkarierenden Effekt auf die Zielsetzungen der Bankenregulierung haben kann, soll an dieser Stelle nicht weiter vertieft werden.

[745] Vgl. Winton (1999) m.w.N., Rudolph (2005), S. 43f.

schäfts gegenüber anderen Geschäftsfeldern auf RORAC-Basis[746] suggerieren dabei einen enormen Wertschaffungshebel und verleiten zu weiterem Ausbau bzw. Zukäufen. Wird jedoch nicht das rein interne RORAC-Maß, sondern die aus Wertgesichtspunkten maßgebliche externe Kapitalmarktsicht (TRaPM) auch für die strategischen Geschäftsfeldentscheidungen zugrundegelegt, ergibt sich indes i.d.R. ein deutlich anderes Bild mit abweichenden Größenordnungen im Hinblick auf gerechtfertigte Investitionshöhen und Akquisitionsprämien. In der Portfolioperspektive steht dabei insbesondere die Höhe der potentiellen Senkung der Insolvenz- und Financial Distress-Kosten durch die Ausweitung des Retailgeschäfts im Fokus.

Der letztgenannte Aspekt führt in einer weiteren Betrachtung zu Synergiepotentialen („Risikosynergien") im Hinblick auf Insolvenz- und Financial Distress-Kosten, die im Rahmen von Fusionen und Übernahmen generiert werden können. Zusätzlich zu den klassischen Ertrags- und operativen Kostensynergien ließen sich diese als weitere Größe berücksichtigen. Während dies bis dato allenfalls implizit erfolgt (Risikoprofil), können über den hier vorgestellten Ansatz explizit Insolvenz- und Financial Distress-Kostensynergien für M&A-Trans-aktionen kalkuliert werden und im Rahmen der Bewertung der Synergien zusätzliche Berücksichtigung finden.

Schließlich können aus strategischer Sicht über das aktive Kreditportfoliomanagement auf Ebene der einzelnen Bank hinaus Überlegungen angestellt werden, nicht effizient an den Kapitalmarkt transferierbare, relativ illiquide Risiken bankübergreifend zu bündeln, um gesamthaft Insolvenz- und Financial Distress-Kosten durch eine höhere Portfoliodiversifikation zu reduzieren. Hier wäre bspw. eine Analogie zur Rückversicherungslogik, deren Value Proposition letztlich auch die Risikodiversifikation ist, denkbar.[747] Dabei sind jedoch Hürden in der praktischen Umsetzung sowie neu entstehende Agency-Konflikte zwischen den verschiedenen Teilnehmern einer entsprechenden Lösung zu berücksichtigen.

[746] Vgl. z.B. Ricken (2006): S. 53 und S. 59, Dresdner Bank (2007): S. 22ff.

[747] Vgl. Hersberger (1996), Guthoff (2001): S. 40. Vgl. dazu auch Luttmer (2007).

Zusammenfassend lässt sich feststellen, dass eine höhere Diversifikation letztlich zu einer höheren Wettbewerbsfähigkeit führen kann: „... a business unit in a diversified firm can undertake projects that would be unprofitable if that unit were operated on its own. Units within a diversified firm thus enjoy larger investment opportunity sets and can operate on a larger scale than if they were stand-alone operations.“[748] Dabei sollten jedoch zusätzlich zum auf TRaPM-Basis kalkulierten Vorteil jeweils potentielle Gefahren aus „unfamiliar business“ und evtl. aus der Diversifikation resultierende Bewertungsabschläge berücksichtigt werden. Auf der Grundlage dieser Analyse wird der Vorteil von Diversifikationsmaßnahmen auf den Wert der Bank deutlich geringer eingeschätzt, als die Steuerungslogik im Status quo suggeriert. Das wird auch empirisch untermauert. Dabei zeigen die Studien in diesem Zusammenhang ein gemischtes Bild, jedoch insgesamt keine signifikanten Wertpotentiale durch Diversifizierung in verschiedenen Dimensionen (Produkt-, Geschäftsfeld-, geographische, Kreditportfoliodiversifikation etc.).[749] Insbesondere die funktionale Diversifikation führt aus empirischer Sicht zu einem Bewertungsabschlag von etwa 20%.[750]

### 5.2.4 Risikokontrolle und -berichterstattung

Innerhalb der Risikokontrolle und der Risikoberichterstattung ergeben sich primär Änderungen im Hinblick auf die veränderte Steuerungsgröße und damit einige Anpassungen und Ergänzungen bezüglich des relevanten Risikos.

---

[748] Perold (2005): S. 111.

[749] Vgl. zu einer Studienübersicht inkl. eigener Untersuchung Stiroh/Rumble (2005). Bemerkenswerterweise gehen v.a. Expansionen im Nicht-Zinsgeschäft mit einer zunehmenden Risikoausweitung in Form der wertbestimmenden Ergebnisvarianz einher. Entscheidungen auf Basis des im Status quo relevanten Ausfallrisikomaßes implizieren in dieser Hinsicht jedoch davon deutlich abweichende Ergebnisse. Auch im Hinblick auf M&A-Transaktionen sehen empirische Studien aus Wertschaffungsgesichtspunkten i.d.R. fokussierte Transaktionen der Diversifikation überlegen. Vgl. z.B. DeLong (2001), Beitel et al. (2004). Vgl. zur Diversifikation des Kreditportfolios auch Acharya et al. (2006).

[750] Vgl. Laeven/Levine (2005), Schmid/Walter (2007). Zu anderen Ergebnissen gelangen Elsas et al. (2006).

Aus Wertgesichtspunkten scheint v.a. die externe Berichterstattung wichtig.[751] Da für Außenstehende Banken relativ intransparent sind und sich daher sowohl die Wertermittlung als auch die Bewertung des inhärenten Risikos schwieriger gestalten als für Industrie- und Handelsunternehmen, können sich aus dieser zusätzlichen Informationsunsicherheit bzw. -asymmetrie relativ höhere Agency-Kosten ergeben, die wiederum u.a. durch ein verlässliches Reporting der entscheidungrelevanten Informationen verringert werden können. Wie in Abschnitt 5.1.2.1 aufgezeigt, stellen die Agency-Kosten dabei aus Sicht der Fremdkapitalgeber einen Aufschlag auf die theoretisch ermittelte Risikoprämie dar. Zusätzlich zur Verringerung der Insolvenz- und Financial Distress-Wahrscheinlichkeit ist damit die glaubhafte Kommunikation des Risikos einer Insolvenz bzw. finanziellen Anspannung notwendig für eine konsequente Wert-orientierung.[752] In diesem Kontext könnten u.U. schließlich auch (bisher ausgeklammerte) informationsbedingte Abschläge des Börsenkurses auf den wahren Wert vermindert werden, indem etwaige Agency-Prämien auf die Eigenkapitalkosten durch eine verbesserte Übermittlung von Risikoinformationen reduziert werden.[753]

Einen Beitrag zu mehr Transparenz verspricht zukünftig die verstärkte Offenlegungspflicht aus der Säule 3 von Basel II zu liefern.[754] Die Problematik liegt dabei offensichtlich jedoch darin, dass die Inhalte auf der Grundlage regulatorischer Anforderungen ermittelt werden und folglich i.d.R. nur unzureichend die „ökonomischen", entscheidungsrelevanten Daten, die auch auf Ebene der Bank in Bezug auf die Wertorientierung maßgeblich sind, übermittelt werden. Legen die Unternehmensadressaten die „regulatorischen" Informationen für ihre Bewertungen und Entscheidungen zugrunde und sind für die Banksteue-

---

751 Zur wirkungstheoretischen Analyse der risikoorientierten Unternehmenspublizität vgl. ausführlich Vielmeyer (2005): S. 161ff. m.w.N.

752 Vgl. Ammon (1998): S. 37.

753 Vgl. dazu auch Barry/Brown (1985), Vielmeyer (2005): S. 183ff. m.w.N., Von Rosen (2005): S. 82 sowie empirisch Botosan (1997), Botosan/Plumlee (2002), Baumann/Nier (2004), Leuz/Verrecchia (2005).

754 Die diesbezügliche Informationsverarbeitung auf der Adressatenebene wird jedoch wohl einen gewissen Entwicklungsprozess erfordern. „There is still a great deal of uncertainty even among specialist audiences about how to interpret some numbers on economic capital. Rating agencies, like regulators, face a difficult task of assessing the assumptions and rigour in which models are based without necessarily being able to replicate them in detail." PricewaterhouseCoopers/ Economist Intelligence Unit (2006): S. 15.

rung interne Größen relevant, ergibt sich ein Zielkonflikt. Deshalb scheint es sinnvoll, eine zusätzliche, freiwillige Publizität durchzuführen, die neben den grundsätzlichen Risikoinformationen aus betriebswirtschaftlicher Sicht bspw. auch detaillierte Informationen in Bezug auf die Insolvenz- und Financial Distress-Kosten bzw. -wahrscheinlichkeiten beinhaltet. Die Probleme der freiwilligen Publizität liegen indes in der mangelnden Vergleichbarkeit, Verlässlichkeit bzw. Objektivierbarkeit der Informationen, da die internen Mess- und Bewertungsverfahren, die über die regulatorisch anerkannten Modelle hinaus Verwendung finden (v.a. Kreditportfoliomodelle), keinen einheitlichen Industriestandard aufweisen[755] und zudem keiner Prüfung bzw. Überwachung unterliegen.[756] Das Gleiche gilt im Hinblick auf ein Reporting der hier fokussierten Insolvenz- und Financial Distress-Aspekte.

Letztlich ergibt sich ein weiterer Ansatzpunkt für zusätzliches Wertpotential durch Risikoberichterstattung. Da sich das Risikomanagement, wie im Rahmen der Arbeit aufgezeigt, auf den Unternehmenswert und nicht primär auf die Stabilisierung von Rechnungslegungsgewinnen ausrichten sollte, die Kapitalmarkt-wahrnehmung indes sehr stark durch Rechnungslegungsinformationen geprägt wird, sollten eventuelle Diskrepanzen durch zusätzliche Transparenz erläutert werden.[757] Vor allem vor dem Hintergrund der Regelungen zum (eingeschränkten) Hedge-Accounting zielen am Marktwert und am Gewinn orientierte Risikomanagementmaßnahmen nicht immer in die gleiche Richtung, d.h., eine geringere Volatilität des Werts kann zu einer höheren Ergebnisvariabilität führen.[758]

---

755 Vgl. PricewaterhouseCoopers/Economist Intelligence Unit (2006): S. 11ff.

756 Allerdings ist auch für die Informationen aus der Säule 3 von Basel II keine Prüfung durch Wirtschaftsprüfer vorgesehen, sofern diese nicht durch Rechnungslegungsinstanzen, Börsengesetze oder nationale Behörden verlangt wird. Vgl. Bellavite-Hövermann (2004): S. 468. Zur grundsätzlichen Prüfbarkeit dieser Informationen vgl. Woods et al. (2004): S. 15ff. Ebenso können sich auch Vergleichbarkeits- und Verlässlichkeitsprobleme in Bezug auf die geforderten Informationen ergeben, die internen Verfahren entstammen. Vgl. dazu Woods et al. (2004), Lévy-Rueff (2005).

757 Vgl. auch Nocco/Stulz (2006): S. 15f.

758 Vgl. Hu (1996): S. 44, Pritsch/Hommel (1997): S. 684, Bartram (2001): S. 24, Franke/Hax (2003): S. 588ff., Hachmeister (2005): S. 138, Crouhy et al. (2006): S. 46f. „By focusing on cash flows, then, a company focuses on its economic value. But while helping the firm achieve its target probability of default, such an approach could also result in more volatile accounting earnings. For example, under the current accounting treatment of derivatives, if a company uses derivatives to

### 5.2.5 Performancemessung und Incentivierung

Die sich im Status quo darstellende Problematik, dass das budgetierte und das effektiv benötigte Risikokapital der Höhe nach auseinanderfallen, ergibt sich zwar innerhalb der Risikobegrenzung nach wie vor, wird durch den hier dargestellten TRaPM-Ansatz jedoch zumindest im Hinblick auf potentielle Fehlanreize entschärft, indem sich die Kapitalgrößen zur Risikobegrenzung (ökonomisches bzw. regulatorisches Kapital) und die Basis für die Performanceberechnung (Eigenkapitalmarktwert) voneinander unterscheiden. Damit entfällt schließlich der Anreiz, Limite weiter auszunutzen und ggf. niedrigrentierliche Positionen einzugehen, also in der Grenzbetrachtung Geschäfte, deren Rendite kleiner als die Hurdle Rate ist. Die maßgebliche Verzinsungsgrundlage wird dadurch nicht tangiert und entsprechende Maßnahmen werden durch die TRaPM-Ergebnismessung letztlich „bestraft". Incentivierungen sollten folglich zwingend auf der TRaPM-Grundlage erfolgen, um sicherzustellen, dass die unternehmerischen Entscheidungen mit der maximalen Wertausschöpfung korreliert sind.[759]

---

hedge an economic exposure but fails to qualify for hedge accounting, the derivatives hedge can reduce volatility of firm value while at the same time increasing the volatility of accounting earnings." Nocco/Stulz (2006): S. 16.

[759] Durch die absolute Wertschaffungsbetrachtung des TRaPM werden zudem die Probleme von Renditekennzahlen in der Incentivierung vermieden, die z.B. auf RORAC-Basis dazu führen können, dass ein kleines Investment einem großen Investment mit einer relativ niedrigeren Rendite vorgezogen wird, obwohl die maßgebliche absolute Wertschaffung beim letztgenannten größer ist. Vgl. auch Pfaff/Kühn (2005): S. 203, Milne/Onorato (2006): S. 10.

# 6 Zusammenfassung und Ausblick

Die vorliegende Arbeit hatte zum Ziel, die Wertrelevanz des Risikomanagements von Banken zu analysieren und die gegenwärtige praktische Handhabung sowie die Literaturauffassung des wertorientierten Risikomanagements zu evaluieren und daraus Implikationen für die zukünftige Ausgestaltung abzuleiten. Insbesondere vor dem Hintergrund der hohen Investitionen und Anstrengungen in die Erweiterung und Optimierung des Risikomanagements ist eine zieladäquate Ausrichtung im Hinblick auf eine optimale Wertausschöpfung essentiell.

Dazu wurde im zweiten Kapitel zunächst die Wertmaximierung als einmütiges Unternehmensziel kapitalmarkttheoretisch fundiert und gezeigt, wie sich die „externe" Perspektive über eine marktorientierte Bewertungsfunktion in interne Steuerungs- und Performancegrößen übertragen lässt. Zudem wurden bankspezifische Besonderheiten, die bei der Übertragung dieses allgemeinen Vorgehens relevant sind, herausgestellt.

Das dritte Kapitel diente der deskriptiven Darstellung des Status quo des wertorientierten Risikomanagements in Banken. Während die Wertorientierung in diesem Kontext grundsätzlich auf dem im zweiten Kapitel dargestellten Theoriegebäude basiert, stellt sich mit der zusätzlichen Fokussierung auf die Sicherung der Solvenz über die Unterlegung von Risiken mit Eigenkapital eine wesentliche Änderung bzw. Erweiterung gegenüber der rein neoklassischen, risikoneutralen Übernahme des Marktwertkriteriums für Investitionsentscheidungen ein. Die nicht zuletzt aufgrund regulatorischer Anforderungen getriebene und hier „ökonomisch" praktizierte Anwendung der Kapitaldeckungslogik des Ausfallrisikos führt in der Konsequenz zu einem „quasi-risikoaversen" Verhalten der Banken. An die Stelle des Eigenkapitalmarktwerts als Verzinsungsgrundlage rückt dabei das typischerweise auf VaR-Basis ermittelte ökonomische Kapital.

Im vierten Kapitel erfolgte anschließend die theoretische Analyse der Wertrelevanz des Risikomanagements von Banken, in der eine marktorientierte Bewertungsfunktion als Analyserahmen diente. Zwar lässt sich einerseits zeigen, dass unter den rigiden Prämissen vollkommener Märkte, auf denen auch die verwendete Bewertungsfunktion aufbaut, Risikomanagement grundsätzlich (wert-) irrelevant ist, allerdings erlaubt dieser Analyserahmen andererseits, Abweichungen vom Referenzpunkt des Marktwerts auf vollkommenen Märkten zu identifizieren, wenn Marktfriktionen explizit (partiell) in Betracht gezogen werden. Diese Abweichungen stellen sog. Dead Weight Costs dar und können lediglich bzw. kostengünstiger durch Risikomanagement auf Ebene der Bank im Gegensatz zur Diversifikation durch den (Privat-)Anleger verringert werden. Die Dead Weight Costs können somit als Wertlücken interpretiert werden und resultieren bei Banken insbesondere aus dem Gesamtrisikopotential und der damit verbundenen bestimmten Wahrscheinlichkeit einer Insolvenz bzw. finanziellen Anspannung, aus der erwartete Kosten für die Stakeholder der Bank hervorgehen, die im Wesentlichen in Form von höheren Risikoprämien das Residualeinkommen der Aktionäre vermindern.

Da diese Kosten zu einer Reduzierung der erwarteten Cash Flows innerhalb der Equity-Bewertungsfunktion führen, ist es konsequent, diese Position auch in der internen Steuerungslogik zu berücksichtigen. Daraus folgt aus theoretischer Sicht die Konsequenz, das im zweiten Kapitel dargestellte ausschließlich systematisches Risiko berücksichtigende Entscheidungskriterium um das Totalrisiko in Form von Insolvenz- und Financial Distress-Kosten zu ergänzen.

Die auf dieser Grundlage erfolgende Beurteilung des Status quo zeigt jedoch deutliche Diskrepanzen auf. Diese resultieren primär aus dem unterschiedlichen Verständnis des für die Aktionäre relevanten Risikos. Während aus theoretischer Sicht aufgrund der Diversifikationsmöglichkeit des Aktionärs das systematische Risiko, d.h. die Renditekovarianz der Bankaktie mit dem Marktportfolio, maßgeblich ist, findet im Status quo der Aspekt dieses „natürlichen Hedge“ keinerlei Berücksichtigung. Zudem wird durch die Verwendung eines Ausfallrisikomaßes bzw. einer das Gesamtrisiko erfassenden Eigenkapitalgröße zur (weitgehenden) Sicherstellung der Solvenz die Gläubigerperspektive fokussiert und werden somit ausschließlich extreme Downside-Risiken als entscheidungsrelevant betrachtet, während für die aus Wertgesichtspunkten primär relevante Aktionärssicht Unsicherheit über die gesamte Verteilung im Hinblick auf den marginalen Risikobeitrag zum Marktportfolio im Vordergrund steht. Damit werden im Status quo zwei separate Konzepte miteinander vermischt, und zwar das Ausfallrisiko und der Preis, der am Aktienmarkt für Risiko entgolten wird. Die Kosten bzw. Risikoprämien, die mit der potentiellen Ausfallgefahr einhergehen, lassen sich dabei eigenständig quantifizieren und zusätzlich mit ins Kalkül ziehen. Eine Bewertung des Ausfallrisikos bzw. der erforderlichen Risikodeckungsmasse mit den (systematischen) Eigenkapitalkosten der Aktionäre, wie im Status quo praktiziert, führt indes zu einer undifferenzierten und unzureichenden Vermischung der Shareholder- und Stakeholderperspektive.[760] Eine darauf basierende Steuerung der Geschäftsaktivitäten ist folglich in der Regel mit einer nicht optimalen Ausschöpfung des Wertpotentials verbunden. Weitere Verzerrungen ergeben sich zudem durch die aus theoretischer Sicht nicht adäquate Verwendung einheitlicher Hurdle Rates sowie des ökonomischen bzw. Buchkapitals als Verzinsungsgrundlage.

Die Implikationen dieser Analyse wurden im fünften Kapitel ausgeführt. Dabei wurden die Ergebnisse der theoretischen Analyse aus der externen Bewertung des Risikomanagements im vierten Kapitel analog dem Vorgehen in Abschnitt 2.2 in eine interne Steuerungsgröße übersetzt. Die in jenem Abschnitt dargestellten, auf rein neoklassischen Annahmen basierenden Steuerungsgrößen NPV und EVA werden jeweils um die aus dem Totalrisiko resultierende Kostenkomponente erweitert und als Total Risk-adjusted Net Present Value (TRaNPV) bzw. Total Risk-adjusted Value Added (TRaVA) ermittelt. Die in diesem Zusammenhang entwickelten Konzeptionen zur konkreten Quantifizierung der Insolvenz- sowie der Financial Distress-Kosten sollen explizite Ansatzpunkte für Wertschaffungsmöglichkeiten durch Risikomanagement, dessen Wertschaffungsbeitrag insbesondere in der Verringerung dieser Kosten liegt, transparenter machen. Mit der vorliegenden Arbeit ist es damit erstmals gelungen, die relevante Risikogröße, die im Aktionsraum von Risikomanagementmaßnahmen steht, als Cash Flow-Komponente innerhalb der Bewertungsfunktion des Equity-Ansatzes zu quantifizieren. Neben einer abweichenden Quantifizierung der Ausfallrisikogröße gegenüber dem Status quo rücken dabei über die explizite Erfassung der Financial Distress-Kosten auch Verlustwahrscheinlichkeiten vor der Ausfallschwelle in den Fokus von Risikomanagementmaßnahmen.

---

[760] „Simply put, shareholders' required return on the bank's equity bears no relationship to what we would ideally like to capture…" Froot/Stein (1998b): S. 77.

Neben der Verringerung von Ist-Risikokosten und Arbitragemöglichkeiten stellen die Insolvenz- und Financial Distress-Kosten aus wertorientierter Sicht den (einzigen) Ansatzpunkt für Risikomanagement dar. Da diese Kosten sich typischerweise von Marktteilnehmer zu Marktteilnehmer unterscheiden, werden sie im Wettbewerb folglich zum (mit-)entscheidenden Faktor.

Ausgehend von der veränderten Steuerungslogik wurden anschließend konkrete Handlungsempfehlungen ausgesprochen. Hier lässt sich zusammenfassend betonen, dass der jeweilige Beitrag einer Position zum Ausfallrisiko der Bank gegenüber dem Status quo an Gewicht verliert und die Bedeutung der systematischen Risikokomponente und damit des Marktpreises deutlich zunimmt. Dies hat bestimmte Impulse zur Folge, die v.a. in der Fragestellung münden, ob die Bank oder der Markt bestimmte Risiken tragen sollte. Diese übergeordnete, strategische Sicht führt letztlich gegenüber dem Status quo auch dazu, dass zugunsten einer stärkeren Wertorientierung bestimmte Aktivitäten und Geschäfte im Regelfall zukünftig vermieden werden sollten, insbesondere ein bewusstes Risikoexposure in liquiden Anlagen, wenn kein Informationsvorteil gegenüber dem Markt besteht (Eigenhandel, Fristentransformation). Zwar wird sich dadurch das absolute Niveau der Erträge reduzieren, letztlich ist dies – was u.U. zunächst kontraintuitiv erscheint – jedoch mit zusätzlicher Wertschaffung verbunden, da Geschäfte, die zwar einen positiven Ertrag erzielen, der jedoch nicht zur Kompensation der Eigenkapital- und Insolvenz-/Financial Distress-Kosten ausreicht, vermieden werden. Vielmehr sollte stattdessen der Fokus auf die Übernahme von eher „illiquiden" Risiken gelegt werden, die durch besondere Informationsasymmetrien gekennzeichnet sind und bei denen komparative Wettbewerbsvorteile gegenüber dem Markt bestehen, die insbesondere aus der Informationsverarbeitung und Produktion anreizkompatibler Vertragskonstruktionen resultieren. Das impliziert jedoch auch gleichzeitig, dass bspw. eine mittelbare Kreditvergabe über forderungsbesicherte Wertpapiere tendenziell kritischer geprüft werden sollte, da hier keine komparativen Wettbewerbsvorteile gegenüber dem Markt bestehen.

Schließlich verstärken die im Rahmen der Arbeit erzielten Ergebnisse die Forderung nach einer Abkehr vom Zielrating-Paradigma. An dessen Stelle sollte (unter Berücksichtigung eines Mindestratings) eine Optimierungsentscheidung treten. Diese wird letztlich über den Trade-off zwischen Grenznutzen und

-kosten des Risikomanagements definiert, wobei der Grenznutzen mit zunehmendem (besserem) Rating abnimmt.

Neben dieser grundsätzlichen risikostrategischen Neuausrichtung zur Erzielung einer stärkeren Wertorientierung liefert der hier entwickelte Ansatz mit der konkreten TRaPM-Steuerungsgröße weitere Vorteile bzw. behebt inhärente Schwachpunkte bzw. Problemfelder im Status quo. Die Allokation der Risikoprämien bzw. Friktionskosten auf Geschäftsbereiche und Einzelgeschäfte über die Insolvenz- und Financial Distress-Kosten ermöglicht im Gegensatz zum undifferenzierten und unvollständigen Refinanzierungsspread im Status quo eine verursachungsgerechte Zuordnung. Damit erfolgt auch gleichzeitig eine verursachungsgerechte Allokation des operationellen Risikos, dessen Management ein immer größerer Stellenwert zugewiesen wird.[761] Die Allokation des Risikobeitrags über die klassischerweise als Risikoträger wahrgenommenen Assets hinaus auf das Passiv- und Provisionsgeschäft führt dazu, dass aufgrund der expliziten Zuweisung als Bestandteil der Preisuntergrenze das Management operationeller Risiken auch quantitativ gestützt zum Wettbewerbsfaktor wird. Die primäre Orientierung an Marktpreisen unter zusätzlicher Berücksichtigung der Insolvenz- und Financial Distress-Kosten durch die Verwendung der TRaPM-Steuerungsgröße führt zu einer einheitlichen Betrachtungsweise aller Bankgeschäfte. Diskrepanzen, die im Status quo bspw. (horizontal) aus der marktorientierten Bewertung von Krediten vs. interner Kalkulation als Risikobeitrag zum Bankportfolio sowie (vertikal) aus der Verwendung von Marktpreisen für Einzelgeschäfte vs. Vergleich der Geschäftsbereiche auf RORAC-Basis resultieren, werden durch eine einheitliche Betrachtungsweise und Steuerungslogik in horizontaler und vertikaler Hinsicht vermieden. Die Anwendung des TRaPM ermöglicht ferner ein konsequentes risikoadjustiertes Benchmarking des Eigenhandels „gegen den Markt". Zudem können die Nettoeffekte aus Diversifikationsmaßnahmen sowie Risikosynergiepotentiale im Rahmen von M&A quantifiziert werden. Außerdem werden Problemfelder und potentielle Fehlanreize, die sich im Status quo aus einer Divergenz von budgetiertem und effektiv benötigtem Risikokapital ergeben, ausgeräumt.

---

[761] Vgl. Schierenbeck (2003b): S. 481.

Neben diesen Aspekten aus Rendite-/Risikosteuerungssicht zeigt die Analyse schließlich weiter, dass Risikomanagement nicht nur dahingehend Wertpotential offenbart, indem die statistische Ergebnisvariabilität bzw. Ausfallwahrscheinlichkeit reduziert wird, sondern neben dieser „rein quantitativen" Ebene eine Wertschaffung auch durch die Verringerung von Ist-Risikokosten und Arbitrage erzielt werden kann. Diese Aspekte werden (zumindest) in der theoretischen Diskussion der ökonomischen Relevanz des Risikomanagements vollständig ausgeklammert, ihnen sollte in dieser Hinsicht jedoch ein signifikanter Stellenwert beigemessen werden.

Als Fazit lässt sich festhalten, dass zwar im Status quo insbesondere in der Risikomessung sophistizierte Modelle Verwendung finden, die zudem ständig weiterentwickelt und perfektioniert werden, bei der Determinierung des relevanten Risikomaßes jedoch frühzeitig die aus Bewertungsgesichtspunkten maßgebliche Eigentümerperspektive (partiell) ausgeklammert worden ist und an deren Stelle die Bank selbst als maßgebliches Wirtschaftssubjekt gerückt ist, wobei das Bankmanagement als Portfoliomanager zur Optimierung des Rendite-/Risikoverhältnisses fungiert. Dazu passend ist auch die Wahrnehmung von *Hartmann-Wendels et al. (2007)* aus Gesprächen mit der Bankenpraxis: *„Die Risikoübernahme wird unserem Eindruck nach in letzter Zeit zunehmend mit einem Blick auf die Optimierung der Rendite-Risikostruktur, nicht aber unter der Zielsetzung der Marktwertmaximierung des Eigenkapitals betrachtet."*[762] Darüber hinaus ist zu ergänzen, dass offenbar intuitiv vorausgesetzt wird, dieses Vorgehen sei auch für die Eigenkapitalgeber optimal.[763] Wie sich zeigt, erfolgt im gegenwärtigen Ansatz die Verknüpfung von interner Portfoliooptimierung und dem Nutzen der Aktionäre aber nur unzureichend. Dadurch hat sich eine gewisse Pfadabhängigkeit eingestellt, die jedoch nicht der Bewertung durch den Kapitalmarkt entspricht. Letztlich bestimmen die Investoren über ihre Bewertung und Kauf- und Verkaufsentscheidungen den Preis bzw. Wert einer Bank, sodass auch ihre externe Perspektive grundsätzlich als

---

[762] Hartmann-Wendels et al. (2007): S. 323.

[763] „RAPM-based methods are entirely in line with shareholder value analysis, which carefully balances profits against risks. For the first time, we now have the tool to apply risk manage-ment analysis to the whole firm and to make strategic decisions based on the best return-to-risk ratio. There is no doubt that these developments have been made possible by the widespread use of VaR." Jorion (2007): S. 420.

Basis für interne Entscheidungen dienen sollte. Die gegenwärtige Handhabung des wertorientierten Risikomanagements verfehlt daher das Fundamentalziel der Wertmaximierung.

Bevor weitere Mittel in die Optimierung der Risikomessung und des Risikomanagements auf der jetzigen Grundlage fließen, sollte deshalb zunächst der „Pfad" in Richtung der hier entwickelten Steuerungslogik gewechselt werden. Die gedankliche Trennung der Risikomanagementfunktion in Risikobegrenzung und Wertorientierung stellt allerdings einen Paradigmenwechsel dar[764], dessen Umsetzung wohl einige Zeit in Anspruch nehmen dürfte, wenn berücksichtigt wird, dass bspw. auch die grundsätzliche Shareholder Value-Orientierung lange benötigt hat, um sich zu etablieren.[765]

Abschließend lassen sich einige detaillierende sowie weitergehende Themen als zukünftiger Forschungsbedarf identifizieren:

- Grundsätzliche Analyse des Trade-offs zwischen den weitgehend substituierbaren Risikomanagement- und Eigenkapitalmaßnahmen aus Kostengesichtspunkten
- Integration der als Nebenbedingung stets einzuhaltenden regulatorischen Anforderungen in den Steuerungsansatz, v.a. im Hinblick auf Situationen, in denen sich das regulatorische Kapital als Engpassfaktor erweist
- Integration der Einlagensicherung sowie unterschiedlicher Rangstellungen des Fremdkapitals und entsprechende Differenzierung der Analyse

---

[764] Dieser Paradigmenwechsel hat zudem zur Folge, dass die durch Basel II u.a. angestrebte Konvergenz von Mindestkapitalanforderungen aus regulatorischer Sicht an die ökonomische Entscheidungsbasis der Banken, in der letztlich auch die Vermischung von Risikobegrenzung und Wertorientierung stattfindet, zwar im Hinblick auf den Status quo zieladäquat ist, jedoch die maßgeblichen Faktoren für eine konsequente Wertorientierung ebenfalls nur unzureichend berücksichtigt.

[765] Zumindest grundsätzlich gehen mittlerweile einzelne Ansätze in der Praxis implizit in die Richtung der hier entwickelten Steuerungslogik. So wird bspw. die Berechnung des Risikobeitrags eines Geschäfts zur Standardabweichung der Gesamtbankrendite oder auch die Ermittlung des Value-at-Risk mit einem geringeren Konfidenzniveau (z.B. 95%) vorgenommen. Vgl. dazu Milne/Onorato (2006): S. 4.

- Weitere Differenzierung der Insolvenz- und Financial Distress-Situation, insbesondere im Hinblick auf Liquiditätsrisiken respektive aus Liquiditätsgesichtspunkten resultierende finanzielle Anspannungen sowie daraus hervorgehende Kosten sowie potentielle externe Einwirkungen (Unterstützungsmaßnahmen aufgrund von „too big/many to fail", Übernahmen etc.), die eine Insolvenz verhindern und entsprechend zu abweichenden erwarteten Insolvenz- und Financial Distress-Kosten führen
- Detaillierung der (Fix-)Kostenallokation des Risikomanagements im Rahmen des Steuerungsansatzes unter besonderer Berücksichtigung der grundsätzlich anfallenden Kosten des aufsichtsrechtlich erforderlichen Risikomanagements bzw. der Kosten aus Risikoprüfung, -überwachung und -workout
- Konkrete Berechnungen der Insolvenz- und insbesondere der Financial Distress-Kosten auf Basis des entwickelten Praxisansatzes z.B. mithilfe von Ereignisstudien
- Empirische Tests des hier entwickelten Steuerungsansatzes

## Literaturverzeichnis

*Accenture* (2005): Risiko- und wertorientierte Banksteuerung, München und Kronberg.

*Accenture* (2006): Enterprise Risk - Increasing Challenges, Rising Rewards?, Enterprise Risk Management GARP 2006 Annual Conference.

*Acerbi, C. und Tasche, D.* (2002a): Expected Shortfall: A Natural Coherent Alternative to Value at Risk. In: Economic Notes by Banca Monte dei Paschi di Siena SpA, 31, S. 379ff.

*Acerbi, C. und Tasche, D.* (2002b): On the coherence of Expected Shortfall. In: Journal of Banking & Finance, 26, S. 1487ff.

*Acharya, V. H. et al.* (2006): Should banks be diversified?: evidence from individual bank loan portfolios. In: Journal of Business, 79, S. 1355ff.

*Adamus, N. und Koch, T.* (2006): Bewertung von Banken. In: *Drukarczyk, J. und Ernst, D.* (Hrsg.): Branchenorientierte Unternehmensbewertung, München, S. 131ff.

*Aders, C. und Hebertinger, M.* (2003): Shareholder-Value-Konzepte - Eine Untersuchung der DAX100-Unternehmen. In: *Ballwieser, W. et al.* (Hrsg.): Value Based Management, Frankfurt am Main.

*Adolf, R. et al.* (1989a): Die Bewertung von Kreditinstituten. In: Die Bank, o.Jg., S. 485ff.

*Adolf, R. et al.* (1989b): Die Bewertung von Kreditinstituten - ein Modell zur Ermittlung des Ertragswertes. In: Die Bank, o.Jg., S. 546ff.

*Akerlof, G. A.* (1970): The Market for "Lemons": Quality Uncertainty and the Market Mechanism. In: Quarterly Journal of Economics, 84, S. 488ff.

*Albrecht, P.* (2003): Zur Messung von Finanzrisiken. In: Mannheimer Manuskripte zur Risikotheorie, Portfolio Management und Versicherungswirtschaft, Nr. 143.

*Albrecht, P. und Koryciorz, S.* (2003): Methoden der risikobasierten Kapitalallokation im Versicherungs- und Finanzwesen. In: Mannheimer Manuskripte zur Risikotheorie, Portfolio Management und Versicherungswirtschaft, Nr. 145.

*Alexander, C. und Pézier, J.* (2003): On the Aggregation of Firm-Wide Market and Credit Risks, ISMA Centre Discussion Papers in Finance 2003-13, Reading.

*Almeida, H. und Philippon, T.* (2006): The Risk-adjusted Cost of Financial Distress, Working Paper, New York.

*Ammon, N.* (1998): Why Hedge? - A Critical Review of Theory and Empirical Evidence. In: ZEW Discussion Paper No. 98-18, Mannheim.

*Anders, U.* (2000): RaRoC - ein Begriff, viel Verwirrung. In: Die Bank, 40, S. 314ff.

*Anson, M. J. et al.* (2004): Credit Derivatives: Instruments, Applications, and Pricing, Hoboken.

*Artzner, P. et al.* (1997): Thinking Coherently. In: RISK, 10, S. 68ff.

*Artzner, P. et al.* (1999): Coherent Measures of Risk. In: Mathematical Finance, 9, S. 203ff.

*Asquith, P. und Mullins, D.* (1986): Equity Issues and Offering Dilution. In: Journal of Financial Economics, 15, S. 61ff.

*Baetge, J.* (2004): Bilanzanalyse, 2., vollst. überarb. u. erw. Aufl., Düsseldorf.

*Ball, R. J. und Brown, P.* (1968): An Empirical Evaluation of Accounting Income Numbers. In: Journal of Accounting Research, 6, S. 159ff.

*Ballwieser, W.* (1995): Aktuelle Aspekte der Unternehmensbewertung. In: Die Wirtschaftsprüfung, 48, S. 119ff.

*Ballwieser, W.* (2007): Unternehmensbewertung, 2., überarb. Aufl., Stuttgart.

*Bamberg, G. und Coenenberg, A. G.* (2006): Betriebswirtschaftliche Entscheidungslehre, 13., überarb. Aufl., München.

*Bannier, C. E. und Hänsel, D. N.* (2006): Determinants of banks' engagement in loan securitizations, Working Paper, Frankfurt.

*Bär, T.* (2002): Predicting and Hedging Credit Portfolio Risk with Macroeconomic Factors, Hamburg.

*Barry, C. B. und Brown, S. J.* (1985): Differential Information and Security Market Equilibrium. In: Journal of Financial and Quantitative Analysis, 29, S. 407ff.

*Bartram, S. M.* (2001): Corporate Risk Management as a Lever for Shareholder Value Creation, Working Paper, Maastricht.

*Basel Committee on Banking Supervision* (1996): Amendment to the Capital Accord to Incorporate Market Risks.

*Basel Committee on Banking Supervision* (2005): International Convergence of Capital Measurement and Capital Standards - A Revised Framework.

*Basler Ausschuss für Bankenaufsicht* (2004): Internationale Konvergenz der Eigenkapitalmessung und der Eigenkapitalanforderungen - Überarbeitete Rahmenvereinbarung.

*Baule, R.* (2002): Wertorientiertes Kreditportfoliomanagement, Berlin.

*Baumann, U. und Nier, E.* (2004): Disclosure, Volatility, and Transparency. An Empirical Investigation into the Value of Bank Disclosures. In: FRBNY Economic Policy Review, o.Jg., S. 31ff.

*Baumol, W. J.* (1963): An Expected Gain-Confidence Limit Criterion For Portfolio Selection. In: Management Science, 10, S. 174ff.

*Beck, A. et al.* (2006): Copulas im Risikomanagement. In: Zeitschrift für das gesamte Kreditwesen, 14, S. 29ff.

*Behm, U.* (1994): Shareholder-Value und Eigenkapitalkosten von Banken, Bern et al.

*Beitel, P. et al.* (2004): Explaining the M&A success in European banks. In: European Financial Management, 10, S. 109ff.

*Bellavite-Hövermann, Y.* (2004): Zur Kompatibilität von Transparenzanforderungen der Bankenaufsicht und Offenlegungspflichten nach International Financial Reporting Standards. In: *Lange, T. A. und Löw, E.* (Hrsg.): Rechnungslegung, Steuerung und Aufsicht von Banken - Kapitalmarktorientierung und Internationalisierung (Festschrift zum 60. Geburtstag von Jürgen Krumnow), Wiesbaden, S. 445ff.

*Bessis, J.* (2002): Risk Management in Banking, Chichester.

*Bhattacharya, S. et al.* (1998): The Economics of Bank Regulation. In: Journal of Money, Credit, and Banking, 30, S. 745ff.

*Bielefeld, F. und Maifarth, M.* (2005): Traditionelle und moderne Kennzahlen der Gesamtbanksteuerung. In: Schmalenbachs Zeitschrift für betriebswirtschaftliche Forschung, Sonderheft 52 - Aktuelle Entwicklungen im Bankcontrolling: Rating, Gesamtbanksteuerung und Basel II, S. 145ff.

*Bindert, D. und Rauleder, R.* (2004): Optimierung der Kapitalallokation in Banken. In: *Lange, T. A. und Löw, E.* (Hrsg.): Rechnungslegung, Steuerung und Aufsicht von Banken - Kapitalmarktorientierung und Internationalisierung (Festschrift zum 60. Geburtstag von Jürgen Krumnow), Wiesbaden, S. 603ff.

*Bitz, M.* (1993): Grundlagen des finanzwirtschaftlich orientierten Risikomanagements. In: *Gebhardt, G. et al.* (Hrsg.): Handbuch des Finanzmanagements - Instrumente und Märkte der Unternehmensfinanzierung, München, S. 641ff.

*Bitz, M.* (2000): Grundzüge der Theorie der Kapitalstruktur, Diskussionsbeitrag Nr. 295, Hagen.

*Black, F.* (1972): Capital Market Equilibrium with Restricted Borrowing. In: Journal of Business, 45, S. 444ff.

*Black, F. und Scholes, M.* (1973): The Pricing of Options and Corporate Liabilities. In: Journal of Political Economy, 81, S. 637ff.

*Böcking, H.-J. und Nowak, C.* (1999): Das Konzept des Economic Value Added. In: FinanzBetrieb, 10, S. 281ff.

*Botosan, C. A.* (1997): Disclosure Level and the Cost of Equity Capital. In: The Accounting Review, 72, S. 323ff.

*Botosan, C. A. und Plumlee, M. A.* (2002): A Re-examination of Disclosure Level and the Expected Cost of Equity Capital. In: Journal of Accounting Research, 40, S. 21ff.

*Branger, N. und Schlag, C.* (2004): Zinsderivate: Modelle und Bewertung, Berlin et al.

*Brealey, R. A. und Myers, S. C.* (2003): Principles of Corporate Finance, Boston et al.

*Brennan, M. J.* (1970): Market valuation and corporate financial policy. In: National Tax Journal, 23, S. 417ff.

*Bröker, F.* (2000): Quantifizierung von Kreditportfoliorisiken, Frankfurt am Main.

*Bröker, F. und Lehrbass, F. B.* (2001): Kreditportfoliomodelle in der Praxis. In: *Schierenbeck, H. et al.* (Hrsg.): Handbuch Bankcontrolling, Wiesbaden, S. 773ff.

*Broll, U. und Welzel, P.* (2002): Risikomanagement mit Kreditoptionen, Beitrag Nr. 231, Volkswirtschaftliche Diskussionsreihe, Augsburg.

*Broll, U. et al.* (2004): Managing Credit Risk with Credit and Macro Derivatives. In: Schmalenbach Business Review, 56, S. 360ff.

*Buehler, K. S. und Pritsch, G.* (2005): Running With Risk. In: Business Credit, o.Jg., S. 46ff.

*Bühner, R.* (1990): Das Management-Wert-Konzept, Stuttgart.

*Bühner, R.* (1994): Unternehmerische Führung mit Shareholder Value. In: *Bühner, R.* (Hrsg.): Der Shareholder-Value-Report: Erfahrungen, Ergebnisse, Entwicklungen, Landsberg/Lech, S. 9ff.

*Bühner, R. und Tuschke, A.* (1997): Zur Kritik am Shareholder Value - eine ökonomische Analyse. In: Betriebswirtschaftliche Forschung und Praxis, 49, S. 499ff.

*Bundesanstalt für Finanzdienstleistungsaufsicht* (2005): Rundschreiben 18/2005 - Mindestanforderungen an das Risikomanagement.

*Bungartz, O.* (2003): Risk Reporting, Sternenfels.

*Burghof, H.-P. et al.* (1998): Kreditderivate als Instrumente eines aktiven Kreditrisikomanagements. In: Zeitschrift für Bankrecht und Bankwirtschaft, 10, S. 277ff.

*Büschgen, H. E.* (1998): Bankbetriebslehre, 5. Aufl., Wiesbaden.

*Busse von Colbe, W.* (1995): Das Rechnungswesen im Dienste einer kapitalmarktorientierten Unternehmensführung. In: Die Wirtschaftsprüfung, 48, S. 713ff.

*Busse von Colbe, W.* (1997): Was ist und was bedeutet Shareholder Value aus betriebswirtschaftlicher Sicht? In: Zeitschrift für Unternehmens- und Gesellschaftsrecht, 26, S. 271ff.

*Campbell, T. S. und Kracaw, W. A.* (1987): Optimal Managerial Contracts and The Value of Corporate Insurance. In: Journal of Financial and Quantitative Analysis, 22, S. 315ff.

*Carey, M. und Stulz, R. M.* (2005): The risks of financial institutions, Working Paper, Chicago.

*Castanias, R.* (1983): Bankruptcy Risk and Optimal Capital Structure. In: The Journal of Finance, 38, S. 1617ff.

*Cebenoyan, A. S. und Strahan, P. E.* (2001): Risk Management, Capital Structure and Lending at Banks, Working Paper, Hempstead und Chestnut Hill.

*Cech, C. und Jeckle, M.* (2005): Aggregation von Kredit- und Marktrisiko, Working Paper, Wien.

*Chance, D. M.* (1998): An Introduction to Derivatives, Fort Worth et al.

*Cherubini, U. et al.* (2004): Copula Methods in Finance, New York.

*Cohen, R. D.* (2004): The Optimal Capital Structure of Depository Institutions. In: Wilmott Magazine, o.Jg., S. 38ff.

*Commerzbank* (2007): Geschäftsbericht 2006 Commerzbank Konzern.

*Copeland, T. et al.* (2002): Unternehmenswert - Methoden und Strategien für eine wertorientierte Unternehmensführung, 3., völlig überarb. und erw. Aufl., Frankfurt am Main und New York.

*Cornell, B. und Shapiro, A. C.* (1987): Corporate Stakeholders and Corporate Finance. In: Financial Management, 15, S. 5ff.

*Crasselt, N.* (2001): Rappaports Shareholder Value Added - Eine Alternative zum Economic Value Added? In: Finanz Betrieb, 3, S. 165ff.

*Crasselt, N. und Schremper, R.* (2000): Economic Value Added. In: Die Betriebswirtschaft, 60, S. 813ff.

*Crouhy, M. et al.* (1999): Measuring risk-adjusted performance. In: Journal of Risk, 2, S. 5ff.

*Crouhy, M. et al.* (2000): A Comparative Analysis of Current Credit Risk Models. In: Journal of Banking and Finance, 24, S. 59ff.

*Crouhy, M. et al.* (2001): Risk Management, New York et al.

*Crouhy, M. et al.* (2006): The essentials of risk management, New York.

*Culp, C. L.* (2006): Structured Finance and Insurance: The ART of Managing Capital and Risk, Hoboken.

*Cummins, J. D.* (2000): Allocation of Capital in the Insurance Industry. In: Risk Management & Insurance Review, 3, S. 7ff.

*Cummins, J. D. et al.* (2005): An Empirical Investigation of the Pricing of Financially Intermediated Risks with Costly External Finance, Working Paper, Philadelphia und Atlanta.

*Cuoco, D. und Liu, H.* (2001): An Analysis of VaR-based Capital Requirements, Working Paper, Philadelphia.

*D'Souza, C. und Lai, A.* (2002): The Effects of bank consolidation on risk capotal allocation and market liquidity, Bank of Canada Working Paper 2002-5.

*Dahiya, S. et al.* (2000): Bank Borrowers and Loan Sales: New Evidence on the Uniqueness of Bank Loans, Working Paper, Washington et al.

*Das, S.* (2005): Credit Derivatives. CDOs and Structured Credit Products, Singapore.

*Daske, H. und Gebhardt, G.* (2006): Zukunftsorientierte Bestimmung von Risikoprämien und Eigenkapitalkosten für die Unternehmensbewertung. In: Zeitschrift für betriebswirtschaftliche Forschung, 58, S. 530ff.

*DeAngelo, H.* (1981): Competition and Unanimity. In: American Economic Review, 71, S. 18ff.

*DeAngelo, H. und Masulis, R. W.* (1980): Optimal capital structure under corporate and personal taxation. In: Journal of Financial Economics, 8, S. 3ff.

*DeLong, G.* (2001): Stockholder Gains from Focusing versus Diversifying Bank Mergers. In: Journal of Financial Economics, 59, S. 221ff.

*Demsetz, R.* (2000): Bank Loan Sales: A New Look at the Motivations for Secondary Market Activity. In: Journal of Financial Research, 23, S. 192ff.

*Denk, R. et al.* (2006): Risikomanagement im Unternehmen - Ein Überblick. In: Wirtschaft und Management, 3, S. 9ff.

*Deutsche Bank* (2007): Finanzbericht 2006.

*Deutsche Bundesbank* (2001): Grundsatz I über die Eigenmittel der Institute, Bankrechtliche Regelungen 2a, Januar 2001, Frankfurt am Main.

*Deutsche Bundesbank* (2002): Das Eigenkapital der Kreditinstitute aus bankinterner und regulatorischer Sicht. In: Monatsbericht Januar 2002, S. 41ff.

*Deutsche Bundesbank* (2005): Neue Transparenzregeln für Kreditinstitute. In: Monatsbericht Oktober 2005, S. 73ff.

*Deutsches Rechnungslegungs Standards Committee e.V.* (2004a): Deutscher Rechnungslegungs Standard 5-10 Risikoberichterstattung von Kredit- und Finanzdienstleistungsinstituten.

*Deutsches Rechnungslegungs Standards Committee e.V.* (2004b): Deutscher Rechnungslegungs Standard 5 Risikoberichterstattung.

*Dewatripont, M. und Tirole, J.* (1994): The Prudential Regulation of Banks, Cambridge.

*Diamond, D. W.* (1984): Financial Intermediation and Delegated Monitoring. In: Review of Economic Studies, 51, S. 393ff.

*Diamond, D. W. und Dybvig, P. H.* (1983): Bank runs, deposit insurance and liquidity. In: Journal of Political Economy, 91, S. 401ff.

*Dobler, M.* (2004): Risikoberichterstattung: Eine ökonomische Analyse, Frankfurt am Main.

*Donaldson, T. und Preston, L. E.* (1995): The Stakeholder Theory of the Corporation: Concepts, Evidence, and Implications. In: Academy of Management Review, 20, S. 65ff.

*Dowd, K.* (1998): Beyond Value at Risk, Chichester et al.

*Dowd, K. und Blake, D.* (2006): After VaR: The Theory, Estimation, and Insurance Applications of Quantile-Based Risk Measures. In: The Journal of Risk and Insurance, 73, S. 193ff.

*Dresdner Bank* (2007): Finanzbericht 2006.

*Dresel, T.* (2003): Allokation von Risikokapital in Banken, Bad Soden.

*Dresel, T. et al.* (2000): Die Steuerung von Markt- und Kreditrisiken in Banken, Arbeitspapier, München.

*Drobetz, W. et al.* (2006): Kapitalstrukturpolitik in Theorie und Praxis. In: Zeitschrift für Betriebswirtschaft, 43, S. 253ff.

*Drukarczyk, J. und Schüler, A.* (2007): Unternehmensbewertung, 5., überarb. u. erw. Aufl., München.

*Duch, J.* (2005): Risikoberichterstattung mit Cash-Flow at Risk-Modellen - Ökonomische Analyse einer Risikoquantifizierung im Risikobericht, Frankfurt am Main.

*Dufey, G. und Srinivasulu, S. L.* (1983): The Case for Corporate Management of Foreign Exchange Risk. In: Financial Management, 12, S. 54ff.

*Economist Intelligence Unit und MMC Enterprise Risk* (2001): Enterprise Risk Management: Implementing New Solutions, New York.

*Edgeworth, F. Y.* (1888): The Mathematical Theory of Banking. In: Journal of the Royal Statistical Society, 51, S. 113ff.

*Eisele, B.* (2004): Value-at-Risk-basiertes Risikomanagement in Banken: Portfeuilleentscheidungen, Risikokapitalallokation und Risikolimitierung unter Berücksichtigung des Bankenaufsichtsrechts, Wiesbaden.

*Elsas, R. et al.* (2006): The Anatomy of Bank Diversification, Working Paper, München et al.

*Ernst & Young* (2005): Das Geschäft mit Non-Performing Loans, Arbeitskreis "Strategieentwicklung und Controlling in Banken" der Schmalenbach-Gesellschaft, München, 21. Oktober 2005.

*Faisst, U. und Kovacs, M.* (2002): Quantifizierung operationeller Risiken - ein Methodenvergleich, Diskussionspapier WI-123, Augsburg.

*Fama, E. F.* (1970): Efficient Capital Markets. A Review of Theory and Empirical Work. In: The Journal of Finance, 25, S. 383ff.

*Fama, E. F.* (1980): Agency Problems and the Theory of the Firm. In: Journal of Political Economy, 88, S. 289ff.

*Fama, E. F.* (1991): Efficient Capital Markets II. In: The Journal of Finance, 46, S. 1575ff.

*Fama, E. F. und Jensen, M. C.* (1983): Separation of Ownership and Control. In: Journal of Law and Economics, 26, S. 301ff.

*Faust, M.* (2002): Bestimmung der Eigenkapitalkosten im Rahmen der wertorientierten Unternehmenssteuerung von Kreditinstituten, Marburg.

*Faust, M. und Richard, J.* (1998): Shareholder-value: neue Aspekte für die Privatisierung von öffentlich-rechtlichen Kreditinstituten? In: Zeitschrift für das gesamte Kreditwesen, 51, S. 321ff.

*Fisher, I.* (1930): The Theory of Interest, New York.

*Fite, D. und Pfleiderer, P.* (1995): Should Firms Use Derivatives to Manage Risks? In: *Beaver, W. und Parker, G.* (Hrsg.): Risk Management: Problems and Solutions, New York, S. 139ff.

*Foster, B. J.* (2005): Managing the value of financial institutions: Part 2: aligning internal performance frameworks with market valuations. In: The RMA Journal, o.Jg., S. 1ff.

*Franke, G.* (2000): Risikomanagement mit Kreditderivaten. In: *Burghof, H.-P. et al.* (Hrsg.): Kreditderivate, Stuttgart, S. 269ff.

*Franke, G. und Hax, H.* (2003): Finanzwirtschaft des Unternehmens und Kapitalmarkt, 5. Auflage, Berlin et al.

*Freeman, R. E.* (1984): Strategic Management: A Stakeholder Approach, Boston et al.

*Freixas, X. und Rochet, J. C.* (1998): Microeconomics of Banking, Cambridge.

*Frerichs, H. und Wahrenburg, M.* (2005): Evaluating Credit Risk Models. In: *Frenkel, M. et al.* (Hrsg.): Risk Management: Challenge and Opportunity, Berlin et al., S. 219ff.

*Freygang, W.* (1993): Kapitalallokation in diversifizierten Unternehmen: Ermittlung divisionaler Eigenkapitalkosten, Wiesbaden.

*Froitzheim, R. et al.* (2006): Non Performing Loans (NPL) in Deutschland: Praxisrelevante Aspekte, Instrumente zur Abgabe von notleidenen Krediten und Bedeutung für die Banksteuerung, Köln.

*Froot, K. A. und Stein, J. C.* (1998a): A New Approach to Capital Budgeting for Financial Institutions. In: Journal of Applied Corporate Finance, 11, S. 59ff.

*Froot, K. A. und Stein, J. C.* (1998b): Risk management, capital budgeting, and capital structure policy for financial institutions: an integrated approach. In: Journal of Financial Economics, 47, S. 55ff.

*Froot, K. A. et al.* (1993): Risk Management: Coordinating Corporate Investment and Financing Policies. In: The Journal of Finance, 48, 1629ff.

*Froot, K. A. et al.* (1994): A Framework for Risk Management. In: Harvard Business Review, 72, S. 91ff.

*Gann, P. und Hofmann, B.* (2004): Kreditportfoliosteuerung spezialisierter Kreditinstitute, Münchner betriebswirtschaftliche Beiträge, 2004/02.

*Germann, S.* (2004): Strategische Implikationen des Kreditrisikomanagements von Banken, Wiesbaden.

*Gleißner, W.* (2005): Value-Based Corporate Risk Management. In: *Frenkel, M. et al.* (Hrsg.): Risk Management - Challenge and Opportunity, Berlin et al., S. 479ff.

*Gleißner, W.* (2006): Entscheidungen unter Unsicherheit und Erwartungsnutzentheorie. In: Risikomanager, 12, S. 1ff.

*Godbillon-Camus, B. und Godlewski, C. J.* (2005): Credit Risk Management in Banks: Hard Information, Soft Information and Manipulation, Working Paper, Strasbourg.

*Gold, J.* (2006): Reducing a Company's Beta - A Novel Way to Increase Shareholder Value. In: Journal of Applied Corporate Finance, 18, S. 110ff.

*Gomez, P.* (1993): Wertmanagement: Vernetzte Strategien für Unternehmen im Wandel, Düsseldorf.

*Gonedes, N.* (1976): Capital Market Equilibrium for a Class of Heterogenous Expectations in a Two-Parameter World. In: Journal of Finance, 31, S. 1ff.

*Gordy, M. B.* (2000): A comparative anatomy of credit risk models. In: Journal of Banking & Finance, 24, S. 119ff.

*Gorton, G. B. und Pennacchi, G. G.* (1995): Banks and Loan Sales - Marketing Non-marketable Assets. In: Journal of Monetary Economics, 35, S. 389ff.

*Gramlich, D.* (2005): Unternehmensbewertung und Diversifikation: Ableitung eines Portfoliorisiko-basierten Diskontierungszinses. In: *Gramlich, D. und Hinz, H.* (Hrsg.): Kapitalmarkt, Unternehmen und Information, Wiesbaden, S. 383ff.

*Gross, S.* (2006): Banks and Shareholder Value. An Overview of Bank Valuation and Empirical Evidence on Shareholder Value for Banks, Wiesbaden.

*Gründl, H. und Schmeiser, H.* (2002): Marktwertorientierte Unternehmens- und Geschäftsbereichssteuerung in Finanzdienstleistungsunternehmen. In: Zeitschrift für Betriebswirtschaft, 72, S. 797ff.

*Gründl, H. und Schmeiser, H.* (2003): Capital Allocation For Insurance Companies - What Good Is It?, Working Paper, Berlin.

*Guthoff, A.* (2001): Die Ermittlung von Risikoprämien unter Berücksichtigung des banksystematischen Risikos, Frankfurt am Main.

*Haaß, J.* (2001): Die Informations- und Risikoabbildung von Banken nach Handels- und Aufsichtsrecht, Karlsruhe.

*Hachmeister, D.* (1996): Die Abbildung der Finanzierung im Rahmen verschiedener Discounted Cash Flow-Verfahren. In: Zeitschrift für betriebswirtschaftliche Forschung, 48, S. 251ff.

*Hachmeister, D.* (2005): Unternehmenswertsteigerung durch Risikomanagement auf der Unternehmensebene. In: Zeitschrift für Controlling & Management, 49, S. 134ff.

*Haley, C. W. und Schall, L. D.* (1979): The Theory of Financial Decisions, 2. Aufl., New York et al.

*Hallerbach, W. G.* (2004): Capital Allocation, Portfolio Enhancement and Performance Measurement: A Unified Approach. In: *Szegö, G. P.* (Hrsg.): Risk measures for the 21st Century, New York, S. 435ff.

*Hartmann-Wendels, T.* (1998): Möglichkeiten und Grenzen einer Marktbewertung von Krediten. In: *Franke, G. und Laux, H.* (Hrsg.): Unternehmensführung und Kapitalmarkt. Festschrift für Herbert Hax, Berlin et al., S. 97ff.

*Hartmann-Wendels, T. et al.* (2007): Bankbetriebslehre, 4., überarb. Aufl., Berlin et al.

*Heidorn, T.* (2003): Bewertung von Kreditprodukten und Credit Default Swaps, Arbeitsberichte der Hochschule für Bankwirtschaft Nr. 36, Frankfurt am Main.

*Helbling, C.* (2005): Innerer Wert und Kapitalmarktwert eines Unternehmens: Unterschiede in der Bewertungsmethode. In: *Gramlich, D. und Hinz, H.* (Hrsg.): Kapitalmarkt, Unternehmen und Information, Wiesbaden, S. 405ff.

*Heppelmann, S. und Middelmann, M.* (2006): Kapitalallokation auf dem Prüfstand: Risiko-/Ertragsprofile wirkungsvoll gestalten. In: Stern Stewart in Practice, 28.

*Hersberger, W.* (1996): Versicherung und Risikokapital oder: Die "Value proposition" der Schweizer Rück, Schweizer Rückversicherungsgesellschaft, Zürich.

*Hirshleifer, J.* (1958): On the Theory of optimal Investment Decisions. In: Journal of Political Economy, 66, S. 329ff.

*Hirshleifer, J.* (1966): Investment Decisions under Uncertainty: Applications of the State Preference Approach. In: Quarterly Journal of Economics, 80, S. 252ff.

*Hirshleifer, J.* (1974): Kapitaltheorie, Köln.

*Höhmann, K.* (1998): Shareholder-Value von Banken, Wiesbaden.

*Hörter, S.* (1998): Shareholder Value-orientiertes Bank-Controlling, Sternenfels.

*Hortmann, S. und Seide, A.* (2006): Kapitalallokation und Limitsysteme im Kontext der MaRisk. In: *Becker, A. et al.* (Hrsg.): Handbuch MaRisk. Mindestanforderungen an das Risikomanagement in der Bankpraxis Frankfurt, S. 299ff.

*Hu, H. T.* (1996): Behind the Corporate Hedge: Information and the Limits of "Shareholder Wealth Maximization". In: Journal of Applied Corporate Finance, 9, S. 39ff.

*Hull, J. C.* (2006): Options, Futures, and Other Derivatives, 6. Aufl., Upper Saddle River et al.

*HypoVereinsbank* (2007): Geschäftsbericht 2006.

*Ishikawa, T. et al.* (2003): On the Risk Capital Framework of Financial Institutions. In: Monetary and Economic Studies, o.Jg., S. 83ff.

*Jaeger, S. und Staub, Z.* (1993): Controlling im Zinsdifferenzgeschäft. In: Der Schweizer Treuhänder, 2, S. 771ff.

*James, C. M.* (1991): The Losses Realized in Bank Failures. In: Journal of Finance, 46, S. 1223ff.

*Jameson, R.* (2001): Between RAROC and a hard place. In: ERisk, February 2001, S. 1ff.

*Jarrow, R. und Turnbull, S. M.* (2000): Derivative Securities, 2. Aufl., Cincinnati.

*Jarrow, R. und Purnanandam, A.* (2004): Capital Structure and the Present Value of a Firm's Investment Opportunities: A Reduced Form Credit Risk Perspective, Working Paper, Ithaca.

*Jensen, J. L.* (1906): Sur les fonctions convexes et les inégalités entre les valeurs moyennes. In: Acta Math., 30, S. 175ff.

*Jensen, M. C. und Meckling, W. H.* (1976): Theory of the Firm: Managerial Behaviour, Agency Costs and Ownership Structure. In: Journal of Financial Economics, 3, S. 305ff.

*Jones, D.* (2000): Emerging Problems with the Basel Capital Accord: Regulatory Capital Arbitrage and Related Issues. In: Journal of Banking & Finance, 24, S. 35ff.

*Jorion, P.* (1999): Risk Management Lessons from Long-Term Capital Management, Working Paper, Irvine.

*Jorion, P.* (2007): Value at Risk: The New Benchmark for Managing Financial Risk, 3. Aufl., New York et al.

*Jovic, D.* (1999): Risikoorientierte Eigenkapitalallokation und Performancemessung bei Banken, Bern et al.

*JP Morgan und Reuters* (1996): RiskMetrics (TM) - Technical Document, December 1996, http://www.riskmetrics.com/pdf/td4e.pdf.

*Kajüter, P.* (2001): Risikoberichterstattung. Empirische Befunde und der Entwurf des DRS 5. In: Der Betrieb, 54, S. 105ff.

*Kajüter, P. und Winkler, C.* (2003): Die Risikoberichterstattung der DAX 100-Unternehmen im Zeitvergleich: Ergebnisse einer empirischen Untersuchung. In: Kapitalmarktorientierte Rechnungslegung, 3, S. 217ff.

*Kamp, A. et al.* (2005): Do banks diversify loan portfolios? A tentative answer based on individual bank loan portfolios, Deutsche Bundesbank Discussion Paper Series 2: Banking and Financial Studies No. 03/2005.

*Keeley, M. C.* (1990): Deposit insurance, risk, and market power in banking. In: American Economic Review, 80, S. 1183ff.

*Kim, H. E.* (1978): A Mean-Variance Theory of Optimal Capital Structure and Corporate Debt Capacity. In: Journal of Finance, 33, S. 45ff.

*Kinder, C. et al.* (2001): Kapitalallokation und Verrechnung von Risikokapitalkosten in Kreditinstituten - Ein spieltheoretischer Lösungsansatz. In: Zeitschrift für Betriebswirtschaft, 71, S. 281ff.

*Klein, S.* (1998): Anreizschemata für Teilnehmer an internen elektronischen Märkten, Diskussionspapier, Augsburg.

*Kloock, J.* (1981): Mehrperiodige Investitionsrechnung auf Basis kalkulatorischer und handelsrechtlicher Erfolgsrechnungen. In: Zeitschrift für betriebswirtschaftliche Forschung, 33, S. 873ff.

*Knight, F. H.* (1921): Risk, uncertainty and profit, Boston und New York, Reprint 1964.

*Knippschild, M.* (2005): Bankinterne Risikokapitalsteuerung vor dem Hintergrund von Basel II: Anforderungen der Säule 2, Schmalenbach-Gesellschaft, Arbeitskreis "Strategieentwicklung und Controlling in Banken", Frankfurt, 15. April 2005.

*Koch, T.* (2000): Bewertung von Bankakquisitionen, Frankfurt am Main.

*Koyluoglu, H. U. und Hickman, A.* (1998a): A Generalized Framework for Credit Risk Portfolio Models, Working Paper, New York.

*Koyluoglu, H. U. und Hickman, A.* (1998b): Reconcilable Differences. In: RISK, 11, S. 56ff.

*KPMG* (2003): Basel II: A Closer Look - Managing Economic Capital, o.O.

*Krag, J. und Kasperzak, R.* (2000): Grundzüge der Unternehmensbewertung, München.

*Kraus, A. und Litzenberger, R. H.* (1973): A State-Preference Model of Optimal Financial Leverage. In: Journal of Finance, 28, S. 911ff.

*Kroder, T.* (2007): Barclays trimmt Aktienkurs für ABN. In: Financial Times Deutschland, 3. August 2007, S. 21.

*Kruschwitz, L. und Löffler, A.* (2006): Discounted Cash Flow, Chichester.

*Kümmel, A. T.* (1995): Bewertung von Kreditinstituten nach dem Shareholder Value Ansatz unter besonderer Berücksichtigung des Zinsänderungsrisikos, Berlin.

*Kunowski, S.* (2002): Bewertung von Kreditinstituten, München.

*Kupiec, P. H.* (1999): Risk Capital and VaR. In: The Journal of Derivatives, o.Jg., S. 41ff.

*Kuritzkes, A.* (1999): Kreditportfoliomanagement: Neues Geschäftsmodell im Firmenkundengeschäft. In: Die Bank, o.Jg., S. 60ff.

*Kürsten, W.* (2006a): Corporate Hedging, Stakeholderinteresse und Shareholder Value. In: Journal für Betriebswirtschaft, 56, S. 3ff.

*Kürsten, W.* (2006b): Risikomanagement und aktionärsorientierte Unternehmenssteuerung - mehr Fragen als Antworten. In: *Kürsten, W. und Nietert, B.*

(Hrsg.): Kapitalmarkt, Unternehmensfinanzierung und rationale Entscheidungen, Berlin et al., S. 179ff.

*Küting, K. et al.* (2000): Neuere Ansätze der Bilanzanalyse: Externe unternehmenswertorientierte Performancemessung. In: Betrieb und Rechnungswesen, Beilage zu Heft 1/2000, S. 1ff.

*Laeven, L. und Goovaerts, M.* (2004): An optimization approach to the dynamic allocation of economic capital, Working Paper, Amsterdam.

*Laeven, L. und Levine, R.* (2005): Is There a Diversification Discount in Financial Conglomerates?, Working Paper, Minneapolis, Journal of Financial Economics, forthcoming.

*Lammers, F.* (2005): Management operationeller Risiken in Banken, Wiesbaden.

*Lange, T. A.* (2005): Kapitalmarktbasierte Preismodelle für Firmenkundenkredite als Beitrag zur wertorientierten Steuerung in Banken. In: *Lange, T. A. und Schulze, H.* (Hrsg.): Wertmanagement in Banken - Festschrift zum 65. Geburtstag von Guido Eilenberger, Wiesbaden, S. 113ff.

*Laux, H.* (2004): Wertorientierte Unternehmensführung und Kapitalmarkt: Fundierung von Unternehmenszielen und Anreize für ihre Umsetzung, Berlin et al.

*Leape, J.* (1987): Taxes and Transaction Costs in Asset Market Equilibrium. In: Journal of Public Economics, 33, S. 1ff.

*Lehar, A. et al.* (1998a): Risikoadjustierte Performancemessung in Banken - Konzepte zur Risiko-Ertragssteuerung (Teil 1). In: Österreichisches Bankarchiv, 46, S. 857ff.

*Lehar, A. et al.* (1998b): Risikoadjustierte Performancemessung in Banken - Konzepte zur Risiko-Ertragssteuerung (Teil 2). In: Österreichisches Bankarchiv, 46, S. 949ff.

*Leland, H. E.* (1994a): Bond prices, yield spreads, and optimal capital structure with default risk, Working Paper, Berkeley.

*Leland, H. E.* (1994b): Debt value, bond covenants, and optimal capital structure. In: Journal of Finance, 49, S. 1213ff.

*Leland, H. E.* (1998): Agency Costs, Risk Management, and Capital Structure. In: The Journal of Finance, 53, S. 1213ff.

*Leland, H. E. und Toft, K.* (1996): Optimal capital structure, endogenous bankruptcy, and the term structure of credit spreads. In: Journal of Finance, 51, S. 987ff.

*Leuz, C. und Verrecchia, R. E.* (2005): Firms' Capital Allocation Choices, Information Quality, and the Cost of Capital, Working Paper, Wharton.

*Levi, M. D. und Sercu, P.* (1991): Erroneous and Valid Reasons for Hedging Foreign Exchange Rate Exposure. In: Journal of Multinational Financial Management, 1, S. 25ff.

*Lévy-Rueff, G.* (2005): Significance and limitations of the VAR figures publicly disclosed by large financial institutions, Banque de France Financial Stability Review, No. 7.

*Lewis, T. G.* (1994): Steigerung des Unternehmenswertes: Total Value Management, Landsberg/Lech.

*Linsmeier, T. J. und Pearson, N. D.* (2000): Value at Risk. In: Financial Analysts Journal, 56, S. 47ff.

*Lintner, J.* (1965): The Valuation of Risk Assets and the Selection of Risky Investments in Stock Portfolios and Capital Budgets. In: The Review of Economics and Statistics, 47, S. 13ff.

*Lintner, J.* (1969): The Aggregation of Investors' Diverse Judgement and Preferences in Purely Competetive Markets. In: Journal of Financial and Quantitative Analysis, 4, S. 347ff.

*Locarek-Junge, H. und Büch, C.* (2006): Sind Bankrisiken messbar? In: *Kürsten, W. und Nietert, B.* (Hrsg.): Kapitalmarkt, Unternehmensfinanzierung und rationale Entscheidungen, Berlin et al., S. 109ff.

*Lücke, W.* (1955): Investitionsrechnung auf der Grundlage von Ausgaben oder Kosten? In: Zeitschrift für betriebswirtschaftliche Forschung, 7, S. 310ff.

*Lütke-Uhlenbrock, C.* (2006): Bewertung öffentlich-rechtlicher Sparkassen, Oldenburg.

*Luttmer, N.* (2007): Sparkassen tauschen Kreditrisiken. In: Financial Times Deutschland, 23. Juli 2007, S. 18.

*MacKinlay, A. C.* (1997): Event Studies in Economics and Finance. In: Journal of Economic Literature, 35, S. 13ff.

*MacMinn, R. D.* (1987): Forward Markets, Stock Markets, and the Theory of the Firm. In: Journal of Finance, 42, S. 1167ff.

*Maier, A.* (2007): Dresdner Bank strebt nach mehr Kapitaleffizienz. In: Financial Times Deutschland, 7. August 2007, S. 16.

*Mandl, G. und Rabel, K.* (1997): Unternehmensbewertung - Eine praxisorientierte Einführung, Wien.

*Markowitz, H.* (1952): Portfolio Selection. In: Journal of Finance, 7, S. 77ff.

*Marshall, C.* (2001): Operational Risks, New York.

*Matten, C.* (2000): Managing Bank Capital: Capital Allocation and Performance Measurement, 2. Aufl., Chichester et al.

*Mayers, D.* (1972): Nonmarketable Assets and Capital Market Equilibrium under Uncertainty. In: *Jensen, M. C.* (Hrsg.): Studies in the Theory of Capital Markets, New York et al., S. 223ff.

*Mayers, D.* (1973): Nonmarketable Assets and the Determination of Capital Asset Prices in the Absence of a Riskless Asset. In: Journal of Business, 46, S. 258ff.

*Mayers, D. und Smith, C. W.* (1982): On the Corporate Demand for Insurance. In: Journal of Business, 55, S. 281ff.

*Mayers, D. und Smith, C. W.* (1990): On the Corporate Demand for Insurance: Evidence from the Reinsurance Market. In: Journal of Business, 63, S. 19ff.

*Mayshar, J.* (1979): Transaction Costs in a Model of Capital Market Equilibrium. In: Journal of Political Economy, 87, S. 673ff.

*Mercer Oliver Wyman* (2004): Strategien für das Portfoliomanagement von Krediten, Schmalenbach-Gesellschaft, Arbeitskreis "Strategieentwicklung und Controlling in Banken", 15. Oktober 2004.

*Merton, R. C.* (1973): Theory of rational option pricing. In: Bell Journal of Economics and Management Science, 4, S. 141ff.

*Merton, R. C.* (1974): On the Pricing of Corporate Debt: The Risk Structure of Interest Rates. In: The Journal of Finance, 29, S. 449ff.

*Merton, R. C. und Perold, A. F.* (1993): The Theory of risk capital in financial firms. In: Journal of Applied Corporate Finance, 6, S. 16ff.

*Merton, R. C. und Perold, A. F.* (1998): Theory of Risk Capital in Financial Firms. In: *Chew, D. E.* (Hrsg.): The New Corporate Finance: Where Theory Meets Practice, Boston et al.

*Miles, J. A. und Ezzel, J. R.* (1980): The Weighted Average Cost of Capital, Perfect Capital Markets, and Project Life: A Clarification. In: Journal of Financial and Quantitative Analysis, 15, S. 719ff.

*Miller, W. D.* (1995): Commercial Bank Valuation, New York.

*Milne, A.* (2006): Basel II: Some views on the New Accord and on its Implications for Banking and Financial Oversight in Emerging Markets, Working Paper, London.

*Milne, A. und Onorato, M.* (2004): Economic Capital and Shareholder Value, Working Paper, London.

*Milne, A. und Onorato, M.* (2006): Apples and pears? the comparison of bank economic and prudential capital, Working Paper, London.

*Modigliani, F. und Miller, M. H.* (1958): The Cost of Capital, Corporation Finance and the Theory of Investment. In: The American Economic Review, 48, S. 261ff.

*Modigliani, F. und Miller, M. H.* (1963): Corporate Income Taxes and the Cost of Capital: A Correction. In: The American Economic Review, 83, S. 433ff.

*Mölls, S.* (2004): Grenzpreisbestimmung von Unternehmensnetzwerken : Netzwerkeffekte in der Unternehmensbewertung, Wiesbaden.

*Mölls, S. und Strauß, M.* (2007a): Bewertungsrelevanz der Rechnungslegung - Stand und Implikationen der empirischen Forschung für Aktionäre und Regulierer. In: Zeitschrift für Betriebswirtschaft, 77, S. 955ff.

*Mölls, S. et al.* (2006): Kritische Bestandsaufnahme der Kapitalkostendiskussion in der Unternehmensbewertung. In: *Gerum, E. et al.* (Hrsg.): Betriebswirtschaftliche Studien zu Marketing, Organisation und Rechnungslegung, Nr. 39, Marburg 2006.

*Mölls, S. et al.* (2008): Alternative Kapitalkosten- und Risikoauflösungskonzepte in der Unternehmensbewertung – Eine kritische Analyse unter Markov-Annahmen. In: FinanzBetrieb, 1, S. 38ff.

*Mölls, S. H. und Strauß, M.* (2007b): Zur Informationswirkung der Rechnungslegung - Stand und Implikationen der empirischen Forschung -. In: Kapitalmarktorientierte Rechnungslegung, 8, S. 79ff.

*Monet, C.* (2001): JP Morgan Chase's Economic Capital Framework, o.O.

*Moody's Investor Service* (1998): Historical Default Rates of Corporate Bond Issuers 1920 - 1997, New York.

*Mossin, J.* (1966): Equilibrium in a Capital Asset Market. In: Econometrica, 34, S. 768ff.

*Myers, S. C.* (1968): A Time-State-Preference Model of Security Valuation. In: Journal of Financial and Quantitative Analysis, 3, S. 1ff.

*Myers, S. C.* (1974): Interactions of Corporate Financing and Investment Decisions - Implications for Capital Budgeting. In: The Journal of Finance, 29, S. 1ff.

*Myers, S. C.* (1984): The Capital Structure Puzzle. In: Journal of Finance, 39, S. 575ff.

*Myers, S. C. und Majluf, N. S.* (1984): Corporate Financing and Investment Decisions when Firms Have Information Investors do not Have. In: Journal of Financial Economics, 13, S. 187ff.

*Naumann, T. K.* (2004): Harmonisierung von Financial und Management Accounting im Bankenbereich. In: *Lange, T. A. und Löw, E.* (Hrsg.): Rechnungslegung, Steuerung und Aufsicht von Banken - Kapitalmarktorientierung und Internationalisierung (Festschrift zum 60. Geburtstag von Jürgen Krumnow), Wiesbaden, S. 185ff.

*Neftci, S. N.* (2000): An Introduction to the Mathematics of Financial Derivatives, 2. Aufl., San Diego und London.

*Nguyen, M.-T.* (2004): Quantifizierung von Operationellem Risiko, Vortrag, TH Karlsruhe, 29.06.2004.

*Nocco, B. W. und Stulz, R. M.* (2006): Enterprise Risk Management: Theory and Practice. In: Journal of Applied Corporate Finance, 18, S. 8ff.

*Norden, L.* (2005): Erkenntnisse zum Kreditrisikotransfer in der Bankenpraxis: Strukturierte Interviews mit Marktteilnehmern, Arbeitsbericht, Mannheim.

*Oehler, A. und Unser, M.* (2002): Finanzwirtschaftliches Risikomanagement, 2. Aufl., Berlin et al.

*Oliver Wyman & Company* (2002): The evolving role of the CFO and CRO: an international survey.

*Ong, M. K.* (1999): Internal Credit Risk Models: Capital Allocation and Performance Measurement, London.

*Orgler, Y. und Taggart, R.* (1983): Implications of Corporate Capital Structure Theory for Banking Institutions. In: Journal of Money, Credit and Banking, 15, S. 212ff.

*Osterberg, W.* (1990): Bank Capital Requirements and Leverage: A Review of the Literature. In: Economic Review, 26, S. 2ff.

*Overbeck, L.* (2005): Credit Risk Portfolio Modeling: An Overview. In: *Frenkel, M. et al.* (Hrsg.): Risk Management: Challenge and Opportunity, Berlin et al., S. 197ff.

*Pagano, M. S.* (2001): How Theories of Financial Intermediation and Corporate Risk-Management Influence Bank Risk-Taking Behavior. In: Financial Markets, Institutions & Instruments, 10, S. 277ff.

*Pearson, N. D.* (2002): Risk Budgeting, New York.

*Peasnell, K. V.* (1982): Some Formal Connections Between Economic Values and Yields and Accounting Numbers. In: Journal of Business Finance & Accounting, 9, S. 361ff.

*Perold, A. F.* (2005): Capital Allocation in Financial Firms. In: Journal of Applied Corporate Finance, 17, S. 110ff.

*Perridon, L. und Steiner, M.* (2007): Finanzwirtschaft der Unternehmung, 14., überarb. und erw. Aufl., München.

*Pfaff, D. und Kühn, J.* (2005): Gesamtbanksteuerung und Performancemessung - Ausgewählte Probleme einer kennzahlenbasierten Banksteuerung. In: Schmalenbachs Zeitschrift für betriebswirtschaftliche Forschung, Sonderheft 52 - Aktuelle Entwicklungen im Bankcontrolling: Rating, Gesamtbanksteuerung und Basel II, S. 183ff.

*Pfennig, M.* (1998): Optimale Steuerung des Währungsrisikos mit derivativen Instrumenten, Wiesbaden.

*Piaz, J. M.* (2002): Operational Risk Management bei Banken, Zürich.

*Pratt, J. W. und Zeckhauser, R.* (1985): Principals and Agents. In: *Pratt, J. W. und Zeckhauser, R.* (Hrsg.): Principals and Agents: The Structure of Business, Boston, S. 1ff.

*Preinreich, G. A.* (1937): Valuation and Amortization. In: The Accounting Review, 12, S. 209ff.

*PricewaterhouseCoopers* (2006): Säule 2 von Basel II - Qualitative Anforderungen an das Risikomanagement. In: PwC Financial Services Newsletter, 19.

*PricewaterhouseCoopers und Economist Intelligence Unit* (2006): Effective capital management: Economic capital as an industry standard?, o.O.

*Pritsch, G. und Hommel, U.* (1997): Hedging im Sinne des Aktionärs. In: Die Betriebswirtschaft, 57, S. 672ff.

*Prußog, C.* (2000): Shareholder-value-bezogene Abbildung von Risiken im Wertebereich bei Banken als Basis eines Risk-Return-Controlling, Frankfurt am Main et al.

*Purnanandam, A.* (2007): Financial Distress and Corporate Risk Management: Theory & Evidence, Working Paper, Ann Arbor.

*Rappaport, A.* (1986): Creating Shareholder Value, The New Standard for Business Performance, New York.

*Rappaport, A.* (1995): Shareholder Value, Stuttgart.

*Rappaport, A.* (1999): Shareholder Value. Ein Handbuch für Manager und Investoren, 2. Aufl., Stuttgart.

*Rau-Bredow, H.* (2002): Kreditrisikomodelle und Diversifikation. In: Zeitschrift für Bankrecht und Bankwirtschaft, 14, S. 9 ff.

*Reichardt, R.* (2006): Kapitalmarktorientierte Risikosteuerung in Banken: Marktwertsteuerung statt Marktzinsmethode. In: Kredit und Kapital, 39, S. 233ff.

*Reyniers, P.* (1991a): Risk Adjusted Profitability Measurement in Banks - Volume 1: Concepts and Applications, London.

*Reyniers, P.* (1991b): Risk Adjusted Profitability Measurement in Banks - Volume 2: An Industry Survey of London Banks, London.

*Richter, F. und Honold, D.* (2000): Das Schöne, das Unattraktive und das Hässliche an EVA & Co. In: FinanzBetrieb, 5, S. 265ff.

*Ricken, C.* (2006): Management des Geschäftsportfolios, Präsentation im Rahmen der Vorlesungsreihe Bankstrategie im globalen Wettbewerb - Beispiel Deutsche Bank, Ludwig-Maximilians-Universität München, 07.07.2006.

*Risk Management Solutions und eRisks* (2000): P & C RAROC, Menlo Park und New York.

*Rochet, J. C.* (1999): Solvency regulations and the management of banking risks. In: European Economic Review, 43, S. 981ff.

*Rolfes, B.* (2000): Das Firmenkundengeschäft - Wirklich ein Wertvernichter? In: European Center for Financial Services, Jahresreport 2000, Duisburg, S. 34ff.

*Roll, R.* (1977): A Critique of the Asset Pricing Theory's Tests: Part I. On Past and Potential Testability of the Theory. In: Journal of Financial Economics, 4, S. 129ff.

*Rosenberg, J. und Schuermann, T.* (2006): A General Approach to Integrated Risk Management. In: Journal of Financial Economics, 80, S. 569ff.

*Ross, S.* (1976): The Arbitrage Theory of Capital Asset Pricing. In: Journal of Economic Theory, 13, S. 1051ff.

*Rudolph, B.* (2005): Zur Neuausrichtung der Steuerung des Kreditrisikos der Banken. In: *Gramlich, D. und Hinz, H.* (Hrsg.): Kapitalmarkt, Unternehmen und Information, Wiesbaden, S. 39ff.

*Rudolph, B. et al.* (2007): Kreditrisikotransfer: Moderne Instrumente und Methoden, Berlin et al.

*Runge, M.* (2004): Kreditrisikomanagement in Banken unter besonderer Berücksichtigung ausgewählter Kreditrisikomodelle, Ilmenau.

*Ruß, O. und Gebhardt, G.* (2002): Erklärungsfaktoren für den Einsatz von Währungsderivaten bei deutschen Unternehmen - eine empirische Logit-Analyse, Working Paper, Frankfurt.

*Ryser, M.* (2003): Risikomanagement-Ansätze für Banken, Zürich.

*Saita, F.* (1999): Allocation of Risk Capital in Financial Institutions. In: Financial Management, 28, S. 95ff.

*Sandbiller, K.* (1996): Dezentrale Eigenkapitalsteuerung in Banken mit Hilfe interner Elektronischer Märkte. In: Wirtschaftsinformatik, 38, S. 293ff.

*Santomero, A. M.* (1984): Modeling the Banking Firm. In: Journal of Money, Credit and Banking, 16, S. 576ff.

*Santomero, A. M.* (1995): Financial Risk Management: The Whys and Hows. In: Financial Markets, Institutions & Instruments, 4, S. 1ff.

*Sarraf, H.* (2006): Active Portfolio Management (APM): A framework to manage credit risk - and build competitive edge. In: Journal of Risk Intelligence, 1, S. 10ff.

*Satzger, G. und Reitwiesner, B.* (1999): Integrierte Rendite-/Risikosteuerung auf Basis gewichteter Kapitalkosten?, Diskussionspapier, Augsburg.

*Saunders, A.* (1999): Credit Risk Measurement: New Approaches to Value at Risk and Other Paradigms, New York.

*Scherpereel, P.* (2005): Risikokapitalallokation in dezentral organisierten Unternehmen, Wiesbaden.

*Schierenbeck, H.* (1997): Ertragsorientiertes Bankmanagement im Visier des Shareholder Value-Konzepts. In: *Basler Bankenvereinigung* (Hrsg.): Shareholder Value-Konzepte in Banken, Bern et al., S. 3ff.

*Schierenbeck, H.* (2003a): Ertragsorientiertes Bankmanagement - Band 1: Grundlagen, Marktzinsmethode und Rentabilitäts-Controlling, 8., überarb. und erw. Aufl., Wiesbaden.

*Schierenbeck, H.* (2003b): Ertragsorientiertes Bankmanagement - Band 2: Risiko-Controlling und integrierte Rendite-/Risikosteuerung, 8., vollständig überarb. und erw. Auflage, Wiesbaden.

*Schierenbeck, H. und Lister, M.* (2002): Value Controlling - Grundlagen Wertorientierter Unternehmensführung, 2. Aufl., München und Wien.

*Schierenbeck, H. et al.* (2005a): Ertragsorientierte Risikokapitalallokation in der Gesamtbanksteuerung. In: *Lange, T. A. und Schulze, H.* (Hrsg.): Wertmanagement in Banken - Festschrift zum 65. Geburtstag von Guido Eilenberger, Wiesbaden.

*Schierenbeck, H. et al.* (2005b): Konzeption einer optimalen Steuerung des operationellen Risikos in Banken, WWZ-Forschungsbericht 09/05.

*Schmid, M. M. und Walter, I.* (2007): Do Financial Conglomerates Create or Destroy Economic Value? In: Journal of Banking & Finance, forthcoming.

*Schmidt, M.* (2005): Rechnungslegung von Finanzinstrumenten - Abbildungskonzeptionen aus Sicht der Bilanztheorie, der empirischen Kapitalmarktforschung und der Abschlussprüfung, Wiesbaden.

*Schneider, D.* (1992): Investition, Finanzierung und Besteuerung, 7. Aufl., Wiesbaden.

*Schradin, H. R. und Zons, M.* (2003): Determination and allocation of risk-adequate equity capitalization for performance measurement, Working Paper, Köln.

*Schrand, C. und Unal, H.* (1998): Hedging and Coordinated Risk Management: Evidence from Thrift Conversions. In: Journal of Finance, 53, S. 979ff.

*Schröck, G.* (1997): Risiko- und Wertmanagement in Banken: der Einsatz risikobereinigter Rentabilitätskennzahlen, Wiesbaden.

*Schröck, G.* (2002): Risk management and value creation in financial institutions, Hoboken.

*Schröck, G. und Steiner, M.* (2005): Risk Management and Value Creation in Banks. In: *Frenkel, M. et al.* (Hrsg.): Risk Management: Challenge and Opportunity, Berlin et al., S. 51ff.

*Shapiro, A. C. und Titman, S.* (1986): An Integrated Approach to Corporate Risk Management. In: *Stern, J. M. und Chew, D. H.* (Hrsg.): The Revolution in Corporate Finance, New York, S. 215ff.

*Sharpe, W. F.* (1964): Capital Asset Prices: A Theory of Equilibrium under Conditions of Risk. In: Journal of Finance, 19, S. 425ff.

*Shen, H.* (2001): Cumulative Losses, Capital Reserves, and Loss Limits. In: The Journal of Risk Finance, 4, S. 6ff.

*Shrieves, R. und Dahl, D.* (1992): The relationship between risk and capital in commercial banks. In: Journal of Banking & Finance, 16, S. 439ff.

*Smith, A. et al.* (2003): Why can Financial Firms Charge for Diversifiable Risk?, Working Paper, Deloitte Touche Tohmatsu, Epsom und Minneapolis.

*Smith, C. W.* (1995): Corporate Risk Management: Theory and Practice. In: The Journal of Derivatives, 2, S. 21ff.

*Smith, C. W. und Stulz, R. M.* (1985): The Determinants of Firms' Hedging Policies. In: Journal of Financial and Quantitative Analysis, 20, S. 391ff.

*Smithson, C. W.* (1997): Capital budgeting: how banks measure performance. In: RISK, 10, S. 40ff.

*Smithson, C. W.* (1998): Managing Financial Risk: A Guide to Derivative Products, Financial Engineering, and Value Maximization, New York et al.

*Smithson, C. W.* (2001): Implementation of New Approaches to Credit Portfolio Management. In: The RMA Journal, o.Jg., S. 1.

*Smithson, C. W. und Simkins, B. J.* (2005): Does Risk Management Add Value? A Survey of the Evidence. In: Journal of Applied Corporate Finance, 17, S. 8ff.

*Sonntag, A.* (2001): Bewertung von Banken - Ein Discounted Cash Flow-Ansatz für Commercial Banks unter Einbeziehung der Marktzinsmethode, Wiesbaden.

*Speckbacher, G.* (1997): Shareholder Value und Stakeholder Ansatz. In: Die Betriebswirtschaft, 57, S. 630ff.

*Spremann, K.* (1996): Wirtschaft, Investition und Finanzierung, 5. Aufl., München.

*Spremann, K.* (2004): Valuation - Grundlagen moderner Unternehmensbewertung, München und Wien.

*Stadea Consulting* (2003): Bank Risk Disclosure Survey 2003, Helsinki.

*Stegemann, U.* (2001): Risikoorientiertes Wertmanagement bei deutschen börsennotierten Universalbanken, Hamburg.

*Steiner, M. und Kleeberg, J.* (1991): Zum Problem der Indexauswahl im Rahmen der wissenschaftlich-empirischen Anwendung des Capital Asset Pricing Model. In: Die Betriebswirtschaft, 51, S. 171ff.

*Steiner, M. und Wallmeier, M.* (1999): Unternehmensbewertung mit Discounted Cash Flow-Methoden und dem Economic Value Added-Konzept. In: Finanz Betrieb, 1, S. 1ff.

*Stewart, G. B.* (1991): The Quest for Value, New York.

*Stiglitz, J. E. und Weiss, A.* (1981): Credit Rationing in Markets with Imperfect Information. In: American Economic Review, 71, S. 393ff.

*Stiroh, K. J. und Rumble, A.* (2005): The Dark Side of Diversification: The Case of U.S. Financial Hoding Companies, New York.

*Stoughton, N. M. und Zechner, J.* (2004): Optimal Capital Allocation in Banking, Working Paper, Irvine und Vienna.

*Strutz, E.* (1993): Wertmanagement von Banken, Bern.

*Strutz, E. und Gehr, J.* (2005): Braucht die Banksteuerung einen Paradigmenwechsel? In: Schmalenbachs Zeitschrift für betriebswirtschaftliche Forschung, Sonderheft 52 - Aktuelle Entwicklungen im Bankcontrolling: Rating, Gesamtbanksteuerung und Basel II, S. 213ff.

*Stulz, R. M.* (1984): Optimal Hedging Policies. In: Journal of Financial and Quantitative Analysis, 19, S. 127ff.

*Stulz, R. M.* (1996): Rethinking Risk Management. In: Journal of Applied Corporate Finance, 9, 8-24.

*Stulz, R. M.* (1999): What's Wrong with Modern Capital Budgeting?, Dice Center Working Paper No. 99-8, Columbus et al.

*Stulz, R. M.* (2000): Survey - Mastering Risk 1: Diminishing the threats to shareholder wealth. In: Financial Times, 25. April 2000.

*Stulz, R. M.* (2003): Risk Management and Derivatives, Cincinnati.

*Szegö, G. P.* (2002): Measures of Risk. In: Journal of Banking & Finance, 26, S. 1253ff.

*The Aspen Institute* (2007): Long-Term Value Creation: Guiding Principles for Corporations and Investors, o.O.

*The Boston Consulting Group* (2007): Creating Value in Banking 2007: Bigger, Better Banking - Emerging Titans, Soaring Profitability, and Continued Growth, Boston et al.

*Theiler, U.* (2002): Optimierungsverfahren zur Risk-/Return-Steuerung der Gesamtbank, Wiesbaden.

*Theiler, U. und Schneider, K.* (2004): Bestimmung effizienter Risikostrategien für das Bankportfolio. In: Kredit & Rating Praxis, 5/2004, S. 1ff.

*Tillmann, M.* (2006): Allokation von Risikokapital im Versicherungsgeschäft. In: Risikomanager, 04/2006, S. 1ff.

*Timmermann, M.* (2004): Risikocontrolling, Risikomanagement und Risikoberichterstattung von Banken. In: *Lange, T. A. und Löw, E.* (Hrsg.): Rechnungslegung, Steuerung und Aufsicht von Banken - Kapitalmarktorientierung und Internationalisierung (Festschrift zum 60. Geburtstag von Jürgen Krumnow), Wiesbaden, S. 377ff.

*Titzrath, A.* (1997): Corporate Governance: Vertragen sich die deutsche Unternehmensverfassung und das Shareholder Value-Prinzip? Ein betriebswirtschaftliches Statement. In: Zeitschrift für Betriebswirtschaft, Ergänzungsheft 4, S. 31ff.

*Tobin, J.* (1958): Liquidity Preference as Behaviour Towards Risk. In: Review of Economic Studies, 25, S. 65ff.

*Turnbull, S. M.* (2000): Capital Allocation and Risk Performance Measurement in a Financial Institution. In: Financial Markets, Institutions & Instruments, 9, S. 325ff.

*Turnbull, S. M.* (2002): Bank and Business Performance Measurement. In: Economic Notes, 31, S. 215ff.

*Turnbull, S. M.* (2005): Unresolved Issues in Modeling Credit Risky-Assets. In: The Journal of Fixed Income, 15, S. 68ff.

*Venter, G. G.* (2004): Capital Allocation Survey with Commentary. In: North American Actuarial Journal, 8, S. 96ff.

*Vettiger, T.* (1996): Wertorientiertes Bankcontrolling, Bern.

*Vielmeyer, U.* (2005): Risikoorientierte Unternehmenspublizität: Theorie und Empirie, Frankfurt am Main.

*Volkart, R.* (1998): Aktienrückkäufe und Eigenkapitalherabsetzungen - Wertkonsequenzen aus analytischer Sicht, Working Paper, Zürich.

*Volkart, R.* (2003): Corporate Finance. Grundlagen von Finanzierung und Investition, Zürich.

*Volkart, R. und Diggelmann, P.* (2000): Finanzstrukturgestaltung, Kapitalkosten und Risikopolitik - Analytische Überlegungen aus Options- und Agency-theoretischer Sicht. In: Der Schweizer Treuhänder, 9, S. 939ff.

*Von Neumann, J. und Morgenstern, O.* (1947): The Theory of Games and Economic Behavior, 2. Aufl., Princeton.

*Von Rosen, R.* (2005): Interaktive Kommunikation mit dem Kapitalmarkt. In: *Gramlich, D. und Hinz, H.* (Hrsg.): Kapitalmarkt, Unternehmen und Information, Wiesbaden, S. 79ff.

*Wagner, F. W.* (1997): Shareholder Value: Eine neue Runde im Konflikt zwischen Kapitalmarkt und Unternehmensinteresse. In: Betriebswirtschaftliche Forschung und Praxis, 49, S. 473ff.

*Wahrenburg, M.* (1997): Theorie der risikoabhängigen Eigenkapitalregulierung von Banken, Köln.

*Wahrenburg, M. und De Mello, R.* (1993): Risk based equity cost calculation in banking, Working Paper, Köln und Zürich.

*Wahrenburg, M. und Niethen, S.* (2000): Vergleichende Analyse alternativer Kreditrisikomodelle. In: Kredit und Kapital, 33, S. 235ff.

*Wald, M.* (2002): Kreditderivate und ein modernes Kreditportfoliomanagement: Innovationspotential und Anwendungsbarrieren, Mannheim.

*Wang, S.* (2005): A Set of New Methods and Tools for Enterprise Risk Capital Management and Portfolio Optimization, Working Paper, Atlanta.

*Warner, J. B.* (1977): Bankruptcy Costs: Some Evidence. In: Journal of Finance, 32, S. 337ff.

*Weber, F.* (2001): Modellrisiko bei Value-at-Risk-Schätzungen: eine empirische Untersuchung für den schweizerischen Aktien- und Optionenmarkt, Freiburg.

*Weiss, L. A.* (1990): Bankruptcy Resolution: Direct Costs and Violation of Priority Claims. In: Journal of Financial Economics, 27, S. 285ff.

*Wenger, E. und Knoll, L.* (1999): Stichwort "Shareholder Value". In: Handbuch der Wirtschaftsethik, Band 4: ausgewählte Handlungsfelder, Gütersloh, S. 433ff.

*Wiedenhofer, M.* (2006): Non Performing Loans (NPL): Problemkredite - Transaktionen, Recht und Steuern, Stuttgart.

*Wildgruber, J.* (1998): Das Prognoseproblem bei der Ermittlung des Entscheidungswertes von Kreditinstituten, Frankfurt am Main.

*Wilkens, M. und Zemke, G.* (2000): Fusionen: Welchen Wert hat eine Bank? In: Die Bank, o.Jg., S. 274ff.

*Wilkens, M. et al.* (2001): Basel II – Berücksichtigung von Diversifikationseffekten im Kreditportfolio durch das Granularity Adjustment. In: Kreditwesen, 12, S. 670ff.

*Wilkens, M. et al.* (2002): Erfassung des Kreditrisikos nach Basel II - Eine Reflexion aus wissenschaftlicher Sicht. In: *Hofmann, G.* (Hrsg.): Basel II und MaK - Vorgaben, bankinterne Verfahren, Bewertungen, Frankfurt am Main, S. 47ff.

*Wilkens, M. et al.* (2006): Performancemessung und Kapitalallokation im Handelsbereich einer Bank - zur Marktphasenabhängigkeit von RORAC und RAROC. In: *Kürsten, W. und Nietert, B.* (Hrsg.): Kapitalmarkt, Unternehmensfinanzierung und rationale Entscheidungen, Berlin et al., S. 129ff.

*Williamson, O. E.* (1985): The Economic Institutions of Capitalism, New York.

*Wilson, T.* (1997a): Measuring and Managing Credit Portfolio Risk: Part I: Modelling Systemic Default Risk. In: Journal of Lending and Credit Risk Management, o.Jg., S. 61ff.

*Wilson, T.* (1997b): Portfolio Credit Risk (II). In: RISK, 10, S. 56ff.

*Wilson, T.* (2003): Overcoming the hurdle. In: RISK, 16, S. 79ff.

*Windsperger, J.* (1983): Transaktionskosten in der Theorie der Firma. In: Zeitschrift für betriebswirtschaftliche Forschung, 53, S. 889ff.

*Winton, A.* (1999): Don't Put All Your Eggs in One Basket? Diversification and Specialization in Lending, Working Paper, Minneapolis.

*Wolf, K.* (2003): Anmerkungen zur Risikoberichterstattung vor dem Hintergrund der aktuellen Entwicklungen im Value Reporting. In: Deutsches Steuerrecht, 41, S. 1089ff.

*Woods, M. et al.* (2004): Credibility at Risk? The Accounting Profession, Risk Reporting and the Rise of VaR, Centre for Risk & Insurance Studies, Discussion Paper 2004.III, Nottingham.

*Worthington, A. C. und West, T.* (2001): Economic Value-Added: A Review of the Theoretical and Empirical Literature. In: Asian Review of Accounting, 9, S. 67ff.

*Zaik, E. et al.* (1996): RAROC at Bank of America: From Theory to Practice. In: Journal of Applied Corporate Finance, 9, S. 83ff.

*Zessin, A.* (1982): Unternehmensbewertung von Kreditinstituten, Göttingen.

*Zhang, G.* (1998): Ownership Concentration, Risk Aversion and the Effect of Financial Structure on Investment Decisions. In: European Economic Review, 42, S. 1751ff.

**SPRINGER NATURE**

# GPSR Compliance

*The European Union's (EU) General Product Safety Regulation (GPSR) is a set of rules that requires consumer products to be safe and our obligations to ensure this.*

*If you have any concerns about our products, you can contact us on ProductSafety@springernature.com*

In case Publisher is established outside the EU, the EU authorized representative is:

Springer Nature Customer Service Center GmbH
Europaplatz 3
69115 Heidelberg, Germany

FSC
www.fsc.org
MIX
Papier | Fördert
gute Waldnutzung
FSC® C083411

Kolibri 360 GmbH
Ferdinand-Jühlke-Straße 7
99095 Erfurt, Deutschland
produktsicherheit@kolibri360.de